La cuisine
traditionnelle
du Québec

Design graphique : Nicole Morin
Infographie : Luisa da Silva
Traitement des images : Mélanie Sabourin
Révision : Monique Richard
Illustrations : Pierre Bourgoin
Correction : Anne-Marie Théorêt, Ginette Patenaude, Brigitte Lépine
Styliste culinaire : Myriam Pelletier
Styliste accessoiriste : Luce Meunier
Photographe culinaire : Pierre Beauchemin
Photographies anciennes : Centre des ressources didactiques de l'Institut
de tourisme et d'hôtellerie du Québec, p. 8, 32, 56, 76, 136, 204, 232,
260, 292, 300

Catalogage avant publication de Bibliothèque et Archives Canada

Vedette principale au titre :
    La cuisine traditionnelle du Québec : découvrez la cuisine de nos régions

Publié antérieurement sous le titre : *Cuisine du Québec.*

1. Cuisine québécoise.   I. Grappe, Jean-Paul.   II. Titre : Cuisine du Québec.

TX715.6.C84 2006   641.59714   C2006-941883-7

Pour en savoir davantage sur nos publications,
visitez notre site : **www.edhomme.com**
Autres sites à visiter : www.edjour.com • www.edtypo.com
www.edvlb.com • www.edhexagone.com • www.edutilis.com

10-06

Dépôt légal : 2006
Bibliothèque et Archives nationales du Québec

ISBN 10 : 2-7619-2300-6
ISBN 13 : 978-2-7619-2300-2

DISTRIBUTEURS EXCLUSIFS :

• Pour le Canada et les États-Unis :
  MESSAGERIES ADP*
  955, rue Amherst
  Montréal, Québec H2L 3K4
  Tél. : (514) 523-1182
  Télécopieur : (450) 674-6237
  * une division du Groupe Sogides inc.,
    filiale du Groupe Livre Quebecor Média inc.

• Pour la France et les autres pays :
  INTERFORUM
  Immeuble Paryseine, 3, Allée de la Seine
  94854 Ivry Cedex
  Tél. : 01 49 59 11 89/91
  Télécopieur : 01 49 59 11 33
  Commandes :   Tél. : 02 38 32 71 00
                    Télécopieur : 02 38 32 71 28

• Pour la Suisse :
  INTERFORUM SUISSE
  Case postale 69 - 1701 Fribourg - Suisse
  Tél. : (41-26) 460-80-60
  Télécopieur : (41-26) 460-80-68
  Internet : www.havas.ch
  Email : office@havas.ch
  DISTRIBUTION : OLF SA
  Z.I. 3, Corminbœuf
  Case postale 1061
  CH-1701 FRIBOURG
  Commandes :   Tél. : (41-26) 467-53-33
                    Télécopieur : (41-26) 467-54-66
                    Email : commande@ofl.ch

• Pour la Belgique et le Luxembourg :
  INTERFORUM BENELUX
  Boulevard de l'Europe 117
  B-1301 Wavre
  Tél. : (010) 42-03-20
  Télécopieur : (010) 41-20-24
  http://www.vups.be
  Email : info@vups.be

Gouvernement du Québec – Programme de crédit d'impôt pour l'édition de livres – Gestion SODEC – www.sodec.gouv.qc.ca

L'Éditeur bénéficie du soutien de la Société de développement des entreprises culturelles du Québec pour son programme d'édition.

Le Conseil des Arts du Canada
The Canada Council for the Arts

Nous remercions le Conseil des Arts du Canada de l'aide accordée à notre programme de publication.

Nous reconnaissons l'aide financière du gouvernement du Canada par l'entremise du Programme d'aide au développement de l'industrie de l'édition (PADIÉ) pour nos activités d'édition.

La cuisine traditionnelle
du Québec

Découvrez la cuisine
de nos régions

sous la direction de
Jean-Paul Grappe

LES ÉDITIONS DE L'HOMME

NOTRE CUISINE AU QUÉBEC

Le patrimoine d'un peuple est constitué de tout ce qui appartient à sa communauté, et cela dans tous les domaines. Ainsi, les mille et une façons d'apprêter les aliments de tous les jours ont une grande importance. Les richesses de notre alimentation issues de nos terres, de nos forêts, de nos pâturages, de nos rivières, lacs et océans, et les multiples manières d'accommoder ces produits ne révèlent-elles pas l'âme et le caractère d'un peuple, à l'image des moyens d'expression artistique, des habitudes vestimentaires, des rapports sociaux ou du folklore ? À l'instar de ces manifestations, nos pratiques culinaires, multiples et pleines de créativité, sont pour nous un moyen privilégié d'exprimer l'originalité et la vitalité de notre communauté.

Dans notre belle province, la cuisine, activité du quotidien, témoigne de la capacité des habitants à composer avec la nature, à tirer profit du savoir-faire et de l'expérience des premiers occupants et à créer un art bien d'ici, reflétant leur faculté d'adaptation et leur esprit d'invention.

Ce livre fait partie de la culture culinaire de tout le Québec, puisque les recettes ont été recueillies auprès de Québécois et de Québécoises des dix-huit régions touristiques. Nos étudiants ont rencontré parents, amis, professionnels, et ont rapporté tous ces mets du quotidien ou des jours de fête. Nous les avons classifiés par familles gustatives, et chaque recette est identifiée à sa région. Certaines recettes ont été légèrement modifiées afin de mieux satisfaire nos exigences quant à la santé. Nous espérons que les éléments inédits et les anecdotes historiques ajouteront de l'intérêt à cet ouvrage par lequel l'Institut de tourisme et d'hôtellerie du Québec continue à faire connaître les recettes traditionnelles de chez nous. Du caribou séché des Inuits du Nouveau Québec – Baie-James au loup marin des îles de la Madeleine, en passant par les gibiers et les poissons de l'Abitibi-Témiscamingue et les grandes cultures de la Montérégie, chaque coin du Québec, par l'intermédiaire de ses habitants, a contribué à ce livre par ses recettes traditionnelles. Espérons qu'elles vous apporteront beaucoup de satisfactions culinaires.

Jean-Paul Grappe
Chef de cuisine

es conserves confitures marinades desserts boissons potages
ins gibier à poil et à plume légumes fromages pains œufs con
es poissons mollusques crustacés viandes volailles lapins gib
es soupes crèmes crudités salades pâtés terrines tourtières p
serves confitures marinades desserts boissons potages soup
ier à poil et à plume légumes fromages pains œufs conserves
ssons mollusques crustacés viandes volailles lapins gibier à
pes crèmes crudités salades pâtés terrines tourtières poissons mollusques crust
ves confitures marinades desserts boissons potages soupes crèmes crudités s
ier à poil et à plume légumes fromages pains œufs conserves confitures marina
ssons mollusques crustacés viandes volailles lapins gibier à poil et à plume lég
pes crèmes crudités salades pâtés terrines tourtières poissons mollusques crust
ves confitures marinades desserts boissons potages soupes crèmes crudités s
ier à poil et à plume légumes fromages pains œufs conserves confitures marina
ssons mollusques crustacés viandes volailles lapins gibier à poil et à plume lég
pes crèmes crudités salades pâtés terrines tourtières poissons mollusques crust
es desserts boissons potages soupes crèmes crudités sa
umes fromages pains œufs conserves confitures marina
acés viandes volailles lapins gibier à poil et à plume lég
lades pâtés terrines tourtières poissons mollusques crust
es desserts boissons potages soupes crèmes crudités sa
umes fromages pains œufs conserves confitures marina
acés viandes volailles lapins gibier à poil et à plume lég
pes crèmes crudités salades pâtés terrines tourtières poissons mollusques crust
ves confitures marinades desserts boissons potages soupes crèmes crudités sa
er à poil et à plume légumes fromages pains œufs conserves confitures marina
ssons mollusques crustacés viandes volailles lapins gibier à poil et à plume lég
pes crèmes crudités salades pâtés terrines tourtières poissons mollusques crust
ves confitures marinades desserts boissons potages soupes crèmes crudités sa
er à poil et à plume légumes fromages pains œufs conserves confitures marina
ssons mollusques crustacés viandes volailles lapins gibier à poil et à plume lég
pes crèmes crudités salades pâtés terrines tourtières poissons mollusques crust
es confitures marinades desserts boissons potages soupes crèmes crudités
er à poil et à plume légumes fromages pains œufs conserves confitures

potages, soupes et crèmes

BOLÉE DE BOUILLON MÉMÉ

Duplessis

30 ml (2 c. à soupe)	Beurre
30 ml (2 c. à soupe)	Lard salé en cubes
125 ml (½ tasse)	Oignons hachés
1,2 litre (5 tasses)	Jus de tomate
250 ml (1 tasse)	Cœurs de céleri hachés avec les feuilles
3	Clous de girofle
15 ml (1 c. à soupe)	Persil haché
1	Feuille de laurier
	Sel et poivre au goût
60 ml (¼ tasse)	Crème sure (facultatif)

• Chauffer le beurre et faire rissoler le lard salé. Faire revenir les oignons dans le beurre et le lard fondu. Ajouter tous les autres ingrédients, sauf la crème sure, et faire mijoter pendant 5 à 7 min. Passer au chinois fin. Réchauffer. Servir tel quel ou ajouter de la crème sure.

BOUILLON DE BŒUF À L'ORGE

Cantons-de-l'Est

125 ml (½ tasse)	Orge perlé
2 litres (8 tasses)	Bouillon de bœuf
125 ml (½ tasse)	Lard salé en dés
125 ml (½ tasse)	Oignons hachés finement
15 ml (1 c. à soupe)	Herbes salées *(voir recettes de base)*
	Poivre noir moulu au goût
250 ml (1 tasse)	Tomates concassées, égouttées, hachées (facultatif)

• Laver l'orge à l'eau bouillante. Égoutter. Mettre dans une casserole l'orge, le bouillon, le lard et les oignons. Faire mijoter à découvert pendant environ 1 h 30.
• Ajouter les herbes salées, le poivre et faire mijoter 20 min. Ajouter les tomates concassées à la fin de la cuisson.

BOUILLON DE ROBERVAL

Saguenay – Lac-Saint-Jean

250 ml (1 tasse)	Carottes en dés
125 ml (½ tasse)	Navet en dés
50 ml (3 c. à soupe)	Feuilles de céleri hachées
250 ml (1 tasse)	Oignons hachés
60 ml (¼ tasse)	Beurre
1,5 litre (6 tasses)	Fond blanc de bœuf *(voir recettes de base)*
	Sel et poivre au goût
50 ml (3 c. à soupe)	Riz

• Faire cuire doucement les légumes dans le beurre jusqu'à ce que les oignons soient transparents. Mouiller avec le fond de bœuf et cuire à petit feu pendant 30 min. Saler et poivrer.
• Cuire le riz à part et l'ajouter au potage.

Bolée de bouillon mémé ➤

CHAUDRÉE DE MORUE ET DE LÉGUMES

Gaspésie

60 ml (¼ tasse)	Céleri en dés
60 ml (¼ tasse)	Poivrons verts, en dés, sans peau
60 ml (¼ tasse)	Oignons hachés
1	Gousse d'ail hachée
50 ml (3 c. à soupe)	Huile végétale
50 ml (3 c. à soupe)	Pâte de tomates cuite
500 ml (2 tasses)	Tomates concassées et égouttées
3 ml (½ c. à thé)	Estragon
3 ml (½ c. à thé)	Paprika
3 ml (½ c. à thé)	Sel
800 ml (3 ¼ tasses)	Morue cuite*, en morceaux de 2 x 2 cm (¾ x ¾ po)

- Faire suer le céleri, les poivrons, les oignons et l'ail dans l'huile. Ajouter la pâte de tomates, les tomates, l'estragon, le paprika et le sel. Faire mijoter cette sauce pendant 15 min. Ajouter les morceaux de morue. Servir chaud.

* *On peut remplacer la morue cuite par des dés de morue fraîche, que l'on cuira avec le mélange de légumes pendant 7 à 8 min.*

CHAUDRÉE GASPÉSIENNE

Gaspésie

125 g (4 oz)	Lard salé
200 g (7 oz)	Langues de morue
200 g (7 oz)	Bajoues de morue
500 ml (2 tasses)	Pommes de terre en dés
125 ml (½ tasse)	Oignons hachés
	Sel et poivre au goût
	Eau en quantité suffisante

- Couper le lard en tranches minces. Faire cuire ces tranches dans une casserole à feu doux jusqu'à ce qu'elles soient légèrement dorées. Disposer dans la casserole par couches successives sur le lard les langues, les bajoues, les pommes de terre et les oignons. Recommencer l'opération jusqu'à épuisement des ingrédients. Saler et poivrer. Couvrir d'eau et faire mijoter pendant environ 45 min. Servir chaud.

CHAUDRÉE AU BLÉ D'INDE

Québec

250 ml (1 tasse)	Oignons hachés
30 ml (2 c. à soupe)	Beurre non salé
500 ml (2 tasses)	Pommes de terre en dés
250 ml (1 tasse)	Fond blanc de volaille
500 ml (2 tasses)	Maïs en crème
500 ml (2 tasses)	Lait
	Sel et poivre au goût
15 ml (1 c. à soupe)	Persil haché

- Faire fondre les oignons dans le beurre. Ajouter les pommes de terre. Mouiller avec le fond de volaille. Faire cuire à couvert pendant 15 min. Ajouter le maïs et le lait. Saler et poivrer. Laisser mijoter pendant 10 min. Persiller et servir.

CRÈME DE CHOU-FLEUR

Laurentides

- Faire fondre le beurre dans une casserole et faire suer les oignons. Ajouter la farine. Mouiller avec le fond blanc. Ajouter le chou-fleur coupé en cubes. Saler et poivrer. Laisser mijoter pendant 1 h en remuant à quelques reprises.
- Réduire en purée au mélangeur ou à l'aide d'une fourchette. Ajouter la crème.

6-8	$	15 min	1 h

85 ml (⅓ tasse)	Beurre
160 ml (⅔ tasse)	Oignons hachés
160 ml (⅔ tasse)	Farine
1,5 litre (6 tasses)	Fond blanc de volaille ou de bœuf
1	Chou-fleur (tiges et tête) en cubes
10 ml (2 c. à thé)	Sel
1 ml (¼ c. à thé)	Poivre blanc
85 ml (⅔ tasse)	Crème 15 %

CRÈME DE CAROTTES À L'ORGE PERLÉ

Abitibi-Témiscamingue

- Faire fondre les carottes et les oignons dans le beurre. Mouiller avec le fond de volaille. Laisser mijoter. Ajouter le sucre, le sel et le thym. Ajouter le riz. Faire cuire pendant environ 40 min.
- Réduire en purée au mélangeur. Passer à la mousseline. Faire mijoter et écumer.

CRÈME D'ORGE
- Laver l'orge et faire mijoter dans le bouillon de volaille et la crème pendant environ 40 min. Ajouter la crème d'orge à la crème de carottes et bien mélanger. Rectifier l'assaisonnement.

6	$	15 min	50 min

1 litre (4 tasses)	Carottes émincées
125 ml (½ tasse)	Oignons ciselés
85 ml (⅓ tasse)	Beurre
1,5 litre (6 tasses)	Fond de volaille
3 ml (½ c. à thé)	Sucre
	Sel au goût
1 pincée	Thym
125 ml (½ tasse)	Riz

CRÈME D'ORGE

85 ml (⅓ tasse)	Orge perlé
250 ml (1 tasse)	Bouillon de volaille
125 ml (½ tasse)	Crème 35 %

CRÈME DE LAITUE

Montréal et Laval

- Chauffer le beurre et faire fondre sans coloration la laitue coupée en fines lamelles en remuant à l'aide d'une cuillère de bois. Fariner. Mouiller avec le fond de volaille et laisser cuire pendant environ 15 min.
- Délayer le jaune d'œuf dans un peu d'eau et incorporer graduellement au potage bouillant en remuant lentement. Saler et poivrer. Passer au moulin à légumes et servir immédiatement dans des assiettes creuses avec les petits croûtons sautés au beurre.

6	$	15 min	20 min

60 ml (¼ tasse)	Beurre
2 litres (8 tasses)	Feuilles de laitue
60 ml (¼ tasse)	Farine
1 litre (4 tasses)	Fond blanc de volaille
1	Jaune d'œuf
	Sel et poivre au goût
500 ml (2 tasses)	Petits croûtons sautés au beurre

CRÈME DE FÈVES AU LARD

Montérégie

375 ml (1 ½ tasse)	Fèves au lard cuites
700 ml (2 ¾ tasses)	Eau
500 ml (2 tasses)	Céleri haché
160 ml (⅔ tasse)	Oignons émincés
500 ml (2 tasses)	Jus de tomate
	Sel et poivre au goût
1 ml (¼ c. à thé)	Marjolaine
1 ml (¼ c. à thé)	Sel de céleri
125 ml (½ tasse)	Crème 15 %
125 ml (½ tasse)	Bacon cuit en dés

- Mettre dans une casserole les fèves au lard, l'eau, le céleri et les oignons. Faire mijoter à découvert pendant 15 min. Ajouter le jus de tomate, les assaisonnements et poursuivre la cuisson encore 15 min.
- Passer au moulin à légumes et ajouter la crème. Garnir chaque assiettée de petits dés de bacon.

CRÈME D'AVOINE À LA LAITUE

Laurentides

60 ml (¼ tasse)	Farine d'avoine
1 litre (4 tasses)	Lait froid
50 ml (3 c. à soupe)	Beurre
1,5 litre (6 tasses)	Laitue hachée
125 ml (½ tasse)	Oignons hachés
	Sel et poivre au goût
60 ml (¼ tasse)	Crème 15 %
750 ml (3 tasses)	Petits croûtons sautés au beurre

- Délayer la farine d'avoine dans 250 ml (1 tasse) de lait froid. Faire bouillir le lait restant et ajouter la farine d'avoine délayée. Laisser cuire pendant 10 min.
- Faire fondre le beurre et étuver la laitue et les oignons. Ajouter la laitue étuvée au lait et porter à ébullition. Saler et poivrer. Ajouter la crème. Servir ce potage chaud dans des assiettes creuses, parsemer des petits croûtons sautés au beurre.

CRÈME DE NAVETS (rutabagas)

Chaudière-Appalaches

50 ml (3 c. à soupe)	Beurre
125 ml (½ tasse)	Oignons hachés
125 ml (½ tasse)	Poireaux émincés
375 ml (1 ½ tasse)	Pommes de terre en dés
750 ml (3 tasses)	Navets en dés
1,5 litre (6 tasses)	Fond de volaille
	Sel et poivre au goût
125 ml (½ tasse)	Crème 15 %

- Faire fondre le beurre dans une grande casserole. Faire fondre les oignons et les poireaux. Ajouter les pommes de terre et les navets. Mouiller avec le fond de volaille. Saler et poivrer. Faire mijoter pendant 45 min. Passer au moulin à légumes. Chauffer. Crémer. Servir chaud.

14

Crème de fèves au lard ➤

6-8	$	20 min	40 min

POTAGE DE MAÏS

Mauricie – Bois-Francs

60 g (2 oz)	Lard salé en petits dés
125 ml (½ tasse)	Oignons émincés
375 ml (1 ½ tasse)	Pommes de terre en dés
6	Biscuits soda
250 ml (1 tasse)	Bouillon de volaille ou de bœuf
500 ml (2 tasses)	Maïs en grains cuit
500 ml (2 tasses)	Lait
	Sel et poivre au goût
500 ml (2 tasses)	Petits croûtons

• Faire fondre le lard à feu doux. Ajouter les oignons et faire dorer pendant 5 min. Retirer l'excès de gras. Ajouter les pommes de terre, les biscuits et le bouillon de volaille ou de bœuf. Laisser cuire complètement. Ajouter le maïs et le lait. Laisser chauffer jusqu'au point d'ébullition. Saler et poivrer. Servir dans des assiettes creuses avec les petits croûtons.

6-8	$	20 min	30 min

POTAGE À LA CITROUILLE DE SAINT-JACQUES-DE-MONTCALM

Lanaudière

85 ml (⅓ tasse)	Oignons hachés
85 ml (⅓ tasse)	Céleri haché
45 ml (3 c. à soupe)	Beurre
30 ml (2 c. à soupe)	Farine
250 ml (1 tasse)	Bouillon de poulet
250 ml (1 tasse)	Lait
3 ml (½ c. à thé)	Paprika
1 ml (¼ c. à thé)	Muscade
	Sel et poivre au goût
1 litre (4 tasses)	Purée de citrouille
250 ml (1 tasse)	Crème 15 %
	Bacon cuit émietté
	Croûtons

• Faire blondir légèrement les oignons et le céleri dans le beurre. Ajouter la farine et cuire quelques minutes sans cesser de remuer. Ajouter le bouillon de poulet et le lait, et cuire en remuant jusqu'au point d'ébullition. Incorporer les assaisonnements et la purée de citrouille. Chauffer doucement sans reprendre l'ébullition. Ajouter la crème et garder au chaud. Servir avec le bacon et les croûtons.

POTAGE AU POTIRON

6	$	15 min	45 min

Montréal et Laval

160 ml (⅔ tasse)	Oignons hachés
35 ml (2 c. à soupe)	Beurre
750 ml (3 tasses)	Potiron en cubes de 1,25 cm (½ po) chacun
250 ml (1 tasse)	Tomates émondées, épépinées et en cubes
125 ml (½ tasse)	Fond blanc de volaille
	Sel et poivre au goût
15 ml (1 c. à soupe)	Farine
1	Jaune d'œuf
500 ml (2 tasses)	Lait chaud
	Croûtons

- Dans une marmite, faire fondre les oignons dans le beurre. Ajouter le potiron, les tomates et le fond de volaille. Couvrir et cuire à feu doux pendant 45 min. Saler et poivrer. Passer la préparation au tamis.
- Ajouter la farine et le jaune d'œuf au lait chaud. Ajouter la purée de légumes (potiron et tomates). Réchauffer. Servir avec des croûtons.

POTAGE AUX BETTERAVES

6-8	$	10 min	45 min

Gaspésie

500 ml (2 tasses)	Betteraves râpées
1,7 litre (7 tasses)	Consommé de bœuf
10 ml (2 c. à thé)	Beurre
5 ml (1 c. à thé)	Sucre
50 ml (3 c. à soupe)	Vinaigre
	Sel et poivre au goût
80 ml (⅓ tasse)	Crème sure
30 ml (2 c. à soupe)	Ciboulette ciselée

- Faire cuire les betteraves dans le consommé de bœuf pendant 20 min. Ajouter le beurre, le sucre, le vinaigre et poursuivre la cuisson 25 min. Vérifier l'assaisonnement. Verser 15 ml (1 c. à soupe) de crème sure dans chaque portion de potage et les parsemer de 5 ml (1 c. à thé) de ciboulette.

POTAGE DE LA PAIX

6-8	$	20 min	45 min

Outaouais

125 ml (½ tasse)	Oignons hachés
25 ml (1 ½ c. à soupe)	Beurre
750 ml (3 tasses)	Pommes de terre en cubes
1 litre (4 tasses)	Fond de poulet
5 ml (1 c. à thé)	Sel
1 ml (⅛ c. à thé)	Poivre
125 ml (½ tasse)	Crème 35 %

- Faire fondre les oignons dans le beurre. Ajouter les autres ingrédients, sauf la crème. Laisser cuire pendant 40 à 45 min.
- Passer le tout au moulin à légumes. Ajouter la crème. Ne pas faire bouillir.

POTAGE AUX FEUILLES DE RADIS DE SAINT-CALIXTE

Lanaudière

6-8 | $ | 15 min | 20 min

- Faire chauffer le beurre et faire suer les feuilles de radis et les pommes de terre. Ajouter le bouillon de volaille. Cuire jusqu'à cuisson complète des pommes de terre. Réduire en purée à l'aide d'un mélangeur. Ajouter la crème. Vérifier l'assaisonnement. Garder au chaud.

30 ml (2 c. à soupe)	Beurre
500 ml (2 tasses)	Feuilles de radis, lavées et équeutées
4	Pommes de terre moyennes, en dés
1 litre (4 tasses)	Bouillon de volaille
60 ml (¼ tasse)	Crème 35 %
	Sel et poivre au goût

POTAGE STRADIVARIUS

Manicouagan

6-8 | $$$ | 20 min | 45 min

- Bien laver le cresson à l'eau vinaigrée. Faire suer tous les légumes dans le beurre. Mouiller avec le fond de volaille, l'eau et le vin blanc. Faire mijoter pendant environ 40 min.
- Réduire en purée au batteur à main. Ajouter la crème. Assaisonner de sel, de poivre et de sarriette.
- Servir dans des assiettes creuses et garnir de têtes de violon.

500 ml (2 tasses)	Cresson haché
500 ml (2 tasses)	Têtes de violon hachées
500 ml (2 tasses)	Pommes de terre hachées
125 ml (½ tasse)	Poireau haché
125 ml (½ tasse)	Oignons hachés
125 ml (½ tasse)	Beurre
500 ml (2 tasses)	Fond blanc de volaille *(voir recettes de base)*
250 ml (1 tasse)	Eau
250 ml (1 tasse)	Vin blanc
125 ml (½ tasse)	Crème 35 % ou crème sure
	Sel et poivre au goût
1 pincée	Sarriette
12	Têtes de violon cuites

SOUPE DU BOULANGER

Abitibi-Témiscamingue

6 | $ | 10 min | 25 min

- Faire dorer les oignons dans le beurre. Ajouter le pain et faire revenir pour obtenir une légère coloration.
- Mouiller avec le fond de volaille et cuire pendant environ 15 min. Saler et poivrer. Servir bien chaud.

250 ml (1 tasse)	Oignons hachés
45 ml (3 c. à soupe)	Beurre
500 ml (2 tasses)	Pain en cubes
1,5 litre (6 tasses)	Fond de volaille
	Sel et poivre au goût

SOUPE AUX LÉGUMES

Mauricie – Bois-Francs

125 ml (½ tasse)	Carottes en dés
125 ml (½ tasse)	Chou en dés
125 ml (½ tasse)	Oignons en dés
60 ml (¼ tasse)	Navet en dés
60 ml (¼ tasse)	Céleri en dés
45 ml (3 c. à soupe)	Beurre
125 ml (½ tasse)	Tomates concassées
1 litre (4 tasses)	Fond blanc de volaille ou de bœuf
125 ml (½ tasse)	Pommes de terre en dés
	Sel et poivre au goût

- Faire suer les carottes, le chou, les oignons, le navet et le céleri dans le beurre. Ajouter les tomates. Mouiller avec le fond de volaille ou de bœuf. Laisser mijoter de 10 à 15 min. Ajouter les pommes de terre. Terminer la cuisson. Saler et poivrer.

SOUPE À LA PASSE-PIERRE*

Manicouagan

175 ml (¾ tasse)	Passe-pierre
250 ml (1 tasse)	Oignons hachés
85 ml (⅓ tasse)	Beurre
500 ml (2 tasses)	Eau
250 ml (1 tasse)	Riz cru
600 ml (2 ½ tasses)	Lait
	Sel et poivre au goût

- Faire bouillir la passe-pierre et jeter l'eau de cuisson. Faire revenir les oignons dans le beurre pendant 2 à 3 min. Mouiller avec l'eau et ajouter la passe-pierre hachée très finement. Ajouter ensuite le riz et le lait. Saler, poivrer et laisser mijoter pendant 35 à 40 min. Servir immédiatement.

* *Passe-pierre : nom populaire du crithme ou de la criste-marine qui pousse dans les régions maritimes ; aussi appelée « salicorne ». Son goût salé vous rappellera la mer. Elle renferme plusieurs minéraux dont l'iode, qui aide au bon fonctionnement de la glande thyroïde.*

SOUPE AUX PALOURDES*

Duplessis

125 ml (½ tasse)	Échalotes vertes émincées
125 ml (½ tasse)	Céleri émincé
60 ml (¼ tasse)	Beurre
	Sel et poivre au goût
1 litre (4 tasses)	Lait
310 ml (1 ¼ tasse)	Palourdes
15 ml (1 c. à soupe)	Persil haché

- Faire suer les échalotes et le céleri dans le beurre. Saler et poivrer. Ajouter le lait, les palourdes et leur jus, faire chauffer sans faire bouillir. Servir et garnir de persil.

* *Cette recette peut très bien se préparer avec des coques, des myes ou des couteaux.*

SOUPE À LA PATTE DE PORC

6-8 $$ 30 min   5 h

Manicouagan

- Cuire les pattes de porc à l'eau salée pendant environ 3 h. Retirer les chairs des pattes cuites. Mesurer la quantité qui reste d'eau de cuisson des pattes et mouiller d'eau jusqu'à concurrence de 1,9 litre (7 ½ tasses).
- Ajouter la viande et tous les autres ingrédients. Cuire pendant environ 2 h. Vérifier l'assaisonnement. Servir cette soupe chaude.

* *Poulette grasse : Chénopode blanc, aussi appelé chou gras.*

450 g (1 lb)	Pattes de porc
2,25 litres (9 tasses)	Eau salée
125 ml (½ tasse)	Navet en cubes
30 ml (2 c. à soupe)	Radis hachés
85 ml (⅓ tasse)	Pois verts
175 ml (¾ tasse)	Tomates hachées
85 ml (⅓ tasse)	Fèves coupées
30 ml (2 c. à soupe)	Feuilles de carotte ciselées
45 ml (3 c. à soupe)	Feuilles de laitue ciselées
30 ml (2 c. à soupe)	Feuilles de gourgane ciselées
45 ml (3 c. à soupe)	Feuilles de poulette grasse* ciselées
	Sel et poivre au goût

SOUPE À L'ÉPI D'OR

6    $ 20 min   25 min

Outaouais

- Cuire les dés de pommes de terre dans l'eau salée. Faire fondre à feu doux les oignons et les feuilles de céleri dans le beurre. Saupoudrer de farine. Cuire pendant 2 à 3 min. Laisser tiédir. Faire chauffer le lait. Verser le lait chaud sur les oignons refroidis. Cuire pendant 10 min. Ajouter le maïs en crème, les pommes de terre cuites et l'eau de cuisson des pommes de terre. Saler et poivrer. Laisser mijoter pendant 5 à 7 min. Servir ce potage chaud.

500 ml (2 tasses)	Pommes de terre en petits dés
750 ml (3 tasses)	Eau froide
5 ml (1 c. à thé)	Sel
125 ml (½ tasse)	Oignons hachés
60 ml (¼ tasse)	Feuilles de céleri hachées
25 ml (1 ½ c. à soupe)	Beurre
15 ml (1 c. à soupe)	Farine
250 ml (1 tasse)	Lait
550 ml (2 ¼ tasses)	Maïs en crème
3 ml (½ c. à thé)	Sel
1 ml (¼ c. à thé)	Poivre

SOUPE À L'ORGE

6	$	20 min	2 h

Duplessis

- Faire mijoter le bœuf dans l'eau pendant 45 min. Bien laver l'orge à l'eau chaude et l'égoutter. Verser l'orge en pluie dans le liquide bouillant. Laisser mijoter pendant 30 min. Ajouter les légumes et le poivre, et cuire pendant environ 35 à 40 min. Vérifier l'assaisonnement. Décanter la viande et les légumes.
- Servir le bouillon en guise de potage. Servir la viande et les légumes en guise de plat principal.

900 g (2 lb)	Bœuf salé
	Eau pour couvrir
125 ml (½ tasse)	Orge
410 ml (1 ⅔ tasse)	Navet en bâtonnets
410 ml (1 ⅔ tasse)	Carottes en bâtonnets
810 ml (3 ¼ tasses)	Pommes de terre en quartiers
3 ml (½ c. à thé)	Poivre

Malgré son apparente modestie, cette soupe est plus qu'une soupe. L'orge a rejoint le bœuf bouilli et, ensemble, ils ont mijoté jusqu'à l'arrivée des légumes. Lorsque ces derniers seront bien cuits, le bouillon servira de potage, tandis que la viande et les légumes constitueront un plat très substantiel...

SOUPE AU CHOU

6-8	$	15 min	1 à 1 h 30

Québec

- Blanchir le chou, rafraîchir, égoutter et éponger. Couper le blanc de poireau, les carottes et les pommes de terre en dés de 1,25 x 1,25 cm (½ x ½ po).
- Dans un rondeau ou une grande casserole, chauffer le beurre, puis faire fondre tous les légumes sauf les pommes de terre. Mouiller avec le fond de bœuf. Ajouter le laurier et cuire 40 min. Saler et poivrer puis ajouter les dés de pommes de terre. Cuire de nouveau 40 min. Puis, à l'aide d'un fouet, remuer vivement. Cette opération aura pour but de dégager une partie de l'amidon des pommes de terre qui fera office de liaison pour la soupe. Rectifier l'assaisonnement, servir très chaud avec des tranches de pain croûté grillées.

625 ml (2 ½ tasses)	Chou blanc en dés
175 ml (¾ tasse)	Blanc de poireau
125 ml (1 tasse)	Carottes
175 ml (¾ tasse)	Pommes de terre
85 ml (⅓ tasse)	Beurre non salé
1 litre (4 tasses)	Fond blanc de bœuf
1	Feuille de laurier
	Sel et poivre au goût
24	Tranches de pain croûté, grillées

6-8 | $ | 15 min | 40 min

SOUPE AUX FÈVES ROUGES

Charlevoix

250 ml (1 tasse)	Fèves rouges
	Eau froide en quantité suffisante
60 ml (¼ tasse)	Beurre
175 ml (¾ tasse)	Oignons hachés finement
1	Blanc de poireau émincé
1	Pomme de terre en dés
½	Feuille de laurier
2 litres (8 tasses)	Fond blanc de volaille
5 ml (1 c. à thé)	Sel
3 ml (½ c. à thé)	Poivre
500 ml (2 tasses)	Crème 35 %
25 ml (1 ½ c. à soupe)	Persil haché

- Faire tremper les fèves rouges 1 ou 2 h dans l'eau froide si nécessaire. Bien laver les fèves et les laisser égoutter.
- Chauffer le beurre dans une casserole, faire fondre les oignons et le poireau. Ajouter les fèves, la pomme de terre et le laurier, et mouiller avec le fond de volaille. Cuire les fèves rouges de 30 à 40 min. Retirer le laurier et passer au mélangeur, puis à la passoire à mailles. Saler et poivrer. Avant de servir, verser la crème chaude et garnir de persil.

6-8 | $$ | 30 min | 1 à 1 h 30

SOUPE AUX GOURGANES

Charlevoix

75 g (2 ½ oz)	Lard salé coupé en lardons
40 ml (3 c. à soupe)	Oignons hachés
125 g (¼ lb)	Bœuf à bouillir, en petits dés
125 ml (½ tasse)	Gourganes congelées ou fraîches, pelées
40 ml (3 c. à soupe)	Orge perlé
1,5 litre (6 tasses)	Bouillon de poulet
5 ml (1 c. à thé)	Sel
3 ml (½ c. à thé)	Poivre
1 ml (¼ c. à thé)	Marjolaine
175 ml (¾ tasse)	Carottes en dés
175 ml (¾ tasse)	Navet en dés
25 ml (1 ½ c. à soupe)	Céleri en dés
5 ml (1 c. à thé)	Feuilles de betterave ciselées ou épinards
5 ml (1 c. à thé)	Laitue ciselée
125 ml (½ tasse)	Pommes de terre en cubes
25 ml (1 ½ c. à soupe)	Haricots jaunes coupés finement
5 ml (1 c. à thé)	Persil haché
30 ml (2 c. à soupe)	Oignons verts ciselés

- Dans une marmite, faire revenir les lardons puis faire fondre les oignons. Ajouter le bœuf, les gourganes et l'orge. Mouiller avec le bouillon de poulet. Assaisonner de sel, de poivre et de marjolaine. Cuire pendant 1 à 1 h 30.
- Ajouter les carottes, le navet, le céleri, les feuilles de betterave, la laitue, les pommes de terre et les haricots jaunes, 30 min avant la fin de la cuisson. Parsemer de persil et d'oignons verts avant de servir.

Certaines traditions veulent que manger du persil provoque la passion et encourage la fertilité, tant chez les hommes que chez les femmes.

24

Soupe aux fèves rouges ➤

6	$$$	30 min	1 h 15 à 1 h 30

SOUPE DU LAC MACAMIC

Abitibi-Témiscamingue

300 g (10 oz)	Doré
300 g (10 oz)	Brochet
300 g (10 oz)	Carpe
300 g (10 oz)	Perchaude
500 ml (2 tasses)	Vin blanc
1,5 litre (6 tasses)	Eau
125 ml (½ tasse)	Poireaux émincés
125 ml (½ tasse)	Carottes émincées
125 ml (½ tasse)	Céleri émincé
60 ml (¼ tasse)	Navet en cubes
125 ml (½ tasse)	Oignons émincés
	Sel au goût
5	Grains de poivre
1	Feuille de laurier
1 pincée	Thym
	Roux blanc
	Jus de ½ citron
2	Jaunes d'œufs battus
500 ml (2 tasses)	Croûtons au beurre

- Laver et couper les poissons en tronçons. Mettre de côté. Mettre tous les autres ingrédients, sauf le roux blanc, le jus de citron, les jaunes d'œufs et les croûtons, dans une casserole. Faire mijoter pendant 45 min. Passer au chinois fin et laisser tiédir. Faire pocher le poisson pendant 15 à 17 min. Retirer les morceaux de poisson et les effilocher en prenant soin d'enlever les arêtes.
- Lier le fond de cuisson avec le roux blanc, ajouter le jus de citron et cuire 15 à 20 minutes. Émulsionner les jaunes d'œufs et incorporer au fond lié. Ajouter le poisson effiloché. Garder au chaud sans jamais atteindre le point d'ébullition. Servir très chaud accompagné des croûtons sautés au beurre.

Notes:
1. La soupe ne doit pas bouillir une fois que les jaunes d'œufs y ont été ajoutés.
2. Le reste du poisson peut servir à faire une salade.
3. On peut utiliser un ou plusieurs des poissons mentionnés.

6	$$	20 min	25 min

SOUPE FERMIÈRE

Abitibi-Témiscamingue

125 ml (½ tasse)	Chou en julienne
50 ml (3 c. à soupe)	Navet en julienne
50 ml (3 c. à soupe)	Carottes en julienne
50 ml (3 c. à soupe)	Poireau en julienne
50 ml (3 c. à soupe)	Céleri en julienne
1,5 litre (6 tasses)	Fond blanc de bœuf
	Sel et poivre au goût

- Blanchir le chou et mettre tous les légumes dans une casserole, verser le fond de bœuf. Cuire jusqu'à ce que les légumes soient cuits. Rectifier l'assaisonnement et servir très chaud.

SOUPE AUX POIS

Chaudière-Appalaches

6-8 | $ | 20 min | 2 h 30 à 3 h

- Laver les pois et les faire tremper dans 1 litre d'eau froide pendant 12 h. Égoutter puis ajouter tous les autres ingrédients et faire mijoter pendant 2 h 30 à 3 h.

Le persil est indispensable pour faire le fameux bouquet garni essentiel aux fonds, fumets et essences. Par la subtilité et la délicatesse de son arôme, le persil permet de relever les sauces et les viandes les plus fades, de parfumer agréablement l'omelette aux fines herbes, les salades les plus neutres, les féculents les plus lourds et les potages les plus ordinaires.

1 l (4 tasses)	Eau
300 ml (1 ¼ tasse)	Pois secs
3 litres (12 tasses)	Fond blanc de bœuf ou de volaille
125 g (4 oz)	Lard salé
125 ml (½ tasse)	Céleri en cubes
250 ml (1 tasse)	Oignons hachés
30 ml (2 c. à soupe)	Persil haché
250 ml (1 tasse)	Carottes hachées
125 ml (½ tasse)	Navet haché
30 ml (2 c. à soupe)	Herbes salées *(voir recettes de base)*

SOUPE AUX POIS VERTS OU POTAGE SAINT-GERMAIN

Québec

6 | $$ | 20 min | 40 min

- Cette recette peut se faire de deux façons. Nous aborderons les deux avec la même base :
  1. Sous forme de soupe
  2. Sous forme de potage appelé Saint-Germain

BASE
- Chauffer le beurre et faire fondre les oignons et le poireau pendant quelques minutes.
- Mouiller avec le fond de volaille ou de bœuf, ajouter les petits pois, la feuille de laurier et le clou de girofle. Saler et poivrer. Cuire à petits bouillonnements pendant 20 min. Ajouter les dés de pommes de terre, poursuivre la cuisson 20 min.
- Pour obtenir une soupe, fouetter vivement pour libérer l'amidon des pommes de terre qui liera la soupe. Pour obtenir un potage, passer au moulin à légumes, ajouter la crème chaude et servir avec des petits croûtons.

85 ml (⅓ tasse)	Beurre non salé
125 ml (½ tasse)	Oignons émincés
125 ml (½ tasse)	Blanc de poireau émincé finement
1,5 litre (6 tasses)	Fond blanc de volaille ou de bœuf
1 litre (4 tasses)	Petits pois frais ou congelé ou
375 ml (1 lb)	Pois cassés verts
1	Feuille de laurier
1	Clou de girofle
	Sel et poivre au goût
175 ml (¾ tasse)	Pommes de terre en dés
125 ml (½ tasse)	Crème 35 %
750 ml (3 tasses)	Petits croûtons grillés

SOUPE AUX POISSONS

6-8	$$	15 min	20 min

Gaspésie

50 ml (3 c. à soupe)	Lard salé entrelardé, en petits dés de 1,5 x 1,5 cm (½ x ½ po)
25 ml (1 ½ c. à soupe)	Farine tout usage
250 ml (1 tasse)	Maquereau frais, en dés de 1,5 x 1,5 cm (½ x ½ po)
250 ml (1 tasse)	Morue fraîche, en dés de 1,5 x 1,5 cm (½ x ½ po)
250 ml (1 tasse)	Petites crevettes nordiques fraîches et crues
375 ml (1 ½ tasse)	Pommes de terre, en dés de 1 x 1 cm (⅓ x ⅓ po)
125 ml (½ tasse)	Blancs de poireaux, en dés de 1 x 1 cm (⅓ x ⅓ po)
125 ml (½ tasse)	Oignons en dés
700 ml (2 ¾ tasses)	Eau
3 ml (½ c. à thé)	Sel
1 ml (¼ c. à thé)	Poivre blanc
250 ml (1 tasse)	Lait chaud
15 ml (1 c. à soupe)	Persil haché

- Faire revenir le lard salé dans une poêle. Fariner. Ajouter le maquereau, la morue, les crevettes, les pommes de terre, les poireaux, les oignons, l'eau, le sel et le poivre. Faire mijoter à couvert pendant 20 min. Ajouter le lait et porter à ébullition. Parsemer de persil et servir chaud.

SOUPE D'HIVER

4-6	$	15 min	30 min

Bas-Saint-Laurent

125 ml (½ tasse)	Céleri haché finement
125 ml (½ tasse)	Navets hachés finement
125 ml (½ tasse)	Carottes hachées finement
125 ml (½ tasse)	Chou haché finement
125 ml (½ tasse)	Oignons hachés finement
125 ml (½ tasse)	Blancs de poireaux hachés finement
750 ml (3 tasses)	Eau
	Sel et poivre au goût
1 litre (4 tasses)	Bouillon de poulet

- Mettre tous les ingrédients (sauf le bouillon de poulet) dans une casserole et faire mijoter jusqu'à ce que les légumes soient cuits, mais fermes. Ajouter le bouillon de poulet chaud et laisser mijoter pendant encore 10 min.

SOUPE AUX POISSONS ET AUX FRUITS DE MER

Îles-de-la-Madeleine

6-8	$$$$	20 min	15 à 20 min

- Faire suer dans le beurre les poivrons, le céleri et les oignons. Ajouter les tomates et la pâte de homard. Laisser mijoter pendant 7 à 8 min. Mouiller avec le fumet de poisson ou l'eau. Saler et poivrer. Ajouter la chair des poissons, les pétoncles et le homard. Laisser mijoter pendant encore 7 à 8 min. Vérifier l'assaisonnement. Ajouter les fines herbes. Servir chaud.

45 ml (3 c. à soupe)	Beurre
60 ml (¼ tasse)	Poivrons verts en dés
60 ml (¼ tasse)	Céleri en dés
60 ml (¼ tasse)	Oignons ciselés
400 ml (1 ¾ tasse)	Tomates concassées
60 ml (¼ tasse)	Pâte de homard en consommé
750 ml (3 tasses)	Fumet de poisson ou eau
	Sel et poivre au goût
90 g (3 oz)	Chair de morue en dés
90 g (3 oz)	Filet de plie en dés
90 g (3 oz)	Pétoncles
90 g (3 oz)	Chair de homard cuite en dés
10 ml (2 c. à thé)	Persil haché
15 ml (1 c. à soupe)	Ciboulette hachée ciselée

Comment éclairait-on sa maison, dans les Îles-de-la-Madeleine, avant que l'électricité y soit installée? Nos insulaires savaient fort bien se tirer d'affaire. S'ils utilisaient le filet de la morue pour préparer une excellente soupe de poisson, ils mettaient de côté le foie pour en tirer de l'huile. Un navet, creusé en son centre, faisait office de lampe : on y versait l'huile, on la surmontait d'un couvercle perforé et on y introduisait la mèche, un brin de laine ou d'étoffe.

SOUPE MAIGRE AUX LÉGUMES

Laurentides

6-8	$	20 min	40 min

- Mélanger tous les ingrédients. Faire cuire pendant 30 à 40 min. Servir cette soupe chaude.

250 ml (1 tasse)	Chou émincé
40 ml (3 c. à soupe)	Carottes en cubes
250 ml (1 tasse)	Navet en cubes
85 ml (⅓ tasse)	Pommes de terre en cubes
20 ml (4 c. à thé)	Oignons hachés
40 ml (3 c. à soupe)	Céleri en cubes
175 ml (¾ tasse)	Tomates concassées
1,5 litre (6 tasses)	Fond blanc de volaille
5 ml (1 c. à thé)	Sel
3 ml (½ c. à thé)	Poivre

SOUPE AU DORÉ

Saguenay-Lac-Saint-Jean

50 ml (3 c. à soupe)	Beurre
250 ml (1 tasse)	Carottes en rondelles
125 ml (½ tasse)	Céleri en petits dés
125 ml (½ tasse)	Oignons en dés
250 ml (1 tasse)	Pommes de terre en cubes
1 litre (4 tasses)	Fumet de poisson léger Sel et poivre au goût
1	Feuille de laurier
225 g (½ lb)	Filets de doré en petits dés
125 ml (½ tasse)	Crème 35 %

- Faire fondre le beurre. Ajouter les carottes, le céleri et les oignons. Cuire doucement jusqu'à ce que les oignons soient transparents. Ajouter les pommes de terre, le fumet de poisson léger, le sel, le poivre et le laurier. Cuire le tout à feu doux pendant environ 20 min. Ajouter les dés de filets de doré et cuire encore environ 10 min. Ajouter la crème chaude et non bouillie, avant de servir, et vérifier l'assaisonnement.

SOUPE AU MAQUEREAU

Îles-de-la-Madeleine

125 ml (½ tasse)	Oignons hachés
40 ml (2 ½ c. à soupe)	Beurre
500 ml (2 tasses)	Pommes de terre en dés
1 litre (4 tasses)	Eau ou fumet de poisson *(voir recettes de base)*
5 ml (1 c. à thé)	Sel
3 ml (½ c. à thé)	Poivre
125 g (4 oz)	Maquereau en conserve ou dés de maquereau frais
140 ml (1 c. à soupe + ½ tasse)	Farine
5 ml (1 c. à thé)	Levure chimique
1 pincée	Sel
60 ml (¼ tasse)	Eau

- Faire suer les oignons dans 15 ml (1 c. à soupe) de beurre. Ajouter les pommes de terre. Mouiller avec l'eau ou le fumet de poisson. Saler, poivrer et cuire pendant 10 min. Ajouter le maquereau. Faire fondre le beurre restant et ajouter 15 ml (1 c. à soupe) de farine. Incorporer à la soupe. Mélanger 125 ml (½ tasse) de farine, la levure chimique et le sel. Ajouter l'eau. Former des boules de pâte de 5 ml (1 c. à thé) et les mettre dans la soupe. Poursuivre la cuisson 15 min.

SOUPE AU CÉLERI

Montréal et Laval

6-8 | $$ | 30 min | 50 min

- Chauffer le beurre et faire suer à feu doux le céleri et les oignons pendant 5 min. Ajouter le fond de volaille, le sel et le sel de céleri. Faire bouillir pendant 10 min. Ajouter les feuilles de céleri, remuer et laisser mijoter pendant 20 min.
- Retirer la peau des saucisses et façonner la chair en très petites boulettes d'environ 5 ml (1 c. à thé). Ajouter les boulettes au bouillon et cuire pendant 15 min. Incorporer la crème et servir immédiatement. Parsemer chaque assiette creuse de persil.

85 ml (⅓ tasse)	Beurre
750 ml (3 tasses)	Céleri émincé
30 ml (2 c. à soupe)	Oignons hachés
1,5 litre (6 tasses)	Fond blanc de volaille
	Sel au goût
3 ml (½ c. à thé)	Sel de céleri
50 ml (3 c. à soupe)	Feuilles de céleri hachées
2	Saucisses de porc
50 ml (3 c. à soupe)	Crème 15 %
10 ml (2 c. à thé)	Persil haché

SOUPE AUX POIS OUTAOUAISE

Outaouais

6 | $ | 15 min | 3 h

- Laver les pois et les mettre dans l'eau froide. Ajouter la graisse de rôti. Cuire jusqu'à ce que les pois soient tendres. Ajouter les feuilles de céleri, la sarriette, le sel et le poivre, et faire mijoter lentement pendant 30 à 40 min.
- Ajouter de l'eau au besoin. Ajouter le maïs lessivé et laisser mijoter pendant 30 min. Servir ce potage chaud dans des assiettes creuses chaudes.

250 ml (1 tasse)	Pois à soupe
2 litres (8 tasses)	Eau froide
125 ml (½ tasse)	Graisse de rôti
60 ml (¼ tasse)	Feuilles de céleri hachées finement
	Sarriette au goût
	Sel et poivre au goût
250 ml (1 tasse)	Maïs lessivé

Une branche de sarriette est recommandée pour la cuisson des lentilles et des haricots afin de prévenir les gaz et les ballonnements. La sarriette entre dans la composition de certaines farces et elle occupe une place importante dans la provençale, un mélange exquis de fines herbes.

crudités et salades

BETTERAVES À LA CRÈME SURE

Gaspésie

600 ml (2 ½ tasses)	Betteraves cuites et coupées en bâtonnets
	Sel et poivre au goût
1 pincée	Muscade râpée
125 ml (½ tasse)	Crème sure
15 ml (1 c. à soupe)	Persil haché
6	Feuilles de mâche
45 ml (3 c. à soupe)	Oignons verts émincés très finement

- Saler et poivrer les betteraves et les saupoudrer de muscade. Bien les mélanger avec la crème sure et le persil. Disposer une portion dans un verre évasé ou sur des feuilles de mâche bien rangées en étoile. Parsemer d'oignons verts.

CONCOMBRES À LA CRÈME

Cantons-de-l'Est

5	Concombres
15 ml (1 c. à soupe)	Sel
375 ml (1 ½ tasse)	Crème 35 %
20 ml (4c. à thé)	Persil haché
	Poivre blanc moulu au goût
85 ml (⅓ tasse)	Vinaigre

- Peler les concombres, les couper en deux sur la longueur, retirer les graines, couper en fines tranches de 1,25 cm (½ po). Faire dégorger les concombres dans une passoire avec le sel pendant 20 min, laver, égoutter et éponger.
- Fouetter la crème. Ajouter le persil, le poivre, le vinaigre et les concombres. Rectifier l'assaisonnement. Servir très frais.

CONCOMBRES FARCIS

Québec

3	Gros concombres
	Sel au goût
425 ml (1 ¾ tasse)	Tomates fraîches en dés
125 ml (½ tasse)	Céleri haché
15 ml (1 c. à soupe)	Oignons hachés
25 ml (1 ½ c. à soupe)	Mayonnaise
	Poivre au goût
750 ml (3 tasses)	Salade ou feuilles de chêne
85 ml (⅓ tasse)	Ciboulette ciselée

- Canneler les concombres sur la longueur à l'aide d'une fourchette. Les couper en deux sur la longueur et retirer les pépins. Saler l'intérieur des concombres et les retourner sur un linge propre pour les égoutter.
- Mélanger les tomates, le céleri, les oignons, la mayonnaise, saler et poivrer.
- Rincer les concombres et les farcir avec ce mélange. Tapisser les feuilles de chêne au fond de chaque assiette, disposer les concombres, garnir de ciboulette.

GOURGANES À LA VINAIGRETTE

Saguenay – Lac-Saint-Jean

6	$	15 min	—

- Peler les gourganes à l'aide d'un couteau bien affûté.

VINAIGRETTE
- Bien mélanger tous les ingrédients de la vinaigrette.
- Verser la vinaigrette sur les gourganes et laisser macérer pendant environ 2 h.

250 ml (1 tasse)	Gourganes cuites
VINAIGRETTE	
30 ml (2 c. à soupe)	Vinaigre de vin blanc
3 ml (½ c. à thé)	Paprika
	Sel et poivre au goût
125 ml (½ tasse)	Huile d'olive
60 g (⅓ tasse)	Échalotes hachées très finement

SALADE DE POMMES DE TERRE

Montérégie

6	$	15 min	5 min

- Mélanger les cinq premiers ingrédients. À feu doux, chauffer la crème et le beurre jusqu'à ce que ce dernier soit fondu (ne pas faire bouillir). Incorporer à la salade. Mettre au réfrigérateur 2 ou 3 h.

750 ml (3 tasses)	Pommes de terre cuites en dés
50 ml (3 c. à soupe)	Vinaigre
125 ml (½ tasse)	Oignons hachés finement
	Sel et poivre au goût
1 ml (¼ c. à thé)	Paprika
75 ml (env. ¼ tasse)	Crème 15 %
50 ml (3 c. à soupe)	Beurre

SALADE À LA CRÈME SURE ET À L'ÉCHALOTE

Abitibi-Témiscamingue

6	$	5 min	—

- Mélanger la crème, les échalotes, le sel et le poivre, et laisser macérer au réfrigérateur pendant 1 h. Incorporer le vinaigre. Mélanger avec la laitue. Servir immédiatement.

125 ml (½ tasse)	Crème sure
60 ml (¼ tasse)	Échalotes ciselées
	Sel et poivre au goût
15 ml (1 c. à soupe)	Vinaigre
1 litre (4 tasses)	Laitue coupée en morceaux

SALADE DE POMMES*

Mauricie – Bois-Francs

250 ml (1 tasse)	Cassonade
250 ml (1 tasse)	Eau
250 ml (1 tasse)	Vinaigre
½	Bâton de cannelle
6	Pommes entières pelées et vidées
6	Clous de girofle

• Faire un sirop avec la cassonade, l'eau, le vinaigre et la cannelle, laisser cuire pendant 5 min. Ajouter les pommes et les laisser cuire jusqu'à ce qu'elles soient transparentes. Les laisser refroidir avant de les dresser dans un bol à salade. Piquer un clou de girofle dans chaque pomme. Faire épaissir le sirop environ 30 min et en napper les pommes.

* *Accompagne le porc chaud ou froid.*

SALADE AUX COUDES DE SAINT-DONAT

Lanaudière

1,5 litre (6 tasses)	Macaroni cuit
3	Œufs durs hachés
125 ml (½ tasse)	Poivron vert haché
5 ml (1 c. à thé)	Ail haché finement
12	Olives farcies ou émincées
125 ml (½ tasse)	Échalotes vertes hachées
85 ml (⅓ tasse)	Persil haché
250 ml (1 tasse)	Mayonnaise

• Mélanger tous les ingrédients dans un bol à salade. Laisser reposer 1 h pour donner du goût à l'ensemble.

SALADE DE CHOU

Mauricie – Bois-Francs

550 ml (2 ¼ tasses)	Chou en julienne
175 ml (¾ tasse)	Carottes râpées
125 ml (½ tasse)	Oignons hachés finement

VINAIGRETTE

45 ml (3 c. à soupe)	Vinaigre
30 ml (2 c. à soupe)	Sucre
90 ml (6 c. à soupe)	Huile
1 ml (¼ c. à thé)	Graines de céleri
1 ml (¼ c. à thé)	Moutarde en poudre
	Sel au goût

• Dresser dans un bol à salade le chou, les carottes et les oignons.
• Mélanger les ingrédients de la vinaigrette, la faire bouillir 3 min environ et verser sur la salade. Bien mélanger. Mettre au réfrigérateur 5 h avant de servir.

SALADE DU « COUREUR DES BOIS »

Outaouais

- Bien laver toutes les feuilles d'ail des bois, de cresson, d'oseille et de pissenlit. Couper grossièrement les plus grandes feuilles. Égoutter et bien assécher. Mettre dans un grand bol à salade.

VINAIGRETTE
- Dissoudre le sel dans le vinaigre. Diluer le miel en l'ajoutant au vinaigre. Incorporer l'huile. Poivrer. Bien remuer cette vinaigrette avant de l'utiliser. Arroser la salade de vinaigrette au moment de servir.

250 ml (1 tasse)	Feuilles d'ail des bois
1 litre (4 tasses)	Cresson de fontaine sauvage
60 ml (¼ tasse)	Oseille des champs
375 ml (1 ½ tasse)	Feuilles de pissenlit

VINAIGRETTE

	Sel au goût
45 ml (3 c. à soupe)	Vinaigre de cidre
15 ml (1 c. à soupe)	Miel
85 ml (⅓ tasse)	Huile de tournesol
	Poivre au goût

SALADE DE CRABE ET DE CREVETTES NORDIQUES

Duplessis

- Laver tous les légumes et les mélanger. Saler et poivrer.
- Mélanger ensemble tous les ingrédients qui composent la vinaigrette.
- Au moment de servir, ajouter les crevettes et le crabe. Parsemer de ciboulette, arroser de vinaigrette et bien mélanger.

1,5 litre (6 tasses)	Laitue en feuille
125 ml (½ tasse)	Tomates en quartiers
85 ml (⅓ tasse)	Céleri émincé
85 ml (⅓ tasse)	Radis émincés
50 ml (3 c. à soupe)	Oignons hachés
125 ml (½ tasse)	Champignons crus émincés
	Sel et poivre au goût
85 ml (⅓ tasse)	Crevettes décortiquées cuites
85 ml (⅓ tasse)	Crabe en morceaux
	Ciboulette ciselée

VINAIGRETTE

50 ml (3 c. à soupe)	Huile de tournesol
5 ml (1 c. à thé)	Moutarde forte
15 ml (1 c. à soupe)	Vinaigre de vin
	Sel et poivre au goût

SALADE D'ÉPINARDS

Laurentides

1,5 litre (6 tasses)	Épinards équeutés
50 ml (3 c. à soupe)	Bacon haché, cuit
125 ml (½ tasse)	Oignons ciselés
250 ml (1 tasse)	Tomates en quartiers
125 ml (½ tasse)	Fromage gruyère en petits dés
5 ml (1 c. à thé)	Sel
1 ml (¼ c. à thé)	Poivre
160 ml (⅔ tasse)	Vinaigrette de votre choix

• Mélanger tous les ingrédients de la salade. Répartir en 6 portions et arroser de vinaigrette.

SALADE DE FÈVES ROUGES

Québec

250 ml (1 tasse)	Haricots rouges
1,5 litre (6 tasses)	Eau
15 ml (1 c. à soupe)	Sel
175 ml (¾ tasse)	Céleri haché finement
50 ml (3 c. à soupe)	Oignons hachés finement
85 ml (⅓ tasse)	Cornichons hachés
	Sel au goût
125 ml (½ tasse)	Vinaigrette de votre choix
	Feuilles de mâche en quantité suffisante
85 ml (⅓ tasse)	Persil haché

• Faire tremper les haricots toute une nuit, puis les égoutter. Mouiller avec l'eau, saler et cuire jusqu'à ce que les haricots soient bien cuits (environ 40 min). Égoutter et laisser refroidir. Ajouter le céleri, les oignons et les cornichons aux haricots, bien mélanger le tout. Rectifier l'assaisonnement. Arroser de vinaigrette et bien mélanger. Tapisser le contour de chaque assiette de feuilles de mâche et disposer la salade de haricots. Parsemer de persil.

SALADE DE HOMARD

Îles-de-la-Madeleine

6	$$$$	15 min	—

- Couper le homard en dés de 2 cm (¾ po). Mélanger avec le jus de citron, les échalotes, le céleri et la mayonnaise. Rectifier l'assaisonnement. Si vous avez des carcasses de homard vide, les garnir du mélange de homard, sinon de belles coupes en verre évasées seront l'idéal. Parsemer de persil.

500 ml (2 tasses)	Homard cuit
30 ml (2 c. à soupe)	Jus de citron
45 ml (3 c. à soupe)	Échalotes hachées finement
375 ml (1 ½ tasse)	Céleri haché
85 ml (⅓ tasse)	Mayonnaise
	Sel et poivre au goût
15 ml (1 c. à soupe)	Persil frais haché

SALADE DE PÉTONCLES

Îles-de-la-Madeleine

6	$$$$	20 min	2 min

- Couvrir les pétoncles d'eau salée et cuire à petits bouillons pendant 1 à 2 min environ. Égoutter, laisser refroidir et détailler en dés. Mélanger les oignons et la vinaigrette, puis verser le tout sur les pétoncles. Laisser reposer pendant 1 h au réfrigérateur avant de servir.
- Au moment de servir, ajouter le céleri et les salicornes, puis mélanger légèrement. Rectifier l'assaisonnement au besoin. Les coquilles vides auront été congelées. Disposer la salade de pétoncles et garnir de persil et de ciboulette.

450 g (1 lb)	Pétoncles
	Eau et sel en quantité suffisante
30 ml (2 c. à soupe)	Oignons hachés finement
60 ml (¼ tasse)	Vinaigrette à l'huile de noisette
375 ml (1 ½ tasse)	Céleri en dés
250 ml (1 tasse)	Salicornes
	Sel et poivre au goût
6	Coquilles de pétoncles ou St-Jacques
20 ml (4 c. à thé)	Persil
30 ml (2 c. à soupe)	Ciboulette ciselée

On lui attribue le pouvoir de faire baisser la tension artérielle et de soulager les douleurs rhumatismales. La ciboulette est très riche en vitamine C et elle contient également du carotène, des vitamines A et B, du sodium, du calcium, du potassium, du phosphore, du fer ainsi qu'une huile essentielle bien pourvue en composés soufrés.

SALADE DE GOURGANES À LA VINAIGRETTE

Charlevoix

	6	$	20 min	2 h

- Recouvrir les gourganes d'eau et les faire tremper pendant au moins 12 h. Faire cuire les gourganes dans l'eau de trempage environ 2 h. Enlever la peau et les laisser refroidir complètement.

VINAIGRETTE
- Mélanger tous les ingrédients, sauf la ciboulette, dans un bocal. Secouer énergiquement. Verser sur les gourganes refroidies.
- Servir dans de belles coupes en verre et garnir de ciboulette.

750 ml (3 tasses)	Gourganes
	Eau en quantité suffisante

VINAIGRETTE

60 ml (¼ tasse)	Vinaigre de vin rouge
3 ml (½ c. à thé)	Paprika
3 ml (½ c. à thé)	Poivre
5 ml (1 c. à thé)	Sel
250 ml (1 tasse)	Huile de tournesol
20 ml (4 c. à thé)	Sauce Worcestershire
125 ml (½ tasse)	Ciboulette ciselée

SALADE DE PISSENLIT

Bas-Saint-Laurent

	6	$	20 min	—

- Mettre les jeunes pousses de pissenlit dans un bol à salade, ajouter l'ail, le sel et le poivre. Porter à ébullition le vinaigre* et verser bouillant sur les pissenlits. Remuer énergiquement puis ajouter l'huile. Bien remuer et rectifier l'assaisonnement.

* *Pourquoi le vinaigre chaud ? Celui-ci a pour propriété d'attendrir les pissenlits. On peut aussi ajouter des petits lardons sautés.*

750 ml (3 tasses)	Jeunes pousses de pissenlit, lavées et bien essorées
1	Gousse d'ail écrasée
	Sel et poivre du moulin au goût
30 ml (2 c. à soupe)	Vinaigre de framboise
60 ml (¼ tasse)	Huile de tournesol

SALADE DE JAMBON ET D'ŒUFS DE SAINT-JACQUES-DE-MONTCALM

Lanaudière

500 ml (2 tasses)	Jambon cuit en dés
3	Œufs durs hachés
250 ml (1 tasse)	Pois verts cuits
125 ml (½ tasse)	Céleri en petits dés
60 ml (¼ tasse)	Poivrons verts sans peau et coupés en petits dés
60 ml (¼ tasse)	Oignons hachés
60 ml (¼ tasse)	Cornichons hachés
	Sel et poivre au goût
	Feuilles de mâche ou autres
90 ml (6 c. à soupe)	Mayonnaise

- Mélanger le jambon, les œufs et les légumes dans un bol à salade. Saler et poivrer au goût. Servir sur des feuilles de mâche disposées tout autour. Garnir de mayonnaise.

SALADE DE POISSON « RETOUR DE PÊCHE »

Gaspésie

1 litre (4 tasses)	Fumet de poisson
240 g (8 oz)	Chair de queues de morue, en dés de 1,5 x 1,5 cm (½ x ½ po)
240 g (8 oz)	Chair de queues de flétan, en dés de 1,5 x 1,5 cm (½ x ½ po)
240 g (8 oz)	Chair de goberge, en dés de 1,5 x 1,5 cm (½ x ½ po)
240 g (8 oz)	Chair de queues de saumon, en dés de 1,5 x 1,5 cm (½ x ½ po)
125 ml (½ tasse)	Herbes salées *(voir recettes de base)*
3	Œufs durs hachés
2,5 litres (10 tasses)	Jeunes pousses d'épinards
1	Jaune d'œuf
	Jus de 2 citrons
175 ml (¾ tasse)	Huile de tournesol
	Sel et poivre du moulin au goût
125 ml (½ tasse)	Persil haché finement

- Chauffer le fumet de poisson et cuire séparément les dés de poisson 1 min maximum.
- Égoutter et éponger. Réserver.
- Faire blanchir deux fois les herbes salées. Bien égoutter et éponger.
- Hacher au couteau les œufs durs (pas trop fin) et réserver.
- Bien laver les jeunes pousses d'épinards, équeuter, essorer et éponger.
- Émulsionner au batteur à main le jaune d'œuf, le jus de citron, l'huile de tournesol, saler et poivrer. Ajouter le persil.
- Dix minutes avant de servir, bien mélanger les dés de poisson, la sauce ainsi que les œufs durs et les herbes salées. Rectifier l'assaisonnement, disposer autour de l'assiette les jeunes pousses d'épinards et dresser au centre, en pyramide, la salade de poisson.

> *On peut remplacer toutes les chairs de ces poissons par tout autre poisson. Pourquoi la queue? Cette partie est très goûteuse et permet d'avoir les parties les plus nobles pour les plats principaux.*

Salade de jambon et d'œufs de Saint-Jacques-de-Montcalm ➤

6 | $ | 25 min | —

SALADE SANTÉ

Cantons-de-l'Est

	Sel et poivre au goût
3 ml (½ c. à thé)	Sucre
1 ml (¼ c. à thé)	Moutarde en poudre
45 ml (3 c. à soupe)	Vinaigre
85 ml (⅓ tasse)	Huile d'olive
250 ml (1 tasse)	Chou émincé
250 ml (1 tasse)	Carottes râpées
250 ml (1 tasse)	Navet râpé

- Mettre dans un bol le sel, le poivre, le sucre et la moutarde. Ajouter le vinaigre. Bien mélanger. Verser l'huile lentement, en remuant énergiquement.
- Ajouter cette vinaigrette aux légumes et bien mélanger.

6 | $ | 15 min | —

TOMATES ET CONCOMBRES D'ÉTÉ

Montréal et Laval

500 ml (2 tasses)	Concombres émincés*
500 ml (2 tasses)	Tomates émondées, épépinées et en dés
25 ml (1 ½ c. à soupe)	Persil haché
15 ml (1 c. à soupe)	Ciboulette hachée

VINAIGRETTE

125 ml (½ tasse)	Huile d'olive extra-vierge
35 ml (2 c. à soupe)	Vinaigre de tomate ou vin rouge
25 ml (1 ½ c. à soupe)	Oignons hachés finement Sel et poivre du moulin au goût

GARNITURE

6	Feuilles de radicchio
25 ml (1 ½ c. à soupe)	Ciboulette ciselée

- Mélanger dans un bol à salade les concombres, les tomates, le persil et la ciboulette.

VINAIGRETTE
- Mélanger tous les ingrédients de la vinaigrette.
- Verser la vinaigrette sur les concombres et les tomates, et bien mélanger.

GARNITURE
- Ouvrir la feuille de radicchio et la mettre au centre de chaque assiette. Garnir de tomates et concombres. Parsemer de ciboulette.

* *Il est préférable de faire dégorger les concombres. Les émincer en tranches de 1,25 cm (½ po), saupoudrer de gros sel, laisser reposer 30 min, rincer et égoutter.*

SALADE DES VERTS PÂTURAGES

6    $ 20 min   —

Saguenay – Lac-Saint-Jean

- Équeuter, bien laver et sécher les épinards dans un linge propre. Les couper en julienne et les mettre dans un grand bol. Ajouter le céleri, le chou vert, les oignons verts et les radis.

VINAIGRETTE
- Bien mélanger le vinaigre de cidre, la mayonnaise, le sel et le poivre.
- Verser la vinaigrette sur la salade au moment de servir. Garnir de tranches d'œuf dur et de cornichons.

500 ml (2 tasses)	Épinards
250 ml (1 tasse)	Céleri en julienne
250 ml (1 tasse)	Chou vert haché
125 ml (½ tasse)	Oignons verts ciselés
175 ml (¾ tasse)	Radis émincés
1	Œuf cuit dur
50 ml (3 c. à soupe)	Cornichons sûrs hachés

VINAIGRETTE

50 ml (3 c. à soupe)	Vinaigre de cidre
125 ml (½ tasse)	Mayonnaise
	Sel et poivre au goût

SALADE D'HIVER

6-8 $$ 20 min   —

Chaudière-Appalaches

- Mélanger les tomates, les oignons, le céleri et les poivrons. Ajouter le gros sel aux légumes. Mettre sur une mousseline (coton à fromage) et suspendre. Laisser égoutter toute une nuit.
- Mélanger le sucre, le vinaigre et les graines de moutarde. Faire chauffer jusqu'à ce que le sucre soit dilué. Mettre les légumes égouttés dans des bocaux stérilisés et verser le liquide dans les pots.

1,3 litre (5 ¼ tasses)	Tomates en dés
750 ml (3 tasses)	Oignons hachés
1,3 litre (5 ¼ tasses)	Céleri haché
125 ml (½ tasse)	Poivrons rouges ou verts, hachés
125 ml (½ tasse)	Gros sel
375 ml (1 ½ tasse)	Sucre
250 ml (1 tasse)	Vinaigre
50 ml (3 c. à soupe)	Graines de moutarde

La moutarde est une plante annuelle atteignant une hauteur de 1 à 2 m, avec des fruits ou siliques longs de 10 à 20 mm renfermant des graines rouges, brunes, jaunes ou blanches selon les variétés.

SALADE DE SAUMON

Gaspésie

- Chauffer le court-bouillon et pocher le filet de saumon jusqu'à ce qu'il atteigne 65 °C (150 °F) à cœur. Laisser refroidir dans le court-bouillon.
- Faire macérer le céleri, les carottes et les courgettes dans le vinaigre de cidre, l'huile de tournesol, le sel et le poivre pendant 1 h.
- Égoutter et éponger le saumon. Le couper en dés et mélanger avec les légumes macérés.
- Garnir chaque bol à salade d'une quenelle de mayonnaise, d'un ou deux quartiers d'œuf, de pluches de cerfeuil et de jeunes pousses de salade.

1 litre (4 tasses)	Court-bouillon *(voir recettes de base)*
700 g (1 ½ lb)	Filet de saumon
250 ml (1 tasse)	Céleri en fine julienne
250 ml (1 tasse)	Carottes en fine julienne
250 ml (1 tasse)	Courgettes en fine julienne
25 ml (1 ½ c. à soupe)	Vinaigre de cidre
75 ml (5 c. à soupe)	Huile de tournesol
	Sel et poivre du moulin au goût
85 ml (⅓ tasse)	Mayonnaise
2	Œufs cuits durs
175 ml (¾ tasse)	Pluches de cerfeuil
160 ml (⅔ tasse)	Jeunes pousses de salade

SALADE DORCHESTER

Chaudière-Appalaches

- Mélanger tous les ingrédients. Arroser de vinaigrette. Servir.

1,5 litre (6 tasses)	Épinards frais
175 ml (¾ tasse)	Cheddar fort en cubes
2	Œufs cuits durs en tranches
60 ml (¼ tasse)	Vinaigrette de votre choix

SALADE DE CHOU AUX POMMES

Abitibi-Témiscamingue

- Mélanger le chou, les pommes, les oignons et la mayonnaise. Assaisonner au goût. Servir chaque portion sur une feuille de laitue.

1 litre (4 tasses)	Chou ciselé
250 ml (1 tasse)	Pommes râpées
125 ml (½ tasse)	Oignons hachés
125 ml (½ tasse)	Mayonnaise
	Sel et poivre au goût
6	Feuilles de laitue

TOMATES DU JARDIN FARCIES AU CRABE DES NEIGES

Îles-de-la-Madeleine

6	Tomates rondes et fermes
	Sel au goût
250 g (9 oz)	Pattes de crabe des neiges cuites
4	Œufs durs
30 ml (2 c. à soupe)	Huile d'olive
5 ml (1 c. à thé)	Vinaigre
	Poivre au goût
15 ml (1 c. à soupe)	Échalotes hachées

• Couper la calotte des tomates autour du pédoncule. Évider, épépiner et émonder les tomates. Saler légèrement l'intérieur afin de les faire dégorger. Les laisser égoutter pendant 20 min.

• Pendant ce temps, couper le crabe en dés et le réserver. Piler les jaunes d'œufs tout en conservant les blancs. Verser l'huile d'olive, le vinaigre et le poivre sur cette pâte. Ajouter les échalotes. Mélanger cette pâte avec le crabe et garnir les tomates. Hacher les blancs d'œufs et en recouvrir le dessus des tomates.

SALADE DE POISSON

Duplessis

500 ml (2 tasses)	Poisson cuit (saumon, thon, etc.)
250 ml (1 tasse)	Céleri haché
500 ml (2 tasses)	Chou ciselé
1	Pomme en brunoise
60 ml (¼ tasse)	Amandes effilées et grillées
125 ml (½ tasse)	Mayonnaise
5 ml (1 c. à thé)	Sel
1 ml (¼ c. à thé)	Poivre
1 pincée	Poivre de Cayenne
6	Coquilles de pétoncles
250 ml (1 tasse)	Salicornes

• Retirer la peau et les arêtes du poisson puis effilocher la chair. Mélanger tous les ingrédients. Réfrigérer pendant 1 h. Servir dans les coquilles de pétoncles parsemées de salicornes.

BETTERAVES À L'ESTRAGON

Montréal et Laval

- Mélanger tous les ingrédients. Laisser mariner pendant 2 h en mélangeant de temps en temps.

> *L'estragon corrige agréablement la morosité des régimes sans sel. En Inde, un mélange à base d'estragon et de jus de fenouil faisait partie des boissons préférées des maharajahs.*

750 ml (3 tasses)	Betteraves cuites, tranchées
125 ml (½ tasse)	Échalotes émincées
25 ml (1 ½ c. à soupe)	Vinaigre à l'estragon
50 ml (3 c. à soupe)	Huile de tournesol
	Sel et poivre au goût
1 ml (¼ c. à thé)	Sel de céleri
25 ml (1 ½ c. à soupe)	Feuilles d'estragon hachées

TREMPETTE DE SAINT-DONAT

Lanaudière

- Mélanger la crème sure, le fromage cottage et la mayonnaise. Assaisonner avec le reste des ingrédients. Bien mélanger le tout et garder au frais.

175 ml (¾ tasse)	Crème sure
375 ml (1 ½ tasse)	Fromage cottage
375 ml (1 ½ tasse)	Mayonnaise
15 ml (1 c. à soupe)	Ail haché
15 ml (1 c. à soupe)	Ciboulette hachée
45 ml (3 c. à soupe)	Persil haché
15 ml (1 c. à soupe)	Oignons hachés
	Sel, poivre, sauce Tabasco et sauce Worcestershire au goût

SALADE DE POULET MARTINE

Québec

500 ml (2 tasses)	Poulet cuit en morceaux
50 ml (3 c. à soupe)	Céleri en dés
50 ml (3 c. à soupe)	Poivrons en dés
125 ml (½ tasse)	Concombres en dés
125 ml (½ tasse)	Pamplemousse en dés
50 ml (3 c. à soupe)	Mayonnaise
25 ml (1 ½ c. à soupe)	Oignons hachés
15 ml (1 c. à soupe)	Persil haché
1 ml (¼ c. à thé)	Cari
	Sel au goût
1 litre (4 tasses)	Jeunes pousses d'épinards
85 ml (⅓ tasse)	Pluches de cerfeuil

- Mélanger tous les ingrédients, sauf les épinards et le cerfeuil. Garder au réfrigérateur au moins 2 h. Au fond des assiettes très froides, disposer tout autour les épinards et dresser au centre, en pyramide, la salade de poulet. Parsemer de cerfeuil.

VINAIGRETTE À L'ÉRABLE

Chaudière-Appalaches

30 ml (2 c. à soupe)	Ketchup aux tomates
30 ml (2 c. à soupe)	Huile
15 ml (1 c. à soupe)	Sirop d'érable
3 ml (½ c. à thé)	Moutarde préparée
5 ml (1 c. à thé)	Céleri haché
30 ml (2 c. à soupe)	Oignons hachés
1	Gousse d'ail écrasée
3 ml (½ c. à thé)	Relish
5 ml (1 c. à thé)	Jus de citron
15 ml (1 c. à soupe)	Persil

- Bien mélanger tous les ingrédients. Servir avec la salade de votre choix.

VINAIGRETTE AU MIEL

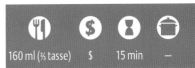

Laurentides

160 ml (⅔ tasse) $ 15 min —

- Mixer tous les ingrédients dans un mélangeur. Servir.

85 ml (⅓ tasse)	Huile
40 ml (3 c. à soupe)	Miel liquide
20 ml (4 c. à thé)	Vinaigre à l'estragon
20 ml (4 c. à thé)	Jus de citron
1 pincée	Sel
1 pincée	Moutarde en poudre
1 pincée	Poivre
1 pincée	Paprika
½	Gousse d'ail hachée
30 ml (2 c. à soupe)	Oignons hachés
3 ml (½ c. à thé)	Persil haché

SALADE JARDINIÈRE

Montérégie

6 $$ 20 min —

- Mélanger tous les ingrédients de la salade, sauf la laitue. Mettre au réfrigérateur pendant 20 min.
- Mélanger tous les ingrédients qui composent la vinaigrette, verser sur la salade et bien mélanger.
- Tapisser chaque assiette d'une feuille de laitue et garnir de salade.

160 ml (⅔ tasse)	Radis émincés
25 ml (1 ½ c. à soupe)	Échalotes hachées
125 ml (½ tasse)	Céleri émincé
125 ml (½ tasse)	Concombre émincé
175 ml (¾ tasse)	Chou émincé
500 ml (2 tasses)	Cresson
	Sel et poivre au goût
330 ml (1 ⅓ tasse)	Tomates en quartiers
6	Feuilles de laitue

VINAIGRETTE AUX FINES HERBES

3 ml (½ c. à thé)	Persil haché
3 ml (½ c. à thé)	Ciboulette hachée
1 ml (¼ c. à thé)	Sarriette fraîche
1 ml (¼ c. à thé)	Fenouil
125 ml (½ tasse)	Huile
25 ml (1 ½ c. à soupe)	Vinaigre

◄ *Salade jardinière*

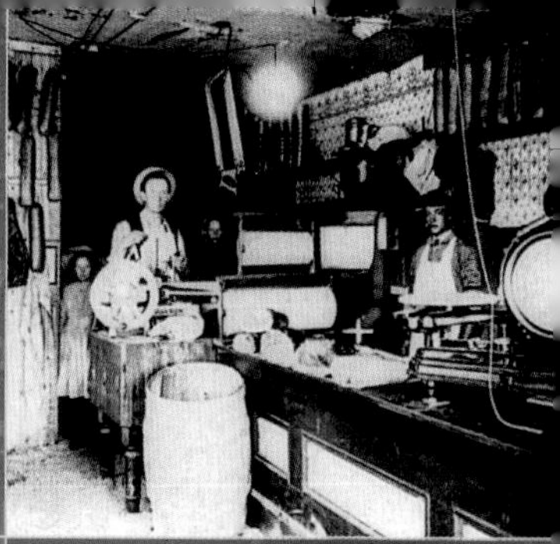

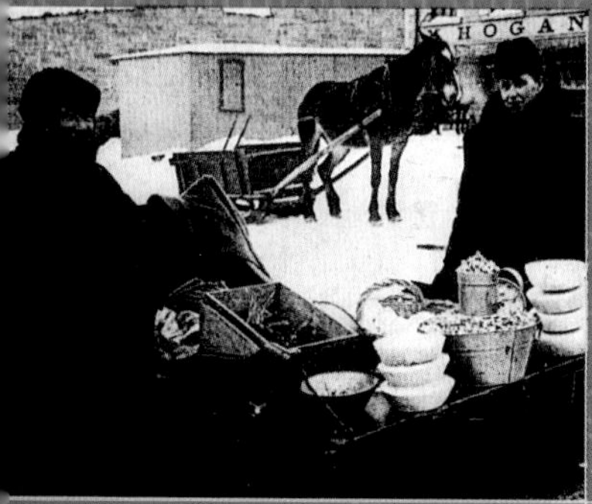
HOGAN

pâtés, terrines et tourtières

6	$$$	30 min	4 h

CIPAILLE AU LIÈVRE

Charlevoix

PÂTE

325 ml (1 ⅓ tasse)	Farine tout usage
8 ml (1 ½ c. à thé)	Levure chimique
8 ml (1 ½ c. à thé)	Sel
85 ml (⅓ tasse)	Beurre
85 ml (⅓ tasse)	Lait
	Eau en quantité suffisante

GARNITURE

30 g (1 oz)	Lard salé
75 g (2 ½ oz)	Poitrine de poulet en cubes
360 g (12 oz)	Chair de lièvre en cubes
90 g (3 oz)	Porc haché
250 ml (1 tasse)	Oignons hachés
3 ml (½ c. à thé)	Épices mélangées
3 ml (½ c. à thé)	Sel
1 ml (¼ c. à thé)	Poivre
300 ml (1 ¼ tasse)	Pommes de terre en cubes
85 ml (⅓ tasse)	Fond blanc de gibier

PÂTE

- Bien mélanger la farine avec la levure, le sel et le beurre. Sabler l'ensemble. Faire une couronne et ajouter petit à petit le lait ainsi que l'eau au centre. Envelopper et réserver au réfrigérateur 1 h.
- Préparer des abaisses de pâte, de la circonférence d'une casserole en fonte qui servira à cuire la cipaille.

GARNITURE

- Coucher une abaisse au fond de la casserole, ajouter la moitié des viandes et des oignons. Saupoudrer d'épices, saler, poivrer et couvrir de pommes de terre. Mettre une autre abaisse sur les pommes de terre. Ajouter le reste des viandes et des oignons. Mouiller aux trois quarts avec le fond de gibier. Recouvrir de la troisième abaisse et faire une incision au centre de la pâte. Cuire au four à couvert à 180 °C (350 °F) pendant 2 heures et poursuivre la cuisson à 120 °C (250 °F) pendant 2 heures supplémentaires. Servir chaud.

6	$$	20 min	4 h 30

CIPAILLE AU SAUMON

Gaspésie

PÂTE

500 ml (2 tasses)	Farine
10 ml (2 c. à thé)	Levure chimique
125 ml (½ tasse)	Beurre non salé
560 ml (2 ¼ tasses)	Eau

GARNITURE

325 g (env. ¾ lb)	Lard salé, en cubes de 1,5 x 1,5 cm (½ x ½ po)
650 g (1 ½ lb)	Saumon cru sans arête coupé en cubes de 1,5 x 1,5 cm (½ x ½ po)
160 ml (⅔ tasse)	Oignons hachés
500 ml (2 tasses)	Pommes de terre en tranches
10 ml (2 c. à thé)	Sel
3 ml (½ c. à thé)	Poivre

PÂTE

- Tamiser les ingrédients secs ensemble. Sabler avec le beurre. Ajouter 160 ml (⅔ tasse) d'eau et faire la détrempe.

GARNITURE

- Disposer par couches successives, dans une grande casserole de 2 litres (8 tasses), le lard salé, le saumon, les oignons et les pommes de terre. Saler et poivrer. Couvrir d'une abaisse de la détrempe. Répéter l'opération et terminer par une abaisse. Faire une incision dans la pâte. Verser l'eau restante par cette incision jusqu'à égalité de la pâte. Couvrir et cuire au four à 100 °C (200 °F) pendant 3 h 30. Découvrir et remettre au four pendant I h ou jusqu'à ce que la pâte soit dorée.

Cipaille au saumon ➤

CIPAILLE CANADIEN

Bas-Saint-Laurent

PÂTE	
750 ml (3 tasses)	Farine
10 ml (2 c. à thé)	Sel
10 ml (2 c. à thé)	Levure chimique
5 ml (1 c. à thé)	Bicarbonate de soude
160 ml (⅔ tasse)	Beurre non salé
160 ml (⅔ tasse)	Eau froide
GARNITURE	
900 g (2 lb) au total	Veau en cubes ou autre viande : porc, bœuf, poulet, perdrix, lièvre, orignal, chevreuil
750 ml (3 tasses)	Pommes de terre émincées
175 ml (¾ tasse)	Oignons émincés
	Sel et poivre au goût
15 ml (1 c. à soupe)	Huile

PÂTE

- Tamiser la farine, ajouter le sel, la levure chimique et le bicarbonate de soude. Incorporer le beurre, sabler. Incorporer l'eau froide rapidement. Mettre au réfrigérateur pendant 2 h.

GARNITURE

- Faire blanchir la viande pendant 10 min. Égoutter. Réserver le jus. Passer au chinois étamine. Dans une grande casserole, disposer successivement une couche de viande, une couche de pommes de terre et une couche d'oignons, jusqu'à épuisement des ingrédients. Saler, poivrer et mouiller à égalité de la préparation avec le jus de cuisson.
- Abaisser la pâte à 2 mm (⅛ po) d'épaisseur et détailler en carrés de 7,5 cm (2 ¾ po) de côté. Couvrir les ingrédients de pâte en prenant soin de laisser quelques espaces vides pour que la vapeur s'échappe. Badigeonner d'huile. Couvrir. Cuire au four à 180 °C (350 °F) pendant environ 3 h 30. Ajouter du jus au cours de la cuisson de façon à maintenir le même niveau de liquide. Découvrir et poursuivre la cuisson encore 30 min. Servir chaud.

CIPÂTE AUX HARENGS

Duplessis

675 g (1 ½ lb)	Pâte brisée *(voir recettes de base)*
1 litre (4 tasses)	Pommes de terre en dés
900 g (2 lb)	Harengs frais sans arête, en dés
375 ml (1 ½ tasse)	Oignons hachés
10 ml (2 c. à thé)	Sel
3 ml (½ c. à thé)	Poivre
375 ml (1 ½ tasse)	Eau froide
1	Œuf battu

- Foncer un plat allant au four de pâte brisée en laissant dépasser la pâte. Disposer par couches successives les pommes de terre, les harengs et les oignons jusqu'à épuisement des ingrédients. Saler et poivrer. Verser l'eau froide à égalité. Couvrir d'une autre abaisse et bien refermer la pâte.
- À l'aide de la pointe d'un couteau, faire 3 ou 4 incisions sur le dessus de la pâte pour laisser échapper la vapeur. Badigeonner d'œuf battu le dessus du cipâte. Cuire au four à 180 °C (350 °F) pendant 2 à 2 h 30.

CRETONS

Chaudière-Appalaches

- Faire fondre le porc haché dans une grande casserole. Faire suer le céleri et les oignons. Ajouter le bœuf haché et cuire un peu. Mouiller avec l'eau. Ajouter le sel d'ail, saler et poivrer. Faire mijoter pendant 1 h.
- Délayer la gélatine dans l'eau froide. Ajouter la gélatine dans la casserole et bien la faire dissoudre. Ajouter le persil. Verser dans un moule de 1 litre (4 tasses). Laisser prendre au réfrigérateur.

1,5 kg (3 ¼ lb)	$	20 min	1 h 15

565 g (1 ¼ lb)	Porc haché gras
85 ml (⅓ tasse)	Céleri haché
300 ml (1 ¼ tasse)	Oignons hachés
565 g (1 ¼ lb)	Bœuf haché
375 ml (1 ¼ tasse)	Eau en quantité suffisante
5 ml (1 c. à thé)	Sel d'ail
	Sel et poivre au goût
20 ml (4 c. à thé)	Gélatine neutre
160 ml (⅔ tasse)	Eau froide
20 ml (4 c. à thé)	Persil haché

CRETONS AU LAPIN

Manicouagan

- Blanchir la chair d'épaule de porc et de lapin. Chauffer le fond de lapin avec le lapin et le porc, l'oignon, la carotte, les gousses d'ail. Saler et poivrer, et laisser cuire environ 1 h 30, jusqu'à ce que les chairs soient bien cuites. Laisser tiédir et enlever toutes les chairs des os. Passer au moulin à viande (trous moyens). Faire fondre la panne de porc et récupérer la graisse. Nettoyer les rognons et les passer au moulin à viande. Cuire l'ensemble environ 30 min. Vérifier l'assaisonnement et laisser refroidir dans des ramequins.

1,5 kg (3 ¼ lb)	$$	1 h	2 h

450 g (1 lb)	Épaule de porc
565 g (1 ¼ lb)	Lapin
1 litre (4 tasses)	Fond blanc de lapin
1	Oignon piqué d'un clou de girofle
1	Carotte
4	Gousses d'ail
	Sel et poivre au goût
150 g (5 oz)	Panne de porc en cubes
150 g (5 oz)	Rognons de lapin

GALANTINE DE POULET À L'ANCIENNE

6-8	$	20 min	1 h 30

Laurentides

2,2 kg (4 ¾ lb)	Poulet
	Eau chaude
25 ml (1 ½ c. à soupe)	Beurre
5 ml (1 c. à thé)	Sel
3 ml (½ c. à thé)	Poivre
250 ml (1 tasse)	Carottes en dés
250 ml (1 tasse)	Céleri en dés
1	Feuille de laurier
5 ml (1 c. à thé)	Sarriette
125 ml (½ tasse)	Oignons hachés finement
15 ml (3 c. à thé)	Gélatine neutre
250 ml (1 tasse)	Persil haché

- Faire colorer le poulet dans le beurre. Couvrir d'eau chaude. Saler et poivrer. Ajouter les carottes, le céleri, la feuille de laurier, la sarriette et les oignons. Porter à ébullition. Couvrir et laisser mijoter à feu doux pendant 1 h. Retirer le poulet, laisser tiédir, désosser et couper la chair en morceaux. Laisser réduire le bouillon jusqu'à l,25 litre (5 tasses). Ajouter la gélatine et le persil au bouillon.
- Mettre les morceaux de poulet dans un moule huilé de 2 litres (8 tasses). Verser le bouillon et sa garniture sur le poulet. Réfrigérer. Couper de belles tranches de galantine accompagnées de mayonnaise.

GALETTES DE VEAU

6	$$	1 h 15	15 min

Québec

175 ml (¾ tasse)	Chapelure fraîche
175 ml (¾ tasse)	Lait
125 ml (½ tasse)	Oignons hachés finement
75 ml (5 c. à soupe)	Poivrons verts en petits dés
45 ml (3 c. à soupe)	Céleri en petits dés
75 ml (5 c. à soupe)	Beurre
675 g (1 ½ lb)	Veau haché
2	Œufs battus
	Sel et poivre au goût
1 pincée	Thym
18	Tranches de bacon
575 ml (2 ½ tasses)	Petits pois verts en conserve
85 ml (⅓ tasse)	Fond brun de veau, non lié
60 ml (¼ tasse)	Beurre non salé en pommade
25 ml (1 ½ c. à soupe)	Poivrons rouges en julienne
6 brins	Persil frais

- Faire tremper la chapelure dans le lait pendant l h. Faire fondre les légumes dans 45 ml (3 c. à soupe) de beurre. Laisser refroidir et mettre de côté.
- Bien mélanger le veau, les œufs et les assaisonnements avec les légumes et la chapelure. Façonner en petits pâtés de 50 ml (3 c. à soupe). Enrouler le bacon autour des pâtés. Piquer avec un cure-dent. Faire revenir les petits pâtés dans 30 ml (2 c. à soupe) de beurre. Ajouter les petits pois et le fond de veau. Couvrir et faire mijoter pendant 10 min. Incorporer le beurre non salé en pommade. Dresser dans un plat de service. Décorer avec les poivrons rouges et le persil.

PÂTÉ À LA TRUITE

Saguenay – Lac-Saint-Jean

🍴	💲	⏳	🥘
6	$$	20 min	1 h

- Faire pocher la truite dans le court-bouillon. Égoutter le poisson et enlever les arêtes. Défaire la chair et mettre de côté.
- Foncer un moule de pâte brisée. Garnir la pâte alternativement d'une couche de pommes de terre, de truite et d'oignons. Saler et poivrer. Napper de crème. Recouvrir d'une abaisse et bien sceller les bords. Faire une incision au centre et badigeonner d'œuf battu. Cuire au four à 180 °C (350 °F) pendant 1 h.

250 g (½ lb)	Truite
500 ml (2 tasses)	Court-bouillon *(voir recettes de base)*
2 abaisses	Pâte brisée *(voir recettes de base)*
250 ml (1 tasse)	Pommes de terre en petits dés
125 ml (½ tasse)	Oignons en petits dés Sel et poivre au goût
125 ml (½ tasse)	Crème 15 %
1	Œuf battu

ÂTÉ AU SAUMON

Duplessis

🍴	💲	⏳	🥘
6	$$	15 min	40 min

PÂTE

- Sabler le beurre avec la farine. Ajouter le sel, le vinaigre, l'œuf et l'eau. Bien mélanger et réfrigérer.

SAUMON

- Mélanger le saumon avec la purée de pommes de terre et l'œuf. Faire suer les oignons dans le beurre et incorporer au premier mélange. Bien mélanger.
- Abaisser la pâte et la disposer dans une assiette de 22 cm (8 ½ po) de diamètre. Verser le mélange de saumon. Couvrir d'une seconde abaisse. Faire une incision au centre de la pâte. Cuire au four à 220 °C (425 °F) pendant 10 min, réduire la chaleur à 180 °C (350 °F) et poursuivre la cuisson pendant 30 min.

PÂTE

175 ml (¾ tasse)	Beurre non salé
625 ml (2 ½ tasses)	Farine tout usage
3 ml (½ c. à thé)	Sel
5 ml (1 c. à thé)	Vinaigre
1	Œuf
175 ml (¾ tasse)	Eau

SAUMON

450 g (1 lb)	Saumon en conserve
250 ml (1 tasse)	Purée de pommes de terre
1	Œuf
50 ml (3 c. à soupe)	Oignons hachés

PÂTÉ AUX ŒUFS ET AUX PATATES

Laurentides

6	$	20 min	30 min

- Ajouter aux pommes de terre en purée le beurre, le lait, le persil, le sel et le poivre. Beurrer un moule de 2 litres (8 tasses). Verser la moitié de la purée de pommes de terre dans le moule et bien l'étendre.
- Couper les œufs durs en tranches et les disposer sur la purée. Recouvrir de béchamel. Couvrir avec le reste de la purée de pommes de terre. Cuire au four à 180 °C (350 °F) pendant 30 min. Servir.

800 ml (3 ¼ tasses)	Pommes de terre en purée
50 ml (3 c. à soupe)	Beurre
125 ml (½ tasse)	Lait
25 ml (1 ½ c. à soupe)	Persil haché
3 ml (½ c. à thé)	Sel au goût
1 ml (¼ c. à thé)	Poivre
6	Œufs durs
500 ml (2 tasses)	Béchamel *(voir recettes de base)*

PÂTÉ AUX PALOURDES

Duplessis

6	$$	20 min	40 min

- Faire suer les oignons dans le beurre. Fariner. Mouiller avec le jus de palourde. Ajouter les pommes de terre et les palourdes. Porter à ébullition et laisser cuire pendant 15 à 20 min.
- Verser la préparation dans une abaisse de pâte brisée de 22 cm (8 ½ po) de diamètre. Couvrir avec une seconde abaisse de pâte. À l'aide de la pointe d'un couteau, faire 3 ou 4 incisions sur le dessus de la pâte pour laisser échapper la vapeur. Cuire au four à 240 °C (475 °F) pendant 20 min.

25 ml (1 ½ c. à soupe)	Oignons hachés
15 ml (1 c. à soupe)	Beurre
15 ml (1 c. à soupe)	Farine
125 ml (½ tasse)	Jus de palourde
500 ml (2 tasses)	Pommes de terre en dés
150 g (5 oz)	Palourdes
2 abaisses	Pâte brisée *(voir recettes de base)*

6 | $ | 25 min | 1 h

PÂTÉ CROCHE

Charlevoix

160 ml (⅔ tasse)	Oignons hachés
15 ml (1 c. à soupe)	Beurre
700 g (1 ½ lb)	Porc haché
5 ml (1 c. à thé)	Sel
1 ml (¼ c. à thé)	Poivre
5 ml (1 c. à thé)	Clou de girofle
5 ml (1 c. à thé)	Sauge
25 ml (1 ½ c. à soupe)	Eau froide
500 g (1 lb)	Pâte brisée
	(voir recettes de base)

- Faire suer les oignons dans le beurre et les laisser refroidir. Mélanger le porc, les oignons et les assaisonnements. Incorporer l'eau.
- Mettre 125 ml (½ tasse) de farce en rouleau sur une abaisse carrée de 20 cm (8 po). Humecter les bords avec un peu d'eau. Rabattre l'abaisse et presser les bords pour bien sceller le pâté. Plisser le rebord du pâté avec l'index de façon à lui donner l'aspect d'un cordon. Faire une petite incision au centre. Mettre sur une plaque graissée et cuire au four à 180 °C (350 °F) pendant 1 h ou jusqu'à ce que le tout soit doré.

6 | $ | 1 h | 2 h 15

PÂTÉ DE BŒUF ROSÉ

Mauricie – Bois-Francs

1 kg (2 ¼ lb)	Bœuf en cubes
	Farine
25 ml (1 ½ c. à soupe)	Huile
50 ml (3 c. à soupe)	Beurre
250 ml (1 tasse)	Jus de tomate
250 ml (1 tasse)	Bouillon de bœuf
1 ml (¼ c. à thé)	Basilic
1	Feuille de laurier
	Sel et poivre au goût
500 ml (2 tasses)	Carottes en jardinière
250 ml (1 tasse)	Navet en jardinière
250 ml (1 tasse)	Céleri en jardinière
250 ml (1 tasse)	Champignons émincés

PÂTE ROSÉE

500 ml (2 tasses)	Farine à pâtisserie
1 ml (¼ c. à thé)	Sel
60 ml (¼ tasse)	Beurre non salé
175 ml (¾ tasse)	Jus de tomate

- Fariner les cubes de bœuf. Dans une casserole, chauffer l'huile et le beurre et faire revenir le bœuf. Ajouter le jus de tomate, le bouillon de bœuf et les assaisonnements. Laisser cuire à feu doux pendant 1 h 30 à couvert. Ajouter les légumes et poursuivre la cuisson jusqu'à ce que la viande soit tendre.
- Verser le mélange dans une cocotte et couvrir d'une abaisse de pâte rosée en ayant soin d'y faire une incision au centre. Cuire au four à 180 °C (350 °F) pendant 15 min.

PÂTE ROSÉE

- Mélanger la farine et le sel. Incorporer le beurre à la farine. Faire une fontaine et verser au centre le jus de tomate. Travailler la pâte jusqu'à consistance ferme, mais non élastique. À l'aide d'un rouleau à pâtisserie, étendre une abaisse assez grande pour couvrir complètement la cocotte.

PÂTÉ DE CANARD

Chaudière-Appalaches

6	$$	2 h 30	3 h

- Désosser le canard et couper la chair en tronçons de 1,25 cm (½ po). Faire mariner la chair de canard dans le cidre pendant 3 h, puis la retirer.

FOND DE CANARD

- Ajouter les légumes, les épices et l'eau aux parures de canard. Faire mijoter pendant 1 h 45. Passer au chinois fin. Remettre sur le feu et laisser réduire jusqu'à ce qu'il reste 500 ml (2 tasses) de liquide. Mettre de côté le fond de canard.

PÂTÉ

- Diviser la pâte en deux parties. Abaisser les deux parties. Foncer un moule à tarte de 23 cm (9 po) de diamètre. Garder la deuxième partie pour le couvercle. Mettre de côté.
- Faire blanchir les lardons dans l'eau pendant 5 min. Égoutter. Faire sauter les lardons dans l'huile. Égoutter et mettre de côté.
- Égoutter la chair de canard. Réserver la marinade. Faire sauter le canard dans l'huile. Égoutter et mettre de côté avec les lardons.
- Faire sauter les oignons. Égoutter. Mettre de côté avec les lardons et la chair de canard.
- Dégraisser et déglacer la sauteuse avec la marinade. Mouiller avec 375 ml (1 ½ tasse) de fond de canard. Laisser mijoter de 2 à 3 min. Épaissir avec la farine grillée, diluée dans le fond de canard. Assaisonner la sauce. Faire mijoter un peu et passer au chinois fin. Ajouter les lardons, les oignons et la chair de canard à la sauce. Faire braiser jusqu'à ce que les morceaux de canard soient tendres. Laisser tiédir.
- Verser la préparation dans le moule foncé de pâte brisée. Couvrir avec l'autre abaisse. Coller le bord du pâté avec l'œuf battu. Faire une incision au centre de l'abaisse pour laisser la vapeur s'échapper. Badigeonner le dessus du pâté avec l'œuf battu. Cuire au four à 220 °C (425 °F) pendant 45 min.

1	Canard
250 ml (1 tasse)	Cidre

FOND DE CANARD

125 ml (½ tasse)	Carottes en dés
125 ml (½ tasse)	Oignons coupés grossièrement
125 ml (½ tasse)	Céleri en dés
1	Petit oignon piqué
1 ml (¼ c. à thé)	Thym
1	Feuille de laurier
1,5 litre (6 tasses)	Eau

PÂTÉ

450 g (1 lb)	Pâte brisée *(voir recettes de base)*
125 ml (½ tasse)	Lardons
500 ml (2 tasses)	Eau
60 ml (2 c. à soupe)	Huile
125 ml (½ tasse)	Oignons émincés
85 ml (⅓ tasse)	Farine grillée
125 ml (½ tasse)	Fond de canard refroidi
3 ml (½ c. à thé)	Sarriette
1 ml (¼ c. à thé)	Clou de girofle
1 ml (¼ c. à thé)	Cannelle
1 ml (¼ c. à thé)	Muscade
	Sel et poivre au goût
1	Œuf battu

La sarriette s'exprime harmonieusement avec le basilic et le cerfeuil dans le mélange d'épices nommé « herbes à tortue ». Elle entre dans la fabrication de la Chartreuse où, de concert avec la mélisse, elle exprime ses propriétés cordiales.

1,5 kg (3 ¼ lb) $ 20 min 2 h

PÂTÉ DE FOIE DE VOLAILLE

Charlevoix

45 ml (3 c. à soupe)	Céleri en dés
90 ml (6 c. à soupe)	Oignons hachés
20 ml (4 c. à thé)	Beurre
725 g (1 ½ lb)	Foies de volaille
725 g (1 ½ lb)	Lard gras
2	Œufs
8 ml (1 ½ c. à thé)	Sel
3 ml (½ c. à thé)	Poivre
1 ml (¼ c. à thé)	Thym
90 g (3 oz)	Bardes

- Faire revenir le céleri et les oignons dans le beurre. Passer trois fois au hachoir (grille très fine) les foies, le lard et les légumes. Ajouter les œufs et les assaisonnements. Bien mélanger.
- Verser dans un moule de 2 litres (8 tasses) préalablement foncé de bardes. Cuire au four, au bain-marie, à 230 °C (450 °F) pendant 30 min, puis à 150 °C (300 °F) pendant 1 h 30.

> *Le thym supporte bien la dessiccation. À la fin de l'été, il faut le suspendre ficelé, queues en l'air, dans un lieu aéré, jusqu'à complète évaporation de l'humidité. Garder dans un bocal bien fermé à l'abri de la lumière.*

1,5 kg (3 ¼ lb) $$$ 1 h 2 h 30

PÂTÉ DE LAPIN DE RICHMOND

Cantons-de-l'Est

650 g (1 ½ lb)	Lapin
450 g (1 lb)	Filets de porc
450 g (1 lb)	Noix de veau
125 ml (½ tasse)	Brandy
175 ml (¾ tasse)	Crème 35 %
20 ml (4 c. à thé)	Ail haché
160 ml (⅔ tasse)	Échalotes hachées
2	Œufs
	Sel et au poivre au goût
3	Bardes
2	Feuilles de laurier

- Faire mariner les viandes crues pendant 12 h dans le mélange de brandy et de crème. Égoutter et conserver le liquide. Passer les viandes, l'ail et les échalotes trois fois au hachoir. Ajouter les œufs et le mélange de brandy et de crème. Bien mélanger. Saler et poivrer.
- Barder deux moules à pain, d'une capacité de 2 litres (8 tasses) chacun, puis les remplir du mélange. Mettre une feuille de laurier sur les pâtés. Couvrir de bardes. Cuire au four, au bain-marie, à 180 °C (350 °F) pendant 2 h 30.

Pâté de foie de volaille ➤

PÂTÉ DE LIÈVRE OU DE LAPIN

6	$$	1 h	4 h 30

Laurentides

1	Lièvre ou lapin de 2 kg (4 ½ lb)

SAUMURE

750 ml (3 tasses)	Eau froide
20 ml (4 c. à thé)	Gros sel

GARNITURE

250 g (½ lb)	Bœuf
250 g (½ lb)	Porc
50 ml (3 c. à soupe)	Huile
250 ml (1 tasse)	Oignons hachés
3 ml (½ c. à thé)	Romarin
1	Feuille de laurier
8 ml (1 ½ c. à thé)	Persil haché
10 ml (2 c. à thé)	Sel
3 ml (½ c. à thé)	Poivre

PÂTE

675 ml (2 ¾ tasses)	Farine
15 ml (1 c. à soupe)	Levure chimique
15 ml (1 c. à soupe)	Sel
175 ml (¾ tasse)	Graisse
175 ml (¾ tasse)	Lait
175 ml (¾ tasse)	Eau

- Couper le lièvre ou le lapin en morceaux et le faire mariner pendant environ 12 h dans la saumure préparée avec l'eau mélangée avec le sel.
- Assécher le lièvre ou le lapin, le désosser et le couper en cubes de 2 cm (¾ po). Couper également le bœuf et le porc en cubes de 2 cm (¾ po). Faire colorer toutes les viandes dans l'huile chaude. Ajouter les oignons, le romarin, la feuille de laurier, le persil, le sel et le poivre. Bien mélanger le tout. Cuire pendant quelques minutes et retirer du feu.
- Foncer une grande casserole en fonte de 2 litres (8 tasses) avec la pâte (préparée de la même façon qu'une pâte à tarte). Ajouter le mélange de viande dans la casserole. Recouvrir de pâte, bien sceller le tour du pâté et faire une incision au centre. Remplir d'eau. Cuire au four à 180 °C (350 °F) pendant 30 min. Réduire la chaleur du four à 160 °C (325 °F) et poursuivre la cuisson pendant environ 4 h. Couvrir la casserole pendant les 30 dernières minutes de cuisson. Servir chaud.

PÂTÉ DES TROIS VIANDES

6	$	15 min	1 h 30

Saguenay – Lac-Saint-Jean

400 g (14 oz)	Bœuf haché
400 g (14 oz)	Veau haché
400 g (14 oz)	Porc gras haché
125 ml (½ tasse)	Chapelure
	Sel et poivre au goût
5 ml (1 c. à thé)	Persil
2	Œufs
175 ml (¾ tasse)	Lait
125 ml (½ tasse)	Céleri en petits dés

- Mélanger les viandes. Ajouter la chapelure, le sel, le poivre et le persil. Bien mélanger le tout. Battre les œufs. Ajouter le lait et bien mélanger. Incorporer à la viande. Ajouter le céleri.
- Verser dans un plat beurré de 20 x 15 x 10 cm (8 x 6 x 4 po) et cuire au four à 180 °C (350 °F) pendant 1 h 30.
- Servir avec des pommes de terre au four et accompagner de sauce tomate.

PÂTÉ DU BAS-SAGUENAY

Saguenay – Lac-Saint-Jean

6	$$	30 min	1 h 30

- Couper la ouananiche en petits morceaux. Faire revenir légèrement les oignons dans le beurre. Ajouter la ouananiche, les pommes de terre, le sel, le poivre, le lait et la crème. Bien mélanger.
- Foncer un moule de 20 x 10 cm (8 x 4 po) de pâte brisée. Verser le mélange, couvrir d'une abaisse, faire une incision au centre et badigeonner d'œuf battu. Cuire au four à 180 °C (350 °F) pendant 1 h 30.

400 g (14 oz)	Ouananiche
125 ml (½ tasse)	Oignons émincés
25 ml (1 ½ c. à soupe)	Beurre
175 ml (¾ tasse)	Pommes de terre émincées
	Sel et poivre au goût
60 ml (¼ tasse)	Lait
25 ml (1 ½ c. à soupe)	Crème 15 %
2 abaisses	Pâte brisée *(voir recettes de base)*
1	Œuf battu

TERRINE DE DORÉ DE KIPAWA

Abitibi-Témiscamingue

6	$	40 min	45 min

- Passer trois fois la chair de doré au hachoir. Ajouter le blanc d'œuf. Bien mélanger. Passer au tamis. Laisser refroidir pendant 2 h au réfrigérateur.
- Incorporer petit à petit la crème très froide, en remuant constamment. Saler, poivrer et ajouter la muscade. Beurrer un moule d'une capacité de 2 litres (8 tasses). Verser le mélange dans le moule, couvrir d'un papier d'aluminium. Cuire au four, au bain-marie, à 180 °C (350 °F) pendant 45 min ou atteindre à cœur 68 °C (155 °F). Laisser reposer au moins 24 h au réfrigérateur.

300 g (10 oz)	Chair de doré
1	Blanc d'œuf
375 ml (1 ½ tasse)	Crème 35 %
	Sel et poivre au goût
	Muscade au goût
5 ml (1 c. à thé)	Beurre

La chair de ce poisson, le plus gros de la famille des Percidae, est d'une grande qualité et son goût raffiné n'est pas altéré lorsque les eaux se réchauffent l'été.

TERRINE DE LIÈVRE

Charlevoix

1 à 2	Lièvres
85 ml (⅓ tasse)	Cognac ou brandy
160 ml (⅔ tasse)	Échalotes hachées
3 ml (½ c. à thé)	Ail haché grossièrement
180 g (6 oz)	Épaule de porc
175 ml (¾ tasse)	Crème 35 %
10 ml (2 c. à thé)	Sel
5 ml (1 c. à thé)	Poivre
1 ml (¼ c. à thé)	Marjolaine
1 ml (¼ c. à thé)	Thym
1 ml (¼ c. à thé)	Estragon
1 ml (¼ c. à thé)	Sarriette
1 ml (¼ c. à thé)	Cayenne
2	Œufs
180 g (6 oz)	Bardes
1	Feuille de laurier
	Farine et eau en quantité suffisante

- Désosser le lièvre. Faire macérer le râble dans le cognac pendant 2 h. Couper le râble en lanières. Passer trois fois au hachoir le reste du lièvre avec les échalotes, l'ail et le porc. Ajouter tous les autres ingrédients à cette farce, sauf les bardes, la feuille de laurier, la farine et l'eau. Ajouter ensuite le cognac et bien mélanger.
- Barder un moule de 2 litres (8 tasses) ayant un couvercle. Superposer en couches successives la farce et quelques lanières de râble, jusqu'à épuisement des ingrédients. Mettre le laurier sur le dessus. Couvrir de bardes. Couvrir le moule et bien sceller le couvercle avec de la farine mouillée. Cuire au four, au bain-marie, à 180 °C (350 °F) pendant 2 h 30. Laisser refroidir et couper en tranches. Servir avec une purée de canneberges.

1,5 kg (3 ¼ lb) $$ 30 min 2 h 30

TÊTE FROMAGÉE DE PÉRIBONKA

Saguenay – Lac-Saint-Jean

2 kg (4 ½ lb)	Tête de porc
750 g (1 ½ lb)	Pied de porc
3 ml (½ c. à thé)	Thym
3 ml (½ c. à thé)	Clous de girofle entiers
	Sel et poivre au goût
1	Feuille de laurier
1,2 litre (5 tasses)	Oignons coupés grossièrement
625 ml (2 ½ tasses)	Carottes coupées grossièrement
6	Gousses d'ail
2	Branches de céleri
750 ml (3 tasses)	Fond de cuisson
175 ml (¾ tasse)	Persil haché finement

- Parer la tête de porc et la couper en quatre. Faire tremper les morceaux dans un filet d'eau avec le pied de porc, pendant 5 à 6 h. Égoutter, blanchir, couvrir d'eau et mettre sur le feu. Assaisonner et ajouter les légumes. Faire mijoter jusqu'à ce que la viande se détache facilement des os. Défaire la viande à la fourchette et couper un peu de gras en petits dés. Remettre à bouillir avec du fond de cuisson pendant environ 5 min.
- Laisser refroidir à température ambiante, ajouter le persil en remuant de temps à autre avec une cuillère de bois. Verser dans des moules. Laisser prendre au réfrigérateur pendant 5 à 6 h.

1,5 kg (3 ¼ lb) $ 45 min 1 h

TOURTIÈRE SAGUENÉENNE

Saguenay – Lac-Saint-Jean

6	$$	30 min	2 h

- Couper les viandes en cubes d'environ 1,25 cm (½ po). Passer le gras du porc au hache-viande et le mélanger aux cubes de viande. Ajouter les oignons. Saler et poivrer. Mettre au réfrigérateur pendant toute une nuit. Mélanger les pommes de terre à la viande.

PÂTE

- Sabler les ingrédients secs avec le beurre non salé. Faire une fontaine au centre et verser le liquide. Pétrir la pâte. Laisser reposer pendant quelques heures au réfrigérateur avant utilisation.
- Foncer une marmite en fonte de 3 litres (12 tasses) d'une abaisse. Verser le mélange et couvrir d'eau, à égalité. Couvrir d'une autre abaisse. Cuire au four à 200 °C (400 °F) pendant 30 min, puis à 120 °C (250 °F) pendant environ 1 h 30.

350 g (¾ lb)	Bœuf
180 g (⅓ lb)	Porc dans l'épaule
180 g (⅓ lb)	Gras de porc
50 ml (3 c. à soupe)	Oignons hachés
	Sel et poivre au goût
825 ml (3 ⅓ tasses)	Pommes de terre pelées et coupées en cubes

PÂTE

500 ml (2 tasses)	Farine
5 ml (1 c. à thé)	Levure chimique
5 ml (1 c. à thé)	Sel
250 ml (1 tasse)	Beurre non salé
50 ml (3 c. à soupe)	Eau
50 ml (3 c. à soupe)	Lait

PÂTÉ D'ÉPERLANS

Charlevoix

6	$$	1 h	45 min

- Foncer un moule à tarte avec la moitié de la pâte brisée. Badigeonner le fond de la pâte avec le blanc d'œuf battu. Laisser sécher pendant 15 min. Fendre les éperlans sur le dos. Enlever l'arête et les nageoires à l'aide d'un couteau. Couper les filets en morceaux de 2,5 cm (1 po). Disposer les éperlans et les échalotes au fond du moule.
- Battre le jaune d'œuf avec l'œuf entier. Y ajouter la crème et verser sur les éperlans. Saler et poivrer. Humecter les bords de l'abaisse avec un peu d'eau. Couvrir le moule d'une deuxième abaisse. Presser le bord des deux abaisses pour bien les sceller. Humecter le dessus du pâté avec un peu d'eau. Pratiquer deux ou trois incisions au centre sur le dessus du pâté. Cuire au four à 180 °C (350 °F) pendant 45 min. Servir immédiatement. Accompagner de petites pommes de terre grelots cuites à l'eau salée.

500 g (1 lb)	Pâte brisée *(voir recettes de base)*
1	Blanc d'œuf
675 g (1 ½ lb)	Éperlans
175 ml (¾ tasse)	Échalotes hachées
1	Jaune d'œuf
1	Œuf
250 ml (1 tasse)	Crème 35 %
5 ml (1 c. à thé)	Sel
3 ml (½ c. à thé)	Poivre
15 ml (1 c. à soupe)	Eau froide

TOURTE MADELINIENNE

Îles-de-la-Madeleine

6     $$$ 1 h   25 à 30 min

PÂTE

- Faire tremper la levure dans l'eau tiède sucrée. Réserver pendant 10 min.
- Faire chauffer le lait avec le sel, le sucre et le beurre. Laisser tiédir.
- Mélanger le lait et la levure dans un bol. Incorporer graduellement la farine jusqu'à ce que la pâte se détache des bords du bol. Pétrir et fariner. Couvrir et laisser lever pendant environ 2 h ou jusqu'à ce que la pâte double de volume. Rompre la pâte et laisser lever de nouveau jusqu'à ce que la pâte double de volume.

SAUCE TOMATE

- Étuver à l'huile les oignons et les tomates. Ajouter la pâte de tomate, le sel et le poivre. Laisser réduire de moitié.

GARNITURE

- Étendre la pâte sur une plaque préalablement farinée. Badigeonner la pâte de sauce tomate. Disposer tous les ingrédients de la garniture sur le dessus, sauf le fromage, puis parsemer de fromage. Faire cuire au four à 220 °C (425 °F) pendant environ 15 min ou jusqu'à ce que la tourte soit bien dorée.

  Note : Cette tourte peut aussi être cuite dans un moule appelé « tourte », c'est-à-dire un moule de forme ronde avec un rebord de 2 à 3 cm.

PÂTE

5 ml (1 c. à thé)	Levure sèche
60 ml (¼ tasse)	Eau tiède
2 ml (½ c. à thé)	Sucre
85 ml (⅓ tasse)	Lait
2 ml (½ c. à thé)	Sel
30 ml (2 c. à soupe)	Sucre
30 ml (2 c. à soupe)	Beurre
500 ml (2 tasses)	Farine tout usage

SAUCE TOMATE

30 ml (2 c. à soupe)	Huile d'olive
250 ml (1 tasse)	Oignons hachés
400 ml (14 oz)	Tomates concassées et égouttées
50 ml (3 c. à soupe)	Pâte de tomate
	Sel et poivre au goût

GARNITURE

30 ml (2 c. à soupe)	Poivrons verts sans peau, en cubes
125 ml (½ tasse)	Champignons émincés
30 ml (2 c. à soupe)	Huile d'olive
225 g (½ lb)	Pétoncles en dés
85 g (env. 3 oz)	Homard cuit, en dés
85 g (env. 3 oz)	Crabe cuit, en dés
85 g (env. 3 oz)	Crevettes nordiques
250 ml (1 tasse)	Gruyère râpé

poissons, mollusques et crustacés

ANGUILLE FUMÉE DE KAMOURASKA AUX ŒUFS DE CORÉGONE

Kamouraska

160 ml (⅔ tasse)	Herbes salées *(voir recettes de base)*
250 ml (1 tasse)	Crème sure (crème aigre ou yogourt nature)
1	Échalote hachée
4	Pommes de terre
330 g (11 oz)	Filets d'anguille fumée
30 g (1 oz)	Œufs de corégones

- Égoutter les herbes salées et les laver sous l'eau froide. Si elles sont encore trop salées, les faire blanchir et bien éponger. Mélanger les herbes salées, la crème sure et l'échalote hachée. Dans une casserole remplie d'eau bouillante salée, cuire les pommes de terre.
- Couper de belles tranches de pommes de terre tièdes, les mettre au fond de chaque assiette. Disposer ensuite les filets d'anguille fumée sur le dessus, ou encore en farcir une pomme de terre évidée. À côté, former une belle quenelle de crème sure aux herbes salées et parsemer d'œufs de corégones.

Enlever la peau du poisson en l'accrochant par la tête et en tirant sur la peau. La chair est grasse et foncée.

> *Les anguilles se trouvent en abondance d'août à novembre dans les rivières du Québec se déversant dans le fleuve Saint-Laurent. Ce poisson n'est pas estimé à sa juste valeur, surtout en raison de son apparence.*

ASPIC DE CREVETTES DE SAINT-DONAT

Lanaudière

500 g (1 lb)	Crevettes hachées
125 ml (½ tasse)	Jus des crevettes
410 ml (1 ⅔ tasse)	Soupe aux tomates
250 ml (1 tasse)	Fromage à la crème
250 ml (1 tasse)	Mayonnaise
250 ml (1 tasse)	Céleri haché finement
30 ml (2 c. à soupe)	Beurre
125 ml (½ tasse)	Échalotes hachées
25 ml (1 ½ c. à soupe)	Gélatine neutre
	Sel, poivre et poivre de Cayenne au goût
25 ml (1 ½ c. à soupe)	Jus de citron
	Huile en quantité suffisante
20 ml (1 ¼ c. à soupe)	Persil haché

- Vous pouvez cuire 500 g (1 lb) de crevettes 21/25 afin d'avoir le jus de celles-ci. Cuire à l'eau salée, au premier bouillonnement, rafraîchir, égoutter, déveiner et éponger avant de les hacher.
- Faire chauffer la soupe. Incorporer le fromage. Bien battre pour éviter l'apparition de grumeaux. Incorporer la mayonnaise.
- Faire suer le céleri dans le beurre. Ajouter les échalotes et les faire suer. Mélanger avec la soupe. Faire mijoter le tout pendant 2 à 3 min.
- Faire gonfler la gélatine dans le jus des crevettes. Incorporer les crevettes. Verser dans la préparation et faire mijoter pendant 1 à 2 min. Assaisonner. Verser un filet de jus de citron. Mettre le mélange dans un moule huilé. Laisser prendre au réfrigérateur pendant 4 h environ.
- Passer sous l'eau chaude et démouler dans une assiette. Persiller. Servir froid.

6	$	10 min	10 min

BIGORNEAUX OU BUCCINS DES ÎLES

Îles-de-la-Madeleine

1 kg (2 ½ lb)	Bigorneaux ou buccins frais ou en conserve, égouttés
30 ml (2 c. à soupe)	Vinaigre blanc
30 ml (2 c. à soupe)	Beurre
60 ml (¼ tasse)	Oignons ciselés
60 ml (¼ tasse)	Courgettes en petits dés
1	Gousse d'ail hachée
60 ml (¼ tasse)	Câprons
30 ml (2 c. à soupe)	Jus de citron
	Sel et poivre au goût
6	Croûtons de pain grillés
	Persil haché

- Laver plusieurs fois les bigorneaux en prenant soin de bien laisser le sable au fond. Cuire à l'eau salée ou à l'eau de mer, additionnée de vinaigre blanc, et laisser tiédir. Décoquiller et réserver. Pour les buccins, le temps de cuisson est d'environ 2 h.
- Pendant la cuisson, chauffer le beurre et faire suer les oignons et les courgettes, ajouter l'ail et les câprons. Laisser mijoter quelques minutes. Ajouter le jus de citron, puis les bigorneaux et leur jus. Cuire 2 à 3 min. Rectifier l'assaisonnement.
- Disposer un croûton de pain au fond de chaque assiette. Napper avec les bigorneaux. Garnir de persil.

Ne pas confondre bigorneaux avec buccins, que nous appelons couramment au Québec « bourgots ». Les bigorneaux sont de tout petits coquillages globuleux en forme de spirale, tandis que les buccins sont de très gros coquillages. L'ouverture est bordée d'une petite lunule blanche. Ils sont univalves tous les deux. Ils se trouvent dans l'Atlantique Nord (du Labrador au Maryland). On trouve environ 20 espèces de littorines (bigorneaux).

buccin

bigorneaux

POTÉE DE MAQUEREAU AUX TOMATES

Îles-de-la-Madeleine

6	$	25 min	au thermomètre

250 ml (1 tasse)	Oignons hachés
250 ml (1 tasse)	Champignons émincés
25 ml (1 ½ c. à soupe)	Beurre
6	Maquereaux de 250 à 300 g (9 à 10 oz) chacun
250 ml (1 tasse)	Petites carottes émincées
750 ml (3 tasses)	Tomates égouttées et concassées
5 ml (1 c. à thé)	Sel
2 ml (½ c. à thé)	Poivre
2 ml (½ c. à thé)	Sarriette
5 ml (1 c. à thé)	Sucre
25 ml (1 ½ c. à soupe)	Persil haché

- Faire suer les oignons et les champignons dans le beurre, puis les disposer dans un plat allant au four. Disposer par-dessus les maquereaux évidés et nettoyés avec ou sans tête.
- Faire blanchir les carottes. Mélanger les carottes, les tomates, le sel, le poivre, la sarriette et le sucre. Verser ce mélange sur les maquereaux. Couvrir le plat de papier d'aluminium et cuire au four à 180 °C (350 °F) pour atteindre 70 °C (155 °F) à cœur. Parsemer de persil avant de servir.

GIBELOTTE DES ÎLES DE SOREL

Montérégie

- Faire revenir les oignons dans l'huile bouillante jusqu'à ce qu'ils soient transparents. Mouiller avec 250 ml (1 tasse) d'eau et ajouter le cube de bouillon. Ajouter les pommes de terre, le sel et le poivre. Porter à ébullition et laisser mijoter pendant 10 min.
- Ajouter la crème de tomates et laisser mijoter pendant encore 10 min. Ajouter les pois, les haricots, les carottes et le maïs. Chauffer et vérifier l'assaisonnement. Porter à ébullition 2,3 litres (9 tasses) d'eau et le gros sel, ajouter la barbote et cuire pendant environ 5 min. Retirer la barbote et servir avec 250 ml (1 tasse) de gibelotte.

6	$$	50 min	30 à 60 min

250 ml (1 tasse)	Oignons hachés
125 ml (½ tasse)	Huile
2,5 litres (10 tasses)	Eau
1	Cube de bouillon de bœuf
1 litre (4 tasses)	Pommes de terre en dés
	Sel et poivre au goût
125 ml (½ tasse)	Crème de tomates
160 ml (⅔ tasse)	Pois verts
300 ml (1 ¼ tasse)	Haricots verts entiers, cuits
300 ml (1 ¼ tasse)	Petites carottes entières, cuites
160 ml (⅔ tasse)	Maïs en crème
30 ml (2 c. à soupe)	Gros sel
1,5 kg (3 ¼ lb)	Barbote

BLANQUETTE DE POISSON AUX LÉGUMES

Laurentides

6	$	20 min	30 min

- Faire cuire les carottes, les pommes de terre et les ravioles dans l'eau salée. Faire fondre le beurre dans une casserole. Ajouter la farine et faire un roux blanc. Mouiller avec le lait et le bouillon de cuisson des légumes. Saler et poivrer. Cuire pendant 15 à 20 min à feu doux.
- Ajouter le poisson, les champignons préalablement sautés au beurre, les pois verts, les pommes de terre et les carottes. Bien mélanger le tout. Servir dans des vol-au-vent, parsemer de persil.

> *« Aucun poisson ne peut égaler le goût d'une perchaude prise à l'eau froide du printemps et de l'automne », écrit Michel Chamberland, dans* La pêche au Québec.

175 ml (¾ tasse)	Carottes en dés
175 ml (¾ tasse)	Pommes de terre en dés
12	Mini ravioles
	Eau salée
85 ml (⅓ tasse)	Beurre
85 ml (⅓ tasse)	Farine
410 ml (1 ⅔ tasse)	Lait chaud
410 ml (1 ⅔ tasse)	Bouillon de légumes chaud
5 ml (1 c. à thé)	Sel
1 ml (¼ c. à thé)	Poivre
420 ml (14 oz)	Poisson cuit émietté
175 ml (¾ tasse)	Champignons émincés
	Beurre
175 ml (¾ tasse)	Pois verts congelés
6	Vol-au-vent
	Persil haché finement

◄ *Blanquette de poisson aux légumes*

BOUCHÉES AUX COQUES

Îles-de-la-Madeleine

240 g (env. 8 oz)	Coques fraîches*
200 ml (⅞ tasse)	Vin blanc
30 ml (2 c. à soupe)	Jus des coques
80 ml (⅓ tasse)	Lait
1	Œuf battu
125 ml (½ tasse)	Farine
1 pincée	Sel
1 pincée	Poivre
	Huile en quantité suffisante
4	Quartiers de citron

- Bien laver les coques à plusieurs reprises sous l'eau. Dans une petite marmite, chauffer le vin blanc, verser les coques, couvrir et cuire jusqu'à ce qu'elles soient bien ouvertes. Égoutter les coques et réserver.
- Mélanger le jus des coques avec le lait. Ajouter l'œuf et incorporer la farine. Saler et poivrer.
- Passer les coques dans la pâte de façon à bien les enrober. Cuire à grande friture dans l'huile chaude. Servir chaud, accompagner de citron.

* *On peut remplacer les coques fraîches par des coques en conserve, ou des myes, des palourdes ou des couteaux.*

L'ANSILLON

Bas-Saint-Laurent

900 g (2 lb)	Anguille parée et coupée en tronçons
1 litre (4 tasses)	Eau
10 ml (2 c. à thé)	Sel
125 ml (½ tasse)	Oignons hachés
1	Gousse d'ail écrasée
60 ml (¼ tasse)	Huile d'olive
30 ml (2 c. à soupe)	Farine
250 ml (1 tasse)	Vin rouge
800 ml (3 ¼ tasses)	Tomates concassées et égouttées
5 ml (1 c. à thé)	Herbes salées (voir recettes de base)
90 ml (6 c. à soupe)	Cheddar fort râpé (facultatif)*

- Mettre l'anguille dans de l'eau salée et porter à ébullition. Égoutter et éponger. Faire revenir les oignons et l'ail dans l'huile, puis réserver. Fariner les morceaux d'anguille et les faire revenir dans le gras des oignons. Réserver. Déglacer avec le vin rouge. Ajouter les tomates et les herbes salées. Ajouter les oignons et l'ail. Faire mijoter de 2 à 3 min. Ajouter le poisson. Couvrir avec un papier d'aluminium. Faire cuire au four à 180 °C (350 °F) pendant environ 20 min. Parsemer de fromage et faire gratiner à 290 °C (550 °F) pendant 5 à 7 min.

* *On peut remplacer le fromage par de la mie de pain fraîche, ce qui gardera mieux les saveurs de l'anguille.*

L'ansillon, c'est l'aboutissement du dernier voyage accompli par l'anguille qui nage maintenant parmi les herbes salées, les oignons, l'ail, l'huile et les tomates. Dans un pays où l'anguille abonde, il est normal qu'après trois siècles elle soit demeurée l'un des poissons les plus populaires.

BROCHET AUX POMMES DE TERRE ET À LA CRÈME

Abitibi-Témiscamingue

6	$$$	15 min	1 h

- Blanchir les pommes de terre.
- Couper le brochet en morceaux de 6 cm (2 ¼ po) de large. Beurrer un plat allant au four. Disposer par couches successives les pommes de terre, du sel et du poivre, puis des filets de brochet. Continuer l'opération jusqu'à épuisement des ingrédients, en finissant par les pommes de terre. Verser la crème dans le moule, pour recouvrir les pommes de terre. Cuire au four à 140 °C (275 °F), à couvert, pendant 1 h.

1,25 litre (5 tasses)	Pommes de terre émincées
900 g (2 lb)	Filets de brochet
10 ml (2 c. à thé)	Beurre
	Sel et poivre au goût
810 ml (3 ¼ tasses)	Crème 35 %

BROCHET DE MÉKINAC

Mauricie – Bois-Francs

6	$	10 min	15 min

- Assaisonner et fariner les filets de brochet. Faire chauffer le beurre dans un poêlon. Saisir les filets et les faire dorer de chaque côté. Disposer les oignons autour des filets. Ajouter quelques noisettes de beurre et mettre au four à 180 °C (350 °F) pendant environ 10 min. Servir très chaud.

6	Filets de petit brochet de 150 à 200 g (5 à 7 oz) chacun
	Sel et poivre au goût
3 ml (½ c. à thé)	Basilic
	Farine tout usage
125 ml (½ tasse)	Beurre
700 ml (2 ¾ tasses)	Oignons en minces rondelles

> *Le brochet est dédaigné à cause de ses nombreuses arêtes. Si le brochet est gros, demandez à votre poissonnier la technique pour enlever toutes les arêtes. Si le brochet est petit, ses arêtes «fondront» durant la cuisson et elles se dégusteront alors comme la chair du poisson.*

6	$	20 min	10 min

15 ml (1 c. à soupe)	Beurre doux
45 ml (3 c. à soupe)	Farine
5 ml (1 c. à thé)	Oignons hachés
60 ml (¼ tasse)	Herbes salées *(voir recettes de base)*
175 ml (¾ tasse)	Lait bouillant
60 ml (¼ tasse)	Crème 35 %
250 ml (1 tasse)	Foies de morue en morceaux
	Sel et poivre au goût
1 pincée	Poivre de Cayenne
6	Tranches de pain
30 ml (2 c. à soupe)	Cheddar fort râpé

CANAPÉS DE FOIES DE MORUE

Duplessis

- Faire fondre le beurre. Ajouter la farine et cuire doucement pendant 2 min. Ajouter les oignons, les herbes salées et le lait bouillant. Épaissir sur le feu en mélangeant à l'aide d'un fouet.
- Verser la crème et ajouter les foies de morue. Laisser épaissir, saler et poivrer très légèrement. Ajouter le poivre de Cayenne et laisser refroidir pendant 2 h.
- Garnir les tranches de pain du mélange et parsemer de fromage. Gratiner au four pendant 2 min et servir aussitôt.

* *On peut remplacer le fromage par de la mie de pain fraîche, ce qui gardera mieux les saveurs des foies de morue.*

6	$	30 min	30 min

2 kg (4 ½ lb)	Capelans frais
	Sel et poivre du moulin
	Farine
145 ml (⅓ tasse + ¼ tasse)	Beurre non salé
60 ml (¼ tasse)	Échalotes ciselées
375 ml (1 ½ tasse)	Cidre sec
45 ml (3 c. à soupe)	Persil haché

CAPELANS PERSILLÉS

Duplessis

- Vider et nettoyer les capelans, éponger, saler, poivrer et passer dans la farine. Les faire sauter dans 85 ml (⅓ tasse) de beurre. Réserver. Faire tomber les échalotes dans le gras de cuisson. Égoutter le surplus de gras. Déglacer avec le cidre. Laisser réduire de moitié. Monter la sauce avec le beurre restant.
- Napper les capelans de sauce. Garnir de persil et servir chaud.

Le capelan se trouve dans le golfe Coronation, la baie James, la baie d'Hudson et la baie d'Ungava et, vers le sud, jusqu'au golfe du Saint-Laurent. C'est un poisson de haute mer qui vient sur la côte pour frayer sur les grèves de gros sable ou de gravier fin. De grandes quantités de capelans fraient juste à l'endroit où les vagues se brisent sur la plage.

COCOTTE DE CHEZ NOUS

6	$	20 min	15 min

Outaouais

90 ml (6 c. à soupe)	Beurre
90 ml (6 c. à soupe)	Farine
750 ml (3 tasses)	Lait chaud
10 ml (2 c. à thé)	Sel
1 ml (¼ c. à thé)	Poivre
600 ml (2 ½ tasses)	Morceaux de poisson cuits (flétan, perchaude, doré)
125 ml (½ tasse)	Carottes cuites et coupées en dés
125 ml (½ tasse)	Navet cuit et coupé en dés
125 ml (½ tasse)	Petits pois verts cuits

- Faire fondre le beurre et ajouter la farine, cuire 2 min. Mouiller avec le lait. Saler et poivrer. Cuire pendant 15 min.
- Ajouter les morceaux de poisson. Incorporer les légumes. Bien mélanger. Servir avec du riz ou sur une timbale.

> *Qui songerait à s'offusquer de la présence, sur une table bien dressée, de cette marmite rustique et même de ces marmites de terre ayant conservé leur couleur orangée ? Comme l'écrit Maurice des Ombiaux dans son Traité de la Table : «... on peut dire que l'aspect de la table y a gagné. Car le plat en terre orangée, par les délices qu'il promet, réjouit le cœur de l'homme, tout comme le bon vin. »*

MAQUEREAU AU CIDRE

6	$	25 min	30 min

Gaspésie

150 g (5 oz)	Lard salé
25 ml (1 ½ c. à soupe)	Huile
250 ml (1 tasse)	Oignons émincés
125 ml (½ tasse)	Carottes émincées
125 ml (½ tasse)	Céleri émincé
6	Filets de maquereau de 150 g (5 oz) chacun ou 6 maquereaux de 250 à 300 g (9 à 10 oz) chacun
250 ml (1 tasse)	Fumet de poisson
250 ml (1 tasse)	Cidre sec
5 ml (1 c. à thé)	Sel
3 ml (½ c. à thé)	Poivre
3 ml (½ c. à thé)	Sarriette
25 ml (1 ½ c. à soupe)	Ciboulette ciselée

- Couper le lard salé en 6 tranches et les faire colorer à l'huile. Ajouter les oignons, les carottes et le céleri. Couvrir la casserole et laisser cuire doucement pendant 10 min. Ajouter le maquereau bien nettoyé. Mouiller avec le fumet de poisson et le cidre. Saler, poivrer et ajouter la sarriette. Couvrir la casserole et cuire au four à 200 °C (400 °F) pendant 20 min. Parsemer de ciboulette et servir.

> *La pêche du maquereau a été assujettie à de grandes fluctuations. D'une année à l'autre, les captures sont très irrégulières. Il est appelé « lisette » lorsqu'il est petit. Son poids idéal pour la cuisine est de 300 à 400 g (10 à 14 oz).*

OMBLE CHEVALIER AUX NOISETTES

Nouveau-Québec – Baie-James

4	?	20 min	10 min

- Préparer la recette du Pain d'avelines *(voir p. 279)*, qui servira de garniture.
- Bien éponger les morceaux d'omble chevalier, saler et poivrer. Dans une poêle à fond épais, chauffer le beurre, saisir vivement les filets d'omble de chaque côté. Réduire la chaleur, arroser fréquemment pour atteindre une cuisson à cœur de 70 °C (155 °F).
- Au fond de chaque assiette, mettre les tranches de pain d'avelines. Napper avec la sauce au yogourt puis disposer les filets d'omble chevalier. Parsemer de noisettes. Réchauffer le beurre non salé pour obtenir une couleur noisette et en faire un ruban autour de chaque filet d'omble.
- Servir des petites betteraves rouges et jaunes comme garniture.

SAUCE AU YOGOURT
- Mélanger la crème sure, le yogourt et la ciboulette. Saler et poivrer.

4	Filets d'omble chevalier de 180 g (6 oz)
	Sel et poivre du moulin
125 ml (½ tasse)	Beurre non salé
100 g	Noisettes concassées grillées

SAUCE AU YOGOURT

125 ml (½ tasse)	Crème sure
125 ml (½ tasse)	Yogourt nature
125 ml (½ tasse)	Ciboulette ciselée

ÉPERLANS À L'AIL

Charlevoix

6	$	15 à 20 min	5 min

- Ébarber, vider, laver, éponger les éperlans et prélever les filets. Réserver. Faire tomber l'ail dans le beurre fondu. Incorporer le vin blanc. Ajouter le sel, le poivre et le persil. Laisser tiédir. Tremper les filets de poisson dans ce beurre. Mélanger la chapelure et le parmesan râpé. Passer les filets dans ce mélange. Disposer sur une grille et faire cuire au four à 200 °C (400 °F) pendant 3 à 4 min.
- Mettre les filets au fond de chaque assiette, parsemer de ciboulette et garnir de quartiers de citron.

L'éperlan se trouve en abondance en octobre et en novembre le long du littoral atlantique de l'Amérique du Nord. Les petits éperlans sont excellents en petite friture. S'il s'agit de poissons plus gros, les cuire au four.

12	Gros éperlans
1	Gousse d'ail hachée
60 ml (¼ tasse)	Beurre
30 ml (2 c. à soupe)	Vin blanc
	Sel et poivre au goût
15 ml (1 c. à soupe)	Persil haché
	Mélange de chapelure fraîche et de fromage parmesan râpé, dans les proportions de 3 pour 1, en quantité suffisante
125 ml (½ tasse)	Ciboulette ciselée
6	Quartiers de citron

DORÉ EN PAPILLOTE AUX QUENOUILLES

Manicouagan

4	$$$	1 h	30 à 50 min

- Ouvrir les tiges des quenouilles, récupérer le centre, émincer finement, saler, poivrer et réserver. Retirer les arêtes du doré par le ventre en conservant la tête et la queue. Saler, poivrer et réserver.
- Dans une poêle à fond épais, chauffer l'huile, faire suer les oignons, ajouter les épinards, les quenouilles, verser l'eau et cuire à l'étuvée, c'est-à-dire avec un couvercle. Les éléments seront cuits lorsque, à la pointe d'un couteau, les quenouilles seront tendres. Saler et poivrer au goût. Laisser refroidir.
- Ouvrir le doré, saler et poivrer. Farcir et mettre sur un grand morceau d'aluminium ou sulfurisé, préalablement bien beurré. Il faut que le papier soit suffisamment grand pour que le doré soit bien enfermé.
- Fermer en commençant par les extrémités, ajouter le vin blanc, puis refermer complètement.
- La cuisson peut se faire de trois façons :
  1. En hiver, dans votre foyer entouré de braise ;
  2. En été, sur le barbecue ;
  3. Ou tout simplement au four à 165 °C (330 °F). Calculer 20 min par 450 g (1 lb) pour les trois méthodes de cuisson.
- Par précaution, mettre la papillote sur une plaque. Ouvrir la papillote et servir très chaud dans des assiettes creuses avec le jus de cuisson.

12	Tiges de jeunes quenouilles
	Sel et poivre du moulin
1	Doré de 1 à 1,3 kg (2,2 à 3 lb)
85 ml (⅓ tasse)	Huile de tournesol
250 ml (1 tasse)	Oignons espagnols hachés finement
1,25 litre (5 tasses)	Feuilles d'épinards ou d'orpin pourpre hachées finement
125 ml (½ tasse)	Eau
125 ml (½ tasse)	Beurre non salé
175 ml (¾ tasse)	Vin blanc ou court-bouillon *(voir recettes de base)*

Quenouilles : *Typha latifolia*
La quenouille, qui se trouve en quantité au bord des lacs et des rivières, mérite son surnom de plante « supermâchée », car elle peut se consommer entièrement. On la cueille au printemps, dès que la pousse atteint entre 20 et 30 cm, ou tout au long de l'été. Le cœur blanc débarrassé de ses enveloppes se consomme après 2 à 4 minutes de cuisson. Les épis mâles encore verts se traitent comme du maïs en épi. Quant au rhizome, les Amérindiens en faisaient de la farine.

Le doré se trouve partout au Québec. Il est disponible dans les poissonneries toute l'année. C'est l'une des vedettes de nos tables.

| 4 | $$ | 40 min | 30 à 40 min |

DOS DE BROCHETS BRAISÉS À L'ABITIBIENNE

Abitibi-Témiscamingue

4	Dos de petits brochets de 400 g (14 oz)
750 ml (3 tasses)	Trompettes de la mort
750 ml (3 tasses)	Chanterelles
85 ml (⅓ tasse)	Beurre non salé
250 ml (1 tasse)	Oignons hachés très finement
60 g (2 oz)	Lard fumé
750 ml (3 tasses)	Orpin pourpre ciselé
	Sel et poivre du moulin au goût
2	Jaunes d'œufs battus
175 ml (¾ tasse)	Vin blanc
175 ml (¾ tasse)	Fumet de poisson
12	Rondelles de carotte
100 g (½ tasse)	Pois verts
175 ml (¾ tasse)	Crème 35 %
	Roux blanc en quantité suffisante

- Retirer les arêtes par le ventre des dos de brochet. Hacher finement au robot de cuisine les trompettes de la mort et les chanterelles. Dans une poêle, chauffer le beurre et faire fondre doucement les oignons et le lard fumé. Ajouter l'orpin pourpre et les champignons. Cuire jusqu'à évaporation complète de l'humidité, saler, poivrer et ajouter les jaunes d'œufs.
- Ouvrir le dos des brochets, répartir le mélange de champignons au centre du brochet.
- Choisir un plat allant au four, où les dos de brochet seront suffisamment serrés. Verser le vin blanc et le fumet de poisson. Ajouter les carottes et les pois verts. Couvrir d'un papier sulfurisé. Cuire au four à 180 °C (350 °F) pour atteindre 68 °C (155 °F) à cœur. Retirer les dos de brochet et les garder au chaud. Ajouter la crème et lier avec le roux blanc. Cuire 10 min, rectifier l'assaisonnement. Mettre au fond de chaque assiette chaude le dos de brochet et napper de sauce. De petites pommes de terre cuites à l'eau salée seront un bon accompagnement.

> *Les Romains plantaient sur leurs toits une espèce d'orpin pour éloigner la foudre. La principale qualité de l'orpin pourpre, c'est d'être croustillant. La feuille croque sous la dent comme celle du chou. Cette vivace de 40 cm pousse en touffe, que l'on trouve au Québec en quantité.*

| 6 | $$ | 20 min | 15 min |

FLÉTAN DU GROENLAND MARINÉ

Duplessis

675 g (1 ½ lb)	Filets de flétan du Groenland
	Gros sel
175 ml (¾ tasse)	Oignons en dés
5 ml (1 c. à thé)	Épices pour marinades
	Vinaigre de vin blanc en quantité suffisante

- Couper les filets de flétan en dés et les saler en les frottant avec du gros sel. Laisser le flétan dans le sel pendant 3 à 4 jours, au frais. Retirer le surplus de sel et faire dessaler le flétan sous l'eau froide courante pendant 3 à 4 h.
- Mélanger les dés de flétan avec les oignons et les épices pour marinades. Couvrir avec le vinaigre et faire macérer au réfrigérateur pendant 3 jours. Égoutter.
- Servir à l'apéritif sur des petits croûtons beurrés.

Dos de brochets braisés à l'abitibienne ➤

ESTURGEON À LA BIÈRE

Abitibi-Témiscamingue

4	$	20 min	15 à 20 min

- Saler et poivrer le morceau d'esturgeon, l'envelopper de la barde et le ficeler. Choisir une cocotte à fond épais. Chauffer l'huile de tournesol et faire colorer le rôti. Ajouter les petits oignons chipolatas, les lardons et les racines de persil. Continuer à mijoter jusqu'à ce que les petits oignons et les lardons aient pris une belle coloration, extraire le gras de cuisson et verser la bière. Cuire à découvert au four à 215 °C (420 °F) pendant 5 min, réduire la chaleur à 165 °C (330 °F) pour atteindre 68 °C (155 °F) à cœur. Pendant la cuisson, arroser fréquemment.
- Retirer le rôti d'esturgeon, ajouter le fond de veau et les baies d'amélanchier. Laisser mijoter quelques minutes. Rectifier l'assaisonnement.
- Couper de belles tranches de rôti d'esturgeon, disposer au fond des assiettes et napper avec le fond de cuisson.

1 kg (2 ¼ lb)	Esturgeon frais, épais
	Sel et poivre du moulin au goût
1	Tranche de barde
85 ml (⅓ tasse)	Huile de tournesol
250 ml (1 tasse)	Oignons chipolatas
200 g (7 oz)	Lardons non salés, coupés en dés de 0,5 x 4 cm (¼ x 3 ½ po)
12	Racines de persil (selon la grosseur)
300 ml (1 ¼ tasse)	Bière blonde
250 ml (1 tasse)	Fond brun de veau, lié
75 ml (5 c. à soupe)	Baies d'amélanchier

Aussi paradoxal que cela puisse paraître, l'esturgeon est un poisson à chair grasse mais sèche. Il faut donc le nourrir en gras.

FILETS DE CORÉGONES À LA MEUNIÈRE

Bas-Saint-Laurent

6	$	15 min	10 à 15 min

- Bien éponger les filets de corégones. Saler, poivrer et fariner les poissons, puis retourner dans les mains pour enlever le surplus de farine. Faire cuire les filets dans du beurre, de 1 à 2 min de chaque côté afin qu'ils prennent une belle couleur dorée. Disposer au fond de chaque assiette, puis répartir le jus des citrons sur chaque filet. Chauffer le beurre non salé pour obtenir une couleur noisette. Le verser rapidement sur les filets. Parsemer de persil.

6	Corégones de 250 à 300 g (9 à 10 oz) chacun, en filets
	Sel et poivre au goût
125 ml (½ tasse)	Farine
85 ml (⅓ tasse)	Beurre
	Jus de 2 citrons
90 ml (6 c. à soupe)	Beurre non salé
15 ml (1 c. à soupe)	Persil haché

Le corégone se trouve dans les lacs du Québec. Il est disponible dans les poissonneries toute l'année. La chair est blanche et molle. La longueur moyenne est d'environ 70 cm (27 po).

◄ *Esturgeon à la bière*

FILETS DE PLIE À LA VAPEUR, POIRES AUX PLAQUEBIÈRES

Duplessis

4	Poires à cuire de style Bosc, pelées, coupées en deux, épépinées et émincées finement
175 ml (¾ tasse)	Fumet de poisson
160 ml (⅔ tasse)	Vin blanc
12	Filets de plie de 50 à 60 g (environ 2 oz)
	Sel et poivre du moulin au goût
85 ml (⅓ tasse)	Purée de plaquebières
175 ml (¾ tasse)	Persil haché
2 litres (8 tasses)	Germes de soja
85 ml (⅓ tasse)	Beurre non salé

- Mettre les poires dans un sautoir, verser le fumet de poisson et le vin blanc, cuire 2 à 3 min afin que les poires soient cuites mais fermes. Au terme de la cuisson, les essorer avec du papier absorbant et conserver au chaud. Mettre la marguerite au fond du sautoir et ranger les filets de plie préalablement salés et poivrés. Cuire à couvert 2 à 3 min, selon l'épaisseur des filets de plie. Les retirer et conserver au chaud. Verser la purée de plaquebières dans le jus de cuisson, fouetter, réduire, rectifier l'assaisonnement et ajouter le persil.
- Au fond de chaque assiette, mettre une couche de poire, disposer les filets de plie, napper de sauce. Servir avec des germes de soja sautés au beurre.

On trouve ce poisson dans le golfe du Saint-Laurent et des deux côtés de l'Atlantique. Du point de vue culinaire, la plie grise est le poisson qui se rapproche le plus de la sole.

OMBLE CHEVALIER AUX CAMARINES ET AUX CHAMPIGNONS SAUVAGES

Nouveau-Québec – Baie-James

6	Morceaux de filets d'omble chevalier de 150 g (5 oz)
	Sel et poivre du moulin au goût
85 ml (⅓ tasse)	Huile de noisette
85 ml (⅓ tasse)	Beurre non salé
1,5 litre (6 tasses)	Champignons sauvages (chanterelles, cêpes, trompettes)
160 ml (⅔ tasse)	Camarines*
160 ml (⅔ tasse)	Persil haché finement
	Jus de 1 citron
160 ml (⅔ tasse)	Pluches de cerfeuil

- Bien éponger les filets d'omble chevalier, saler et poivrer. Chauffer l'huile de noisette dans une poêle à fond épais et saisir les filets d'omble afin qu'ils prennent une belle coloration, réduire la chaleur et cuire doucement.
- Parallèlement, chauffer le beurre et sauter les champignons sauvages, saler et poivrer. Au moment de servir, ajouter les camarines et le persil haché.
- Au fond de chaque assiette, partager la poêlée de champignons-camarines, disposer les filets d'omble chevalier. Verser le jus de citron et parsemer de pluches de cerfeuil.

* *Baies sauvages du Nord québécois.*

Filets de plie à la vapeur, poires aux plaquebières ➤

FILET D'OMBLE CHEVALIER AUX HUÎTRES

Manicouagan

👨‍🍳	💲	⏱	🍲
6	$$$	5 min	8 min

- Faire colorer les filets de poisson dans le beurre. Arroser de jus de citron. Finir la cuisson au four à 180 °C (350 °F), pendant 2 à 3 min environ. Faire pocher les huîtres dans leur jus.
- Servir les filets d'omble chevalier avec les huîtres pochées. Garnir de quartiers de citron et de persil.

900 g (2 lb)	Filets d'omble chevalier
50 ml (3 c. à soupe)	Beurre
15 ml (1 c. à soupe)	Jus de citron
3 douzaines	Huîtres
1	Citron en quartiers
15 ml (1 c. à soupe)	Persil haché

Ce poisson, à cause de sa chair d'une grande finesse, supporte mal la congélation. Au Québec, nous l'appelons omble de l'Arctique, ce qui est erroné, car il y a un salmonidé de pêche sportive qui se nomme «ombre de l'Arctique», qui, lui, n'est abondant que dans les régions nordiques. Il est évident que les poissons d'élevage sont nettement moins bons que les poissons de pêche sportive.

LANGUE DE MORUE AUX PETITS POIS SAUVAGES

Manicouagan

👨‍🍳	💲	⏱	🍲
6	$$	15 min	5 à 8 min

- Dégorger les langues de morue à l'eau froide pendant 1 h. Cuire les petits pois à l'eau salée en les gardant croquant. Chauffer la moitié du beurre dans une poêle à fond épais et faire sauter les chanterelles. Saler et poivrer. En fin de cuisson, ajouter les petits pois sauvages et parsemer de ciboulette. Réserver au chaud.
- Bien égoutter et éponger les langues de morue. Chauffer le beurre restant dans une poêle à fond épais, fariner les langues de morue et les cuire à la meunière. Saler et poivrer.
- Tapisser le fond de chaque assiette de chanterelles et de petits pois. Disposer sur le dessus les langues de morue, verser le jus de citron et napper de beurre à la meunière.

675 g (1 ½ lb)	Langues de morue salées
500 ml (2 tasses)	Petits pois sauvages avec cosses
160 ml (⅔ tasse)	Beurre non salé
750 ml (3 tasses)	Chanterelles
	Sel et poivre du moulin au goût
160 ml (⅔ tasse)	Ciboulette ciselée
	Farine tout usage
	Jus de 2 citrons

LANGUE DE MORUE VINAIGRETTE

6	$$	15 min	8 min

Duplessis

450 g (1 lb)	Langues de morue
5 ml (1 c. à thé)	Sel
1 ml (¼ c. à thé)	Poivre
50 ml (3 c. à soupe)	Farine
45 ml (3 c. à soupe)	Beurre
4	Croûtons rôtis au beurre
200 ml (env. 1 tasse)	Salade de mesclun

VINAIGRETTE

15 ml (1 c. à soupe)	Vinaigre de cidre
3 ml (½ c. à thé)	Sel
1 pincée	Poivre
5 ml (1 c. à thé)	Cornichons surs hachés
5 ml (1 c. à thé)	Persil haché
5 ml (1 c. à thé)	Oignons verts ciselés
45 ml (3 c. à soupe)	Huile de tournesol

- Éponger les langues de morue, saler, poivrer et passer dans la farine. Faire sauter les langues dans le beurre. Égoutter et mettre chaque portion sur des croûtons rôtis au beurre accompagnés d'une petite salade de mesclun arrosée de vinaigrette.

VINAIGRETTE

- Bien mélanger tous les ingrédients de la vinaigrette, sauf l'huile. Remuer jusqu'à ce que le sel soit fondu. Incorporer l'huile, mélanger de nouveau et servir.

POISSONS DES CHENAUX FRITS

6	$	20 min	5 min

Mauricie – Bois-Francs

2 kg (4 ½ lb)	Poissons des chenaux
175 ml (¾ tasse)	Farine tout usage
	Sel au goût
2	Œufs
160 ml (⅔ tasse)	Lait
500 ml (2 tasses)	Chapelure
3 ml (½ c. à thé)	Paprika
	Huile en quantité suffisante

- Bien nettoyer les poissons (couper la tête, la queue et les nageoires, puis retirer les arêtes et les viscères). Les éponger.
- Passer les poissons à la farine, à laquelle on aura ajouté du sel. Les tremper dans les œufs battus avec le lait et un peu de sel. Les passer dans le mélange de chapelure et de paprika. Cuire dans l'huile à 190 °C (375 °F) pendant environ 5 min.

Le p'tit poisson des chenaux tient son nom d'une habitude vieille de plusieurs centaines d'années, cette habitude qui le poussait à emprunter le Saint-Maurice et à vagabonder à la hauteur des trois chenaux, là où la rivière se déverse dans le Saint-Laurent. Mais un jour, le p'tit poisson, désespéré par la présence des déchets d'usines, décida d'aller nicher ailleurs. Le p'tit poisson des chenaux trouva plus raisonnable et moins téméraire d'aller vivre du côté de Sainte-Anne-de-la-Pérade.

PAIN DE SAUMON DE SAINT-JACQUES-DE-MONTCALM

Lanaudière

6	$	15 min	45 min

- Enlever la peau et les arêtes du saumon. Hacher les chairs. Mélanger le poisson, la chapelure, le lait, les œufs, les oignons, le sel et le poivre. Mettre le mélange dans un moule à pain de 1,5 litre (6 tasses), beurré. Cuire à four modéré, à 180 °C (350 °F), pendant 45 min environ ou à 65 °C (150 °F) à cœur. Servir avec un velouté de poisson ou une sauce au homard *(voir recettes de base)*.

500 g (1 lb)	Saumon
500 ml (2 tasses)	Chapelure de pain fraîche
175 ml (¾ tasse)	Lait
2	Œufs battus
15 ml (1 c. à soupe)	Oignons hachés
	Sel et poivre du moulin au goût

FLÉTAN DU GROENLAND, SAUCE « AURORE »

Gaspésie

6	$$	25 min	25 à 30 min

- Faire un roux blanc avec la farine et 3 c. à soupe de beurre. Ajouter le concentré de tomate et cuire pendant 2 à 3 min. Laisser refroidir.
- Beurrer, saler, poivrer, parsemer de thym et d'échalotes une plaque. Mettre les filets de flétan du Groenland sur la plaque. Mouiller avec le vin blanc et couvrir d'eau. Recouvrir d'un papier ciré beurré. Porter à ébullition et laisser pocher pendant 4 à 5 min. Retirer les morceaux de flétan du Groenland et les réserver au chaud.
- Chauffer le fond de cuisson des flétans du Groenland et le laisser réduire de moitié. Mouiller le concentré de tomate refroidi avec le fond de cuisson chaud en remuant constamment à l'aide d'un fouet. Laisser mijoter pendant 10 min. Ajouter la crème et poursuivre la cuisson jusqu'à consistance désirée. Vérifier l'assaisonnement et passer au chinois fin. Napper les filets de flétan du Groenland de sauce. Servir chaud.

30 ml (2 c. à soupe)	Farine
60 ml (4 c. à soupe)	Beurre
30 ml (2 c. à soupe)	Concentré de tomate
	Sel et poivre au goût
1 pincée	Thym
30 ml (2 c. à soupe)	Échalotes hachées
6	Filets de flétan du Groenland de 150 g (5 oz) chacun
375 ml (1 ½ tasse)	Vin blanc sec
125 ml (½ tasse)	Crème 35 %

Nous avons l'habitude d'appeler ce poisson « turbot », ce qui est erroné. Nous n'avons pas de turbot dans nos mers et océans. Le turbot (scophthalmus aquosus) *est un des meilleurs poissons de mer, tandis que le flétan du Groenland* (reinhardtius hippoglossoides) *possède une chair beaucoup plus molle.*

HARENG FUMÉ À L'HUILE, POMMES DE TERRE GRELOTS

Duplessis

4	$	20 min	20 min

- Couper les oignons et les carottes en fines rondelles. Éplucher et émincer très finement les branches de céleri et les gousses d'ail.
- Disposer, dans un récipient muni d'un couvercle fermant hermétiquement, une couche bien à plat des filets de hareng, puis une couche d'oignons, de carottes, d'ail, de céleri, six grains de poivre, ½ feuille de laurier, 1 brin de thym et 1 clou de girofle.
- Répéter l'opération jusqu'à épuisement des filets de hareng. Recouvrir avec l'huile. Fermer hermétiquement et conserver au frais à la température de 7 à 12 °C (45 à 54 °F) afin que les filets prennent le goût des aromates. Vous pouvez conserver les filets tout l'hiver, car c'est un « plat d'hiver ».
- Cuire les pommes de terre grelots entières à l'eau salée. Lorsqu'elles sont encore très chaudes, couper en rondelles égales et disposer au fond de l'assiette.
- Sortir deux filets de hareng fumé de l'huile et les disposer sur les pommes de terre chaudes, parsemer les éléments aromatiques sur le dessus et servir immédiatement accompagnés d'un quartier de citron.

6	Oignons de petites tailles
2	Carottes
2	Branches de céleri
8	Gousses d'ail
1,5 kg (3 ¼ lb)	Filets de hareng fumé
18 à 24	Grains de poivre
3	Feuilles de laurier
3	Brins de thym
3 à 4	Clous de girofle
1 litre (4 tasses)	Huile de canola ou huile de pépins de raisin
410 ml (1 ⅔ tasse)	Pommes de terre rattes grelots
1	Citron en quartiers

OMBLE CHEVALIER AUX PLAQUEBIÈRES

Nouveau-Québec – Baie-James

4	$$$	15 min	12 min

- Dans une poêle en fonte, faire chauffer la moitié du beurre et l'huile. Saler et poivrer les filets d'omble.
- Cuire les filets à la meunière en les saisissant bien. La cuisson terminée, réserver les filets au chaud. Éliminer le gras de cuisson.
- Faire fondre doucement le beurre restant et étuver les plaquebières.
- Mettre les filets dans des assiettes chaudes et disposer les plaquebières sur chaque filet. Parsemer de feuilles d'ail des bois.

160 ml (⅔ tasse)	Beurre
85 ml (⅓ tasse)	Huile d'arachide
4	Filets d'omble chevalier frais de 120 g (4 oz) chacun
	Sel et poivre au goût
160 g (1 ⅓ tasse)	Plaquebières
	Feuilles d'ail des bois ciselées

> **Plaquebières : *Rubus Chamaemorus***
> *Appelés au Québec « chicoutés » (Montagnais), ces petits fruits de la taïga et de la toundra québécoises sont très savoureux et se marient bien au goût de l'omble. On les trouve en saison dans les magasins spécialisés.*

◄ *Hareng fumé à l'huile, pommes de terre grelots*

4	$	10 min	6 min

CREVETTES DU GOLFE, ÉMULSION D'OURSINS *

Duplessis

1 litre (4 tasses)	Court-bouillon *(voir recettes de base)*
700 g (1 ½ lb)	Crevettes crues de 21/25
15	Cubes de glace

CRÈME D'OURSINS

200 g (7 oz)	Gonades d'oursins
175 ml (¾ tasse)	Crème 35 %
	Sel et poivre du moulin au goût
	Jus de 1 citron

- Faire chauffer le court-bouillon. Bien nettoyer et retirer la nervure des crevettes. Verser les crevettes et porter à ébullition. Arrêter immédiatement et ajouter les cubes de glace. Cette opération a pour effet d'arrêter la cuisson des crevettes ; qu'elles ne soient pas trop cuites et qu'elles restent tendres.

CRÈME D'OURSINS

- Les gonades sont les languettes jaune orange à l'intérieur des oursins. Ils n'en possèdent pas à longueur d'année. Les mettre dans un batteur sur socle, mixer vivement avec la crème chaude. Saler et poivrer, et ajouter le jus de citron au besoin.
- Égoutter les crevettes tièdes. Mettre la crème d'oursins dans des ramequins et servir. Les crevettes seront trempées individuellement.

* *La photo représente des crevettes des eaux chaudes du sud du Québec.*

6	$	20 min	25 à 30 min

QUIAUDE AU FLÉTAN *

Duplessis

175 ml (¾ tasse)	Oignons hachés
50 ml (3 c. à soupe)	Huile
50 ml (3 c. à soupe)	Farine
800 ml (3 ¼ tasses)	Pommes de terre émincées
	Fumet de poisson léger
10 ml (2 c. à thé)	Sel
1 ml (¼ c. à thé)	Poivre
700 g (1 ½ lb)	Flétan en morceaux

PÂTE

125 ml (½ tasse)	Farine
8 ml (1 ½ c. à thé)	Levure chimique
1 ml (¼ c. à thé)	Sel
1 ml (¼ c. à thé)	Bicarbonate de soude
85 ml (⅓ tasse)	Eau

- Faire suer les oignons dans l'huile. Ajouter la farine et faire colorer. Ajouter les pommes de terre et couvrir de fumet de poisson. Porter à ébullition. Saler et poivrer. Laisser cuire pendant 10 min. Ajouter le flétan et verser la pâte préalablement préparée par cuillerée de 5 ml (1 c. à thé). Cuire à couvert pendant 10 à 15 min. Servir chaud.

PÂTE

- Mélanger la farine, la levure chimique, le sel et le bicarbonate de soude. Incorporer l'eau. Bien mélanger. Verser dans la préparation tel qu'il est indiqué ci-dessus.

* *Cette recette peut très bien se préparer avec de la morue (filet ou tête).*

CROQUETTES À LA MORUE

Duplessis

- Faire cuire les pommes de terre dans l'eau salée. Égoutter et réserver. Faire suer les oignons dans le beurre et réserver. Mettre les filets de morue dans le court-bouillon et les faire cuire pendant environ 5 à 7 min. Égoutter. Effilocher le poisson et le réserver.
- Réduire les pommes de terre en purée. Ajouter les oignons et les jaunes d'œufs. Incorporer le poisson. Saler et poivrer. Laisser tiédir et former des boulettes. Faire dorer dans l'huile à 180 °C (350 °F). Servir ces croquettes chaudes. Ajouter de belles quenelles de crème sure. On peut accompagner ce plat d'une salade verte ou d'une sauce tomate.

675 g (1 ½ lb)	Pommes de terre pelées
1,5 litre (6 tasses)	Eau
	Sel au goût
125 ml (½ tasse)	Oignons hachés
45 ml (3 c. à soupe)	Beurre
675 g (1 ½ lb)	Filets de morue
1 litre (4 tasses)	Court-bouillon *(voir recettes de base)*
2	Jaunes d'œufs
	Sel et poivre au goût
	Huile
	Crème sure

> *Le frère du célèbre Napoléon-Alexandre Comeau racontait avoir aperçu à plusieurs reprises un monstre marin, au large de Pointe-des-Monts, au cours de l'hiver 1885. À l'en croire, cette créature n'avait rien de l'allure débonnaire d'une morue.*

TARTELETTES DE CRABE NORD-CÔTIER

Duplessis

- Beurrer les tranches de pain. Tapisser des petits moules à tartelette avec les tranches de pain. Faire dorer au four à 230 °C (450 °F).
- Faire cuire les oignons dans 30 ml (2 c. à soupe) de beurre. Fariner et cuire pendant 1 à 2 min. Laisser refroidir.
- Verser le lait chaud sur le roux refroidi. Faire chauffer tout en remuant et laisser mijoter pendant 15 min. Verser dans la sauce la chair de crabe cuite et débarrassée de ses coquilles. Saler et poivrer. Laisser mijoter pendant 1 à 2 min. Verser cette sauce dans les tartelettes. Garnir de persil et servir chaud.

6	Tranches de pain blanc
85 ml (⅓ tasse)	Beurre
60 ml (¼ tasse)	Oignons hachés
45 ml (3 c. à soupe)	Farine
250 ml (1 tasse)	Lait chaud
125 g (4 oz)	Chair de crabe cuite
	Sel et poivre au goût
	Persil haché

CUBES DE SAUMON ET COUTEAUX AU JUS DE PALOURDE

Gaspésie

1	Boîte de palourdes au jus
240 g (8 oz)	Chair de couteaux
310 ml (1 ¼ tasse)	Velouté de poisson *(voir recettes de base)*
60 g (2 oz)	Carottes cuites en dés
60 g (2 oz)	Pois verts cuits
	Sel et poivre au goût
500 ml (2 tasses)	Eau
30 g (1 oz)	Goémon* déshydraté, haché
8	Cubes de saumon de 80 g (3 oz)
250 ml (1 tasse)	Persil haché

- Égoutter les palourdes et conserver le jus. Hacher finement les palourdes, la chair crue des couteaux et réserver. Chauffer le velouté de poisson, ajouter le jus de palourde, les carottes et les pois verts. Saler et poivrer au goût. Réserver. Dans un grand sautoir, verser l'eau, ajouter le goémon, disposer une marguerite, saler et poivrer les cubes de saumon et les mettre dans le sautoir. Cuire à couvert pour atteindre 68 °C (155 °F) à cœur.
- En fin de cuisson, ajouter la chair de couteaux, les palourdes et le persil.
- Disposer les cubes de saumon au fond de chaque assiette et napper de sauce. Un riz pilaf accompagnera bien ce plat.

* Goémon : algues marines.

COMMENT LEVER LES FILETS DE SAUMON

Longer l'arête dorsale avec un couteau.

Lever les filets.

Enlever la peau.

Couper les filets en portions.

6	$	30 min	35 min

BOULETTES DE FLÉTAN

Îles-de-la-Madeleine

160 ml (⅔ tasse)	Oignons hachés
80 ml (⅓ tasse)	Beurre
325 ml (1 ⅓ tasse)	Flétan cuit, émietté*
500 ml (2 tasses)	Pommes de terre en purée
	Sel et poivre au goût
	Farine
	Huile en quantité suffisante
	Goémon en poudre
	Persil frais

- Faire suer les oignons dans le beurre. Mélanger tous les ingrédients, sauf la farine et l'huile. Former des boulettes, les passer dans la farine et les faire frire des deux côtés dans l'huile. Saupoudrer de goémon et garnir de persil frais. Une sauce béchamel pourra accompagner ce plat.

* *On peut remplacer le flétan par de la morue, du saumon ou tout autre poisson.*

6	$$	40 min	1 à 1 h 20

TOULADI FARCI AUX NOISETTES

Abitibi-Témiscamingue

2 kg (4 ½ lb)	Touladi avec tête
	Sel et poivre du moulin au goût
200 g (7 oz)	Filet de truite
125 ml (½ tasse)	Crème 35 %
125 ml (½ tasse)	Riz blanc cuit
85 ml (⅓ tasse)	Échalotes hachées finement
170 ml (⅔ tasse)	Noisettes hachées
125 ml (½ tasse)	Céleri en brunoise
625 ml (2 ½ tasses)	Champignons cuits et hachés
175 ml (¾ tasse)	Vin blanc sec
50 ml (3 c. à soupe)	Liqueur de noisette
160 ml (⅔ tasse)	Eau

- Bien enlever les arêtes du touladi, par le ventre, tout en gardant la tête et la queue. Saler et poivrer. Conserver au réfrigérateur.
- Mixer au robot de cuisine le filet de truite, saler et poivrer, incorporer la crème. Délicatement, incorporer le riz blanc, les échalotes, les noisettes, le céleri et les champignons, ce qui complétera la farce.
- Farcir le touladi, le refermer dans une grande feuille d'aluminium ou de papier sulfurisé en laissant une petite ouverture sur le dessus. Verser le vin blanc et la liqueur de noisette. Fermer hermétiquement et cuire au four sur une plaque, avec 160 ml (⅔ tasse) d'eau à 150 °C (300 °F), pendant 1 h à 1 h 20 suivant l'épaisseur du poisson ou à 68 °C (155 °F) à cœur. Servir immédiatement avec de petites pommes de terre grelots cuites à l'eau salée.

Le touladi est le poisson que nous appelons toujours « truite grise ». Gardons-lui donc son nom, il est si majestueux. Ce poisson vit au fond des lacs et possède une chair d'une grande délicatesse avec un petit goût de noisette, d'où le choix de rehausser ces saveurs avec de la noisette.

MÉDAILLONS DE BAUDROIE
AUX GRAINES DE MOUTARDE

Duplessis

4	$	20 min	10 à 12 min

- Saler et poivrer les médaillons de baudroie. Dans une sauteuse, chauffer le fumet de poisson et pocher les médaillons. Attention, ne pas trop cuire ; atteindre 60 °C (140 °F) à cœur. Pendant la cuisson, dans une poêle à fond épais, chauffer le beurre, faire suer les oignons et ajouter la moutarde de Dijon. Remuer continuellement afin de bien cuire la moutarde pour lui enlever son acidité. Ajouter la crème et réduire de moitié. Incorporer le fond de cuisson. Saler et poivrer au goût et lier l'ensemble avec de la veloutine ou du roux blanc. Passer à la passoire à mailles, puis ajouter la moutarde en grains.
- Disposer les médaillons au fond de chaque assiette et napper de sauce. De petites pommes de terre cuites à l'eau salée, du riz, des lentilles ou de l'orge feront un excellent accompagnement.

12	Médaillons de baudroie de 50 g (environ 2 oz) chacun
	Sel et poivre
175 ml (¾ tasse)	Fumet de poisson
85 ml (⅓ tasse)	Beurre non salé
175 ml (¾ tasse)	Oignons espagnols hachés finement
85 ml (⅓ tasse)	Moutarde de Dijon
250 ml (1 tasse)	Crème 35 %
	Veloutine ou roux blanc
60 ml (¼ tasse)	Moutarde en grains

> *La baudroie est appelée « lotte », lorsqu'elle a la tête coupée. Pourquoi ? Ce poisson est tellement vilain qu'en changeant son nom pour celui de « lotte », on oublie sa laideur. La baudroie est fort appréciée par les personnes qui n'aiment pas les poissons avec des arêtes, car elle n'a qu'une grande arête centrale.*

TREMPETTE AU CRABE

Duplessis

6	$$$	10 min	—

- Couper la chair de crabe en petits dés. Incorporer les autres ingrédients et bien mélanger le tout. Ajouter un peu de crème au besoin. Servir comme trempette avec des croustilles.

Note : En enlevant la crème 35 % ou en la diminuant, on obtient une farce servant à garnir des canapés.

250 ml (1 tasse)	Chair de crabe des neiges
	Jus de 2 citrons frais pressés
85 ml (⅓ tasse)	Mayonnaise
85 ml (⅓ tasse)	Crème 35 %

6	$	20 min	3 à 4 min

MORUE À LA BONNE FERMIÈRE

Gaspésie

325 ml (1 ⅓ tasse)	Farine
7 ml (1 ½ c. à thé)	Sel
7 ml (1 ½ c. à thé)	Levure chimique
400 ml (1 ⅓ tasse + 4 c. à soupe)	Lait
900 g (2 lb)	Filets de morue
	Sel et poivre au goût
	Assaisonnement à poisson au goût
	Farine et huile en quantité suffisante
	Paprika au goût
6	Quartiers de citron
	Persil en quantité suffisante

- Tamiser ensemble la farine, le sel et la levure chimique. Incorporer le lait et mélanger délicatement de façon à obtenir une pâte bien lisse et homogène. Laisser reposer pendant 2 h au réfrigérateur.
- Découper la morue en morceaux de 60 g (2 oz). Éponger et assaisonner les morceaux de morue. Les passer dans la farine, puis dans la pâte. Les faire frire dans l'huile à 190 °C (375 °F) pendant environ 3 à 4 min. Essorer sur un papier absorbant. Saupoudrer de paprika. Servir avec des quartiers de citron. Garnir de persil. Servir chaud.

La morue provenant de la pêche hauturière est généralement plus grosse que celle qui se tient près des côtes. Autrefois, les pêcheurs se voyaient souvent contraints de rejeter ces morues à la mer, faute de pouvoir les faire sécher, comme les petites. À l'état frais, la morue porte le nom de « cabillaud ». Le terme « morue » désigne normalement un produit salé.

6	$$	20 min	2 h

UUJUQ (Inuits)

Nouveau-Québec – Baie-James

900 g (2 lb)	Omble chevalier ou autre poisson frais en morceaux
	Eau de mer ou, à défaut, eau salée
	Algues fraîches*
500 ml (2 tasses)	Œufs d'omble chevalier frais ou autres œufs de poisson frais

- Faire pocher les morceaux de poisson dans l'eau avec les algues. Réserver le poisson et les algues. Faire pocher les œufs dans le bouillon de cuisson.
- Servir les œufs et le bouillon comme potage. Servir ensuite le poisson en plat principal.

* *Peuvent être remplacées par des algues déshydratées. Dans ce cas, diminuer la quantité.*

MORUE À LA CAMPAGNARDE

Gaspésie

MORUE
- Bien éponger les filets de morue. Saler et poivrer. Chauffer le beurre et l'huile dans une poêle à fond épais. Fariner chaque filet et saisir vivement en leur donnant une belle coloration de chaque côté. Retirer les filets de morue et réserver. La morue n'est évidemment pas cuite.

GARNITURE
- Couper les pommes de terre, l'oignon, la carotte et le céleri en petits dés de 0,5 x 0,5 cm (¼ x ¼ po). Dans un sautoir à fond épais, chauffer l'huile et saisir les petits lardons de 0,5 x 2,5 cm (¼ x 1 po) jusqu'à ce qu'ils aient une belle coloration. Ajouter tous les éléments précédents plus le laurier et le thym. Saler et poivrer, et verser le jus de veau. Cuire 2 à 3 min et ajouter les filets de morue. Couvrir et cuire à 130 °C (270 °F) à couvert pour atteindre 65 °C (150 °F) à cœur.
- Au fond de l'assiette, verser le jus et les garnitures et mettre la morue sur le dessus. Garnir de persil.

MORUE

4	Filets de morue de 180 g (6 oz)
	Sel et poivre du moulin au goût
60 ml (¼ tasse)	Beurre non salé
60 ml (¼ tasse)	Huile de tournesol
	Farine tamisée

GARNITURE

3	Pommes de terre
1	Oignon espagnol
1	Carotte
1	Branche de céleri
60 ml (¼ tasse)	Huile de tournesol
120 g (4 oz)	Petits lardons
½	Feuille de laurier
1	Brin de thym
175 ml (¾ tasse)	Jus de veau brun clair
175 ml (¾ tasse)	Persil haché

SAVARIN D'OMBLE CHEVALIER DU NUNAVIK, SAUCE À L'OMBLE FUMÉ

Nouveau-Québec – Baie-James

- Passer la chair d'omble chevalier au mélangeur. Ajouter les œufs et 160 ml (⅔ tasse) de crème. Assaisonner, puis ajouter 80 ml (⅓ tasse) de beurre en pommade. Bien faire tourner cette mousse de façon à la rendre très légère. Beurrer des petits moules à savarin et les remplir de cette mousse. Disposer ces moules sur une plaque et cuire au bain-marie à 180 °C (350 °F).
- Dans 60 ml (¼ tasse) de beurre, faire suer les dés d'omble chevalier et de champignons. Saler et poivrer. Ajouter la ciboule et 125 ml (½ tasse) de crème au dernier moment. Garnir l'intérieur des savarins avec ce ragoût.
- Faire réduire le fumet de poisson. Mettre en purée l'omble chevalier fumé et mélanger avec 40 ml (3 c. à soupe) de beurre. Monter le fumet réduit avec ce mélange et poivrer. Napper le tour des savarins de ce mélange et servir.

500 g (1 lb)	Chair d'omble chevalier
4	Œufs
285 ml (1 ⅛ tasse)	Crème 35 %
	Sel et poivre au goût
175 ml (¾ tasse)	Beurre
60 g (2 oz)	Omble chevalier en dés
125 ml (½ tasse)	Champignons en dés
12	Bâtonnets de ciboule
125 ml (½ tasse)	Fumet de poisson non salé
90 g (3 oz)	Omble chevalier fumé

MOULES AU POIREAU ET AU JAMBON

Îles-de-la-Madeleine

1	Blanc de poireau en petits dés
160 ml (⅔ tasse)	Vin blanc sec
175 ml (¾ tasse)	Oignons espagnols hachés finement
80 ml (⅓ tasse)	Beurre
1,2 kg (2 ½ lb)	Moules
1	Tranche épaisse de jambon en petits dés
30 ml (2 c. à soupe)	Persil haché finement

- Dans une casserole, cuire à l'eau salée le poireau jusqu'à ce qu'il soit bien cuit, égoutter et réserver. Dans une autre casserole, verser le vin blanc, ajouter les oignons et le beurre, et cuire 5 min. Ajouter les moules, le poireau et le jambon. Cuire à couvert jusqu'à ce que les moules s'ouvrent ; surtout ne pas trop les cuire. Il est possible que quelques-unes restent fermées ; les faire alors cuire de nouveau après avoir dégusté toutes les autres.
- Parsemer le persil et servir immédiatement, en petite quantité à la fois pour que les moules restent bien chaudes. Ne jamais saler les moules, car, étant vivantes, elles sont déjà remplies d'eau de mer salée.
- Goûter le jus avant de servir et ajouter sel et poivre du moulin au besoin.

SAUMON À LA CRÈME

Gaspésie

30 ml (2 c. à soupe)	Beurre non salé
6	Tranches de saumon de 150 g (5 oz) chacune
160 ml (⅔ tasse)	Crème 35 %
15 ml (1 c. à soupe)	Ciboulette hachée
4 ml (¾ c. à thé)	Sel
1 ml (¼ c. à thé)	Poivre

- Faire fondre le beurre dans une poêle à fond épais et faire revenir les tranches de saumon. Ajouter la crème, la ciboulette, le sel et le poivre. Couvrir et cuire au four à 180 °C (350 °F) pendant 10 min.

Les saumons du Pacifique meurent toujours à leur retour en eau douce après la reproduction (mâles et femelles). Cela n'arrive pas aux saumons de l'Atlantique. Le kokani et le nerka sont les saumons du Pacifique les plus réputés.

OUANANICHE DU LAC-SAINT-JEAN AUX GOURGANES

Saguenay – Lac-Saint-Jean

4	
$	
20 min	
10 min	

- Décalotter les tomates du côté du pédoncule, puis les émonder, les épépiner et les couper en petits dés. Émincer les feuilles de laitue Boston. Réserver
- Cuire les gourganes à l'eau salée. Laisser tiédir et retirer la peau.
- Chauffer 30 ml (2 c. à soupe) de beurre dans un sautoir à fond épais et faire fondre les feuilles de laitue. Ajouter les dés de tomates et les gourganes égouttées. Ajouter le jus de citron et le fond de veau. Saler et poivrer et réserver au chaud.
- Saler, poivrer et pocher le poisson dans le beurre à 85 °C (185 °F) pour atteindre 65 °C (150 °F) à cœur. Retirer les morceaux de ouananiche et les mettre sur du papier absorbant.
- Mettre le poisson au fond des assiettes très chaudes et napper avec le fond de gourganes.

4	Tomates rouges mûres
16	Feuilles de laitue Boston verte
500 ml (2 tasses)	Petites gourganes
250 ml (1 tasse)	Beurre non salé
	Jus de 1 citron
175 ml (¾ tasse)	Fond brun de veau, non lié
	Sel et poivre du moulin au goût
8	Petits morceaux de 80 g (2 ½ oz) de ouananiche

> **Ouananiche :** *Ce poisson est un saumon d'eau douce, c'est-à-dire qu'il ne va jamais en mer ; donc il grandit beaucoup plus lentement. Son poids varie de 0,9 à 1,8 kg (2 à 4 lb), mais une ouananiche du Lac-Saint-Jean peut atteindre de 3 à 3,5 kg (7 à 8 lb).*
> **Gourganes :** *La gourgane est une fève des marais appelée aussi ironiquement « orteil de prêtre », qui fait la réputation de plusieurs recettes du Lac-Saint-Jean et de Charlevoix.*

OUANANICHE DE LA BAIE DE CHAMBORD

Saguenay – Lac-Saint-Jean

6	
$$	
20 min	
20 min	

- Faire tremper le pain dans le lait chaud pendant quelques minutes. Ajouter le céleri, les oignons, le sel, le poivre et le persil. Battre l'œuf et l'incorporer au mélange. Bien nettoyer le poisson, le laver et l'assécher. Le farcir du mélange et le coudre.
- Disposer le poisson dans une casserole. Parsemer de quelques noisettes de beurre et cuire au four à 180 °C (350 °F) pendant environ 20 min.

Note : Le temps de cuisson peut varier selon l'épaisseur du poisson. Cette recette peut également être faite avec de la truite.

375 ml (1 ½ tasse)	Pain sec en petits dés
125 ml (½ tasse)	Lait
30 ml (2 c. à soupe)	Céleri haché finement
60 ml (¼ tasse)	Oignons hachés très finement
	Sel et poivre au goût
5 ml (1 c. à thé)	Persil
1	Œuf
1 kg (2 ¼ lb)	Ouananiche
30 ml (2 c. à soupe)	Beurre

PALOURDES AU FOUR

6	$$	45 min	10 min

Îles-de-la-Madeleine

3 dz	Palourdes
125 ml (½ tasse)	Beurre non salé
125 ml (½ tasse)	Poireaux émincés, cuits
15 ml (1 c. à soupe)	Cognac
	Sel et poivre au goût
125 ml (½ tasse)	Craquelins émiettés ou chapelure fraîche

- Laver les palourdes à grande eau et les ouvrir. Dégager les mollusques de leurs coquilles. Bien essuyer le tour avec un linge propre.
- Mélanger le beurre, les poireaux, le cognac, le sel et le poivre. Garnir chaque palourde avec un peu de ce mélange. Parsemer de craquelins ou de chapelure. Cuire au four à 200 °C (400 °F) pendant 10 min. Servir chaud.

RAGOÛT D'ESTURGEON SELON MONSIEUR RENAUD CYR

6	$$	25 min	au thermomètre

Chaudière-Appalaches

85 ml (⅓ tasse)	Beurre non salé
36	Petits oignons perlés
24	Morceaux de lardons de ½ x 3 cm (¼ x 1 ¼ po)
2,5 litres (10 tasses)	Cêpes en dés
3	Branches de céleri en dés
3 ml (½ c. à thé)	Sarriette en poudre
300 ml (1 ¼ tasse)	Pommes de terre rattes
175 ml (¾ tasse)	Cidre sec
250 ml (1 tasse)	Fumet de poisson
	Roux blanc en quantité suffisante
175 ml (¾ tasse)	Crème 35 %
	Sel et poivre du moulin au goût
900 g (2 lb)	Filets d'esturgeon épais, en dés de 2 x 2 cm (¾ x ¾ po)
30 ml (2 c. à soupe)	Ciboulette ciselée

- Chauffer le beurre dans un sautoir à fond épais puis faire colorer les petits oignons et les lardons. Extraire l'excédent de gras, ajouter les cêpes, le céleri, la sarriette, les pommes de terre rattes, puis verser le cidre. Réduire de moitié afin d'évaporer l'alcool, puis ajouter le fumet de poisson. Cuire jusqu'à ce que les pommes de terre soient cuites. À l'aide d'une araignée, enlever tous les élements, lier avec le roux, ajouter la crème et rectifier l'assaisonnement. Passer la sauce à la passoire à mailles. Disposer les dés d'esturgeon dans un plat allant au four, puis verser la sauce. Cuire au four à couvert à 150 °C (300 °F) pour que les dés d'esturgeon atteignent 68 °C (155 °C) à cœur. Parsemer de ciboulette et servir très chaud.

Le Canada possède cinq espèces d'esturgeons. Ce poisson qui existe depuis le crétacé supérieur était un plat réservé aux notables aux siècles passés. Sa qualité culinaire est exceptionnelle. Les œufs d'esturgeon sont les seuls qui peuvent vraiment s'appeler « caviar » ; on en produit toutefois peu chez nous.

POT-EN-POT AUX PÉTONCLES

Îles-de-la-Madeleine

PÂTE

- Mélanger le beurre avec la farine, ajouter la levure chimique et le sel, sabler l'ensemble et ajouter l'eau. Fraiser pour former une pâte. Laisser reposer 1 h au réfrigérateur.
- Partager la pâte en deux parties et préparer deux abaisses; les découper en carrés de 4 cm (1,5 po). Les disposer dans le fond du plat de cuisson.

GARNITURE

- Ranger sur la pâte les pommes de terre et les pétoncles. Saler et poivrer. Faire mijoter les oignons dans 45 ml (3 c. à soupe) de beurre, ajouter 125 ml de fumet de poisson. Couvrir de pâte et cuire au four à 180 °C (350 °F). Lorsque la pâte est dorée, ajouter 250 ml de fumet de poisson auquel on a ajouté 25 ml (1 ½ c. à soupe) de beurre. Laisser mijoter au four à couvert pendant 45 min. Servir très chaud.

PÂTE

165 ml (⅔ tasse)	Beurre
500 ml (2 tasses)	Farine
10 ml (2 c. à thé)	Levure chimique
5 ml (1 c. à thé)	Sel
125 ml (½ tasse)	Eau

GARNITURE

800 ml (3 ¼ tasses)	Pommes de terre émincées
900 g (2 lb)	Pétoncles en morceaux Sel et poivre au goût
125 ml (½ tasse)	Oignons hachés
70 ml (4 ½ c. à soupe)	Beurre
375 ml (1 ½ tasse)	Fumet de poisson

VOL-AU-VENT AUX FRUITS DE MER

Îles-de-la-Madeleine

- Faire fondre le beurre dans une casserole et faire revenir les poivrons, le céleri, les oignons et les champignons. Lorsque ces légumes sont à moitié cuits, ajouter la farine, puis ajouter graduellement le lait en remuant continuellement jusqu'à consistance légèrement épaisse. Laisser mijoter pendant environ 10 min. Ajouter ensuite le homard, les pétoncles, les crevettes et les œufs. Saler, poivrer, puis parsemer de ciboulette et de persil. Laisser mijoter pendant quelques minutes en remuant constamment. Garnir les vol-au-vent de ce mélange. Servir chaud.

125 ml (½ tasse)	Beurre
125 ml (½ tasse)	Poivrons verts en dés
175 ml (¾ tasse)	Céleri en dés
125 ml (½ tasse)	Oignons en dés
250 ml (1 tasse)	Champignons en tranches
125 ml (½ tasse)	Farine
750 ml à 1 litre (3 à 4 tasses)	Lait
400 g (14 oz)	Homard frais ou décongelé en morceaux
300 g (10 oz)	Pétoncles
250 g (9 oz)	Grosses crevettes fraîches ou décongelées
3	Œufs durs hachés Sel et poivre au goût Ciboulette ciselée Persil haché
6	Vol-au-vent

RAGOÛT DE HOMARD

Îles-de-la-Madeleine

4    $$$$ 20 min   20 min

60 ml (¼ tasse)	Huile d'arachide
4	Homards vivants de 650 g (1 ¼ lb)
160 ml (⅔ tasse)	Cognac
375 ml (1 ¼ tasse)	Brunoise de légumes
60 ml (¼ tasse)	Pâte de tomate
250 ml (1 tasse)	Vin blanc de qualité
	Sel et poivre du moulin au goût
½	Feuille de laurier
1	Brin de thym
2	Brins d'estragon
410 ml (1 ⅔ tasse)	Jus de homard non lié
	Farine de riz

- Il est impératif de choisir des homards vivants et de les découper comme ci-dessous.
- Chauffer l'huile dans une poêle à fond épais et saisir vivement les morceaux de homard. Extraire le gras de cuisson et flamber avec 85 ml (⅓ tasse) de cognac. Ajouter la brunoise de légumes, la pâte de tomate et le vin blanc. Réduire à 90 %, saler, poivrer, ajouter le laurier, le thym, l'estragon et le jus de homard. Cuire 10 min à couvert, retirer les morceaux de homard et conserver au chaud. Lier le fond de cuisson avec la farine de riz, rectifier l'assaisonnement en ajoutant le cognac restant. Remettre les morceaux de homard.
- Servir dans des assiettes creuses, avec des pinces, des rince-doigts et des bavettes.

COMMENT PRÉPARER UN HOMARD VIVANT POUR LE FAIRE GRILLER AU FOUR OU LE CUIRE EN RAGOÛT

Endormir le homard (on peut aussi endormir le homard pour le faire bouillir).

Piquer la pointe d'un couteau et l'enfoncer rapidement.

En tenant la queue, couper la moitié du corps.

Piquer le homard en haut de la queue et couper.

Homard coupé en deux.

Présentation du homard avec le corail à gauche et la poche de gravier à droite.

Briser les pinces avec le dos d'un couteau.

Couper le bout de la pince.

ROULÉ AU SAUMON, SAUCE AUX ŒUFS

Charlevoix

PÂTE

• Tamiser la farine, la levure chimique et le sel. Ajouter le beurre et bien l'incorporer. Battre l'œuf avec 100 ml (⅓ tasse + 1 c. à soupe) de lait et l'ajouter à la préparation. Former une pâte sans trop mélanger. Étendre la pâte pour faire une abaisse de 36 x 25 cm (14 x 10 po).

SAUMON

• Retirer les arêtes du saumon et défaire la chair en morceaux. Mélanger le saumon, son jus, le lait restant, le jus de citron, les oignons et le persil. Étendre le mélange sur la pâte et rouler comme pour un gâteau. Couper en tranches de 3 cm (1 ¼ po) d'épaisseur. Disposer sur une plaque beurrée et cuire au four à 180 °C (350 °F) pendant 20 min. Servir avec une sauce aux œufs.

> *Même à l'époque de la colonisation où le merveilleux saumon voyageait plus loin que la rivière Sainte-Anne, on en faisait des conserves, c'est-à-dire qu'on le salait, comme on le faisait de l'anguille ou de la morue.*

PÂTE

375 ml (1 ½ tasse)	Farine
15 ml (1 c. à soupe)	Levure chimique
3 ml (½ c. à thé)	Sel
50 ml (3 c. à soupe)	Beurre
1	Œuf
160 ml (⅔ tasse)	Lait

SAUMON

440 g (15 oz)	Saumon en conserve ou saumon frais, poché à la marguerite
15 ml (1 c. à soupe)	Jus de citron
15 ml (1 c. à soupe)	Oignons hachés finement
15 ml (1 c. à soupe)	Persil haché
500 ml (2 tasses)	Sauce aux œufs *(voir recettes de base)*

SAUMON NORD-CÔTIER

Duplessis

• Frotter le saumon avec les quartiers de citron. Beurrer un plat allant au four avec le tiers du beurre. Parsemer le fond du plat de la moitié de la ciboulette et de la moitié des échalotes. Mettre le poisson dans le plat, du côté de la peau. Parsemer du reste des échalotes et de la ciboulette. Parsemer de noisettes de beurre. Saler, poivrer et parsemer de cassonade.

• Couvrir et cuire au four à 190 °C (375 °F) pendant environ 15 min ou jusqu'à ce que le poisson s'effiloche facilement.

900 g (2 lb)	Saumon frais en filets
1	Demi-citron en quartiers
30 ml (2 c. à soupe)	Beurre
15 ml (1 c. à soupe)	Ciboulette hachée
45 ml (3 c. à soupe)	Échalotes vertes hachées
5 ml (1 c. à thé)	Sel
1 ml (¼ c. à thé)	Poivre
15 ml (1 c. à soupe)	Cassonade

🍴	💲	⏳	🍲
4	$$$	20 min	6 à 12 min

TRONÇON DE FLÉTAN AUX HERBES SALÉES

Duplessis

175 ml (¾ tasse)	Herbes salées *(voir recettes de base)*
4	Tronçons de flétan de 150 à 180 g (5 à 6 oz)
60 ml (¼ tasse)	Huile de tournesol
	Sel et poivre du moulin au goût
160 ml (⅔ tasse)	Lait d'amandes
	Jus de 3 citrons verts

- Faire blanchir deux fois les herbes salées. Bien les égoutter et éponger dans un linge propre.
- Chauffer la grillade en trois sections. Badigeonner légèrement d'huile les tronçons de flétan, saler, poivrer et quadriller de chaque côté. Mettre chaque tronçon sur un carré de papier d'aluminium où les poissons pourront être enveloppés, répandre uniformément les herbes salées et cuire sur la partie moins intense de chaleur pendant 6 à 12 min suivant l'épaisseur des tronçons, ou 65 °C (150 °F) à cœur.
- Émulsionner à l'aide d'un batteur à main le lait d'amandes et le jus de citron vert. Saler et poivrer
- Au fond de chaque assiette, mettre un tronçon de flétan et napper avec l'émulsion. Servir avec des légumes de saison cuits en papillote ou grillés.

🍴	💲	⏳	🍲
6	$$	10 min	10 min

TRUITES À L'OSEILLE DE MONTAGNE

Nouveau-Québec – Baie-James

6	Truites
	Sel et poivre au goût
30 ml (2 c. à soupe)	Oseille de montagne*
85 ml (⅓ tasse)	Beurre
20 ml (4 c. à thé)	Jus de citron

- Nettoyer, assécher, saler et poivrer les truites. Les farcir avec un peu d'oseille. Faire revenir dans le beurre. Ajouter le reste de l'oseille et le jus de citron. Cuire au four à 180 °C (350 °F) pendant 10 min environ.
- Dresser sur un plat de service et servir.

* *À défaut d'oseille de montagne, utiliser de l'oseille cultivée.*

COMMENT ENLEVER LES ARÊTES D'UNE TRUITE PAR LE VENTRE POUR LA FARCIR

Passer un couteau sous l'arête, d'un côté, puis de l'autre.　　　Enlever l'arête centrale.

TRUITE CAMPAGNARDE

Charlevoix

	6
	$$
	15 min
	10 à 20 min

- Faire colorer les lardons dans une grande poêle dans 50 ml (3 c. à soupe) d'huile. Retirer les lardons de la poêle et les réserver. Dans l'huile de cuisson des lardons, faire colorer les oignons. Les réserver. Faire colorer les pommes de terre. Ajouter les oignons et les lardons aux pommes de terre. Saler et poivrer. Cuire au four à 180 °C (350 °F) pendant 10 min. Cuire les truites dans le beurre et le restant d'huile puis les dresser sur les pommes de terre. Accompagner de quartiers de citron. Persiller et servir immédiatement.

90 g (3 oz)	Lard salé coupé en lardons
75 ml (4 ½ c. à soupe)	Huile
700 ml (2 ¾ tasses)	Oignons émincés
2 litres (8 tasses)	Pommes de terre en cubes
4 ml (¾ c. à thé)	Sel
1 ml (¼ c. à thé)	Poivre
6	Truites de 225 g (½ lb) chacune
25 ml (1 ½ c. à soupe)	Beurre
6	Quartiers de citron Persil haché au goût

TRUITES FARCIES AUX HUÎTRES

Cantons-de-l'Est

	6
	$$$
	50 min
	au thermomètre

- Retirer les arêtes des truites par le ventre, en prenant soin de ne pas abîmer la queue ni la tête*. Faire tremper le pain dans le lait. Faire suer dans le beurre les oignons, les échalotes, les champignons et l'ail. Ébarber les huîtres. Filtrer leur jus et l'ajouter au mélange des légumes. Pocher les huîtres pendant 1 min dans ce mélange. Égoutter les huîtres en les pressant légèrement. Mettre le jus de côté.
- Essorer le pain en le pressant dans les mains, puis le mélanger avec les œufs. Ajouter ce mélange aux légumes et aux huîtres. Saler et poivrer. Farcir les truites de ce mélange. Envelopper les truites dans 6 morceaux de papier sulfurisé de 30 x 22 cm (12 x 8 ½ po), mais ne pas fermer les extrémités du papier.
- Faire dorer les carottes et les oignons dans l'huile chaude. Déglacer avec le cidre et le jus de cuisson des huîtres. Mettre les truites dans le jus. Faire mijoter pour atteindre 66 °C (150 °F) à cœur. Retourner délicatement les truites à mi-cuisson.
- Servir avec le jus et les légumes, si possible dans le plat de cuisson.

* *Sur la photo, il s'agit de filets de truite.*

6	Truites
7	Tranches de pain de mie fraîches
500 ml (2 tasses)	Lait
45 ml (3 c. à soupe)	Beurre
85 ml (⅓ tasse)	Oignons hachés
30 ml (2 c. à soupe)	Échalotes hachées
250 ml (1 tasse)	Champignons hachés
1	Gousse d'ail écrasée
18	Huîtres
1	Œuf
3	Jaunes d'œufs Sel et poivre au goût
500 ml (2 tasses)	Carottes émincées
250 ml (1 tasse)	Oignons émincés
25 ml (1 ½ c. à soupe)	Huile
500 ml (2 tasses)	Cidre

6	$$	15 min	15 min

TRUITE « HERVÉ »

Manicouagan

50 ml (3 c. à soupe)	Beurre non salé
500 ml (2 tasses)	Lardons
6	Truites
5 ml (1 c. à thé)	Sel
1 ml (¼ c. à thé)	Poivre
85 ml (⅓ tasse)	Farine
500 ml (2 tasses)	Oignons émincés
250 ml (1 tasse)	Thé fort

- Faire fondre le beurre dans une poêle, faire revenir les lardons coupés en morceaux d'environ 3 mm x 3 mm x 2,5 cm (⅛ x ⅛ x 1 po). Éponger les truites, saler et poivrer l'intérieur, et les passer dans la farine. Retirer les lardons de la poêle et faire sauter les truites.
- Disposer les truites dans un plat de service et les réserver au chaud. Faire sauter les oignons. Ajouter les lardons rissolés aux oignons. Déglacer avec le thé et laisser mijoter pendant 1 à 2 min.
- Arroser les truites avec le jus, les oignons et les lardons. Servir immédiatement.

Note : Sur la photo, nous avons utilisé des filets de truite.

6	$$	25 min	15 à 20 min

TRUITE MAURICIENNE

Mauricie – Bois-Francs

6	Tranches de lard salé
6	Truites de 360 g (12 oz) chacune
250 ml (1 tasse)	Oignons en rondelles
250 ml (1 tasse)	Petits pois
375 ml (1 ½ tasse)	Carottes en rondelles
500 ml (2 tasses)	Pommes de terre émincées
125 ml (½ tasse)	Eau
	Sel et poivre au goût

- Foncer le fond d'un chaudron de minces tranches de lard. Ajouter les truites nettoyées et, de préférence, débarrassées de leur tête et de leur queue. Disposer par couches successives les oignons, les petits pois, les carottes et les pommes de terre. Recouvrir d'eau. Saler et poivrer. Couvrir et laisser mijoter tranquillement de 15 à 20 min, jusqu'à cuisson complète des légumes.

D'où venait-elle, croyez-vous, la bonne truite dont parlait grand-père ? Il est presque certain qu'elle quittait la rivière Sainte-Anne pour aboutir, frétillante, dans la casserole où grand-mère cuisait un ou deux secrets bien à elle. La truite d'antan n'a plus sa pareille de nos jours et elle se fait de plus en plus rare dans les eaux de la rivière.

conserves confitures marinades desserts boissons potages
poil et à plume légumes fromages pains œufs con
poissons mollusques crustacés viandes volailles lapins gi
soupes crèmes crudités salades pâtés terrines tourtières
serves confitures marinades desserts boissons potages sou
à poil et à plume légumes fromages pains œufs conserve
sons mollusques crustacés viandes volailles lapins gibier
crèmes crudités salades pâtés terrines tourtières poissons mollusques crust
confitures marinades desserts boissons potages soupes crèmes crudités s
à poil et à plume légumes fromages pains œufs conserves confitures marin
sons mollusques crustacés viandes volailles lapins gibier à poil et à plume lég
crèmes crudités salades pâtés terrines tourtières poissons mollusques crust
confitures marinades desserts boissons potages soupes crèmes crudités s
poil et à plume légumes fromages pains œufs conserves confitures m
sons mollusques crustacés viandes volailles lapins gibier à poil et à plume lég
crèmes crudités salades pâtés terrines tourtières poissons mollusques crust
desserts boissons potages soupes crèmes crudités s
umes fromages pains œufs conserves confitures marina
acés viandes volailles lapins gibier à poil et à plume lég
ades pâtés terrines tourtières poissons mollusques crust
es desserts boissons potages soupes crèmes crudités s
umes fromages pains œufs conserves confitures marina
acés viandes volailles lapins gibier à poil et à plume lég
des crèmes crudités salades pâtés terrines tourtières poissons mollusques crust
confitures marinades desserts boissons potages soupes crèmes crudités s
à poil et à plume légumes fromages pains œufs conserves confitures marina
sons mollusques crustacés viandes volailles lapins gibier à poil et à plume lég
des crèmes crudités salades pâtés terrines tourtières poissons mollusques crust
confitures marinades desserts boissons potages soupes crèmes crudités s
poil et à plume légumes fromages pains œufs conserves confitures marina
sons mollusques crustacés viandes volailles lapins gibier à poil et à plume lég
des crèmes crudités salades pâtés terrines tourtières poissons mollusques crust
confitures marinades desserts boissons potages soupes crèmes crudités s

viandes, **volailles** et lapins

AGNEAU DE SAINTE-GERMAINE AUX NOISETTES

Abitibi-Témiscamingue

6	$$	15 min	3 h

- Réunir tous les ingrédients, sauf la crème et le persil, dans une casserole et faire cuire à feu très doux, à couvert, pendant environ 1 h 30. Remuer de temps en temps au cours de la cuisson. Ajouter un peu de fond d'agneau, au besoin. La viande est cuite lorsqu'elle cède sous la pression du doigt.
- Ajouter la crème. Vérifier l'assaisonnement. Garnir de persil et servir chaud.

> *Sainte-Germaine-Boulé est une petite municipalité de l'Abitibi, connue aussi sous le nom de Sainte-Germaine-de-Palmarolle.*

900 g (2 lb)	Agneau en cubes
500 ml (2 tasses)	Oignons émincés
160 ml (⅔ tasse)	Noisettes écrasées finement
60 ml (¼ tasse)	Noisettes entières Sel et poivre au goût
60 ml (¼ tasse)	Huile
300 ml (1 ¼ tasse)	Fond d'agneau
½	Gousse d'ail écrasée
125 ml (½ tasse)	Crème 35 %
15 ml (1 c. à soupe)	Persil haché

BŒUF À L'AIL

Manicouagan

6	$	20 min	3 à 3 h 30

- Faire colorer la pointe de surlonge sur toutes ses faces dans le beurre et l'huile. Disposer tout autour l'ail et les pommes de terre. Saupoudrer de moutarde et couvrir la viande avec les oignons. Saler et poivrer. Mouiller avec le fond de bœuf à mi-hauteur de la viande. Couvrir et cuire au four à 190 °C (375 °F) jusqu'à ce que la viande soit tendre à la pointe d'un couteau.
- Arroser la viande de jus à quelques reprises en cours de cuisson. Servir chaud.

900 g (2 lb)	Pointe de surlonge parée
45 ml (3 c. à soupe)	Beurre
45 ml (3 c. à soupe)	Huile de maïs
4	Gousses d'ail hachées
910 ml (3 ⅔ tasses)	Pommes de terre en rondelles
30 ml (2 c. à soupe)	Moutarde sèche
250 ml (1 tasse)	Oignons ciselés finement Sel et poivre au goût Fond blanc de bœuf en quantité suffisante

BOUDIN AUX POMMES CORTLAND

Montérégie

60 ml (¼ tasse)	Beurre non salé
4	Pommes Cortland pelées, coupées en quartiers et épépinées
60 ml (¼ tasse)	Saindoux ou huile de cuisson
4	Morceaux de boudin de 150 à 180 g (5 à 6 oz) Sel et poivre du moulin au goût
175 ml (¾ tasse)	Fond brun de veau, lié
200 ml (⅘ tasse)	Haricots verts cuits
200 ml (⅘ tasse)	Betteraves rouges cuites
200 ml (⅘ tasse)	Compote de pommes

- Chauffer le beurre dans une poêle à fond épais et cuire les pommes afin qu'elles soient bien cuites sans être en purée.
- Pendant ce temps, dans une autre poêle à fond épais, chauffer le saindoux ou l'huile de cuisson et colorer légèrement les morceaux de boudin. Réduire la chaleur et poursuivre la cuisson à découvert pendant 8 à 10 min. Saler et poivrer.
- Au fond de chaque assiette, disposer le quart des pommes cuites, ajouter un morceau de boudin sur le dessus, sans le gras de cuisson. Verser un cordon de fond de veau autour. Servir avec les haricots, les betteraves et la compote de pommes. Accompagner d'une purée de pommes de terre très chaude.

> Il est assez compliqué de fabriquer du boudin, non pas que ce soit la recette qui soit difficile, mais il n'est pas évident de trouver du sang de porc ; le meilleur boudin doit être fait avec du sang de porc.

CASSEROLE DE JAMBON

Montréal et Laval

750 ml (3 tasses)	Pommes de terre émincées
250 ml (1 tasse)	Oignons émincés
25 ml (1 ½ c. à soupe)	Beurre
450 g (1 lb)	Jambon cuit en dés

SAUCE

40 ml (3 c. à soupe)	Beurre
60 ml (¼ tasse)	Farine tout usage
500 ml (2 tasses)	Lait chaud Sel et poivre au goût
1 ml (¼ c. à thé)	Muscade
10 ml (2 c. à thé)	Ciboulette ciselée

- Blanchir les pommes de terre à l'eau bouillante. Faire revenir les oignons dans le beurre sans coloration.
- Dans une casserole, étendre la moitié des pommes de terre. Recouvrir des oignons, puis du jambon, et enfin du reste des pommes de terre. Couvrir de sauce et cuire au four à 200 °C (400 °F) pendant 45 min.

SAUCE

- Faire fondre le beurre. Ajouter la farine et cuire pendant quelques minutes. Ajouter graduellement le lait chaud et bien mélanger. Assaisonner de sel, de poivre et de muscade. Cuire pendant 5 min et ajouter la ciboulette.

BOUILLI DE BŒUF SALÉ AUX PÂTES

6	$	25 min	2 h 30

Duplessis

- Faire revenir les oignons dans le saindoux. Ajouter le bœuf et couvrir d'eau. Faire mijoter pendant environ 1 h 30. Ajouter les légumes et laisser mijoter pendant 20 min.

PÂTE

- Tamiser les ingrédients secs ensemble. Incorporer l'eau et former une pâte. Ne pas travailler. Vérifier le niveau d'eau dans le bouilli. Il doit couvrir les légumes et la viande. Mettre la pâte par portion de 15 ml (1 c. à soupe) sur le bœuf et les légumes.
- Couvrir et laisser mijoter pendant 20 min. Ne pas soulever le couvercle avant la fin de la cuisson. Servir immédiatement.

* *Si le bœuf est très salé, il est préférable de le faire dessaler sous l'eau froide courante pendant quelques heures.*

125 ml (½ tasse)	Oignons hachés
15 ml (1 c. à soupe)	Saindoux
900 g (2 lb)	Bœuf salé*
	Eau pour couvrir
410 ml (1 ⅔ tasse)	Carottes en bâtonnets
200 ml (⅘ tasse)	Navet en bâtonnets
625 ml (2 ½ tasses)	Pommes de terre en bâtonnets
200 ml (⅘ tasse)	Maïs en grains

PÂTE

125 ml (½ tasse)	Farine
3 ml (½ c. à thé)	Sel
5 ml (1 c. à thé)	Levure chimique
125 ml (½ tasse)	Eau

BÛCHE À LA VIANDE

6	$	30 min	40 min

Cantons-de-l'Est

PÂTE BRISÉE

- Tamiser la farine avec le sel et la levure chimique. Bien sabler les ingrédients secs avec le beurre. Ajouter le lait froid d'un seul coup et mélanger légèrement. Réfrigérer 1 h avant l'utilisation.

GARNITURE

- Faire revenir le bœuf, les oignons et les poivrons dans le beurre. Égoutter et laisser refroidir. Abaisser la pâte en rectangle, étendre la préparation et rouler comme pour un gâteau. Mettre au réfrigérateur pendant environ 1 ou 2 h avant la cuisson. Badigeonner d'œuf battu et cuire au four pendant 40 min à 200 °C (400 °F).

SAUCE

- Faire un roux blanc avec le beurre et la farine. Chauffer les tomates et le sucre, les ajouter graduellement, tout en remuant. Saler et poivrer. Laisser mijoter pendant environ 30 min. Passer la sauce. Couper le pâté en tranches et napper de sauce.

PÂTE BRISÉE

500 ml (2 tasses)	Farine tout usage
5 ml (1 c. à thé)	Sel
20 ml (4 c. à thé)	Levure chimique
60 ml (¼ tasse)	Beurre non salé
250 ml (1 tasse)	Lait

GARNITURE

450 g (1 lb)	Bœuf haché
175 ml (¾ tasse)	Oignons hachés
50 ml (3 c. à soupe)	Poivrons verts hachés
60 ml (¼ tasse)	Beurre
1	Œuf battu

SAUCE

30 ml (2 c. à soupe)	Beurre
30 ml (2 c. à soupe)	Farine
500 ml (2 tasses)	Tomates concassées, égouttées et hachées
10 ml (2 c. à thé)	Sucre
	Sel et poivre blanc au goût

◄ *Bouilli de bœuf salé aux pâtes*

BOULETTES D'AGNEAU

Cantons-de-l'Est

1 kg (2 ¼ lb)	Agneau dans l'épaule
125 ml (½ tasse)	Carottes hachées
125 ml (½ tasse)	Oignons hachés
1	Œuf battu
5 ml (1 c. à thé)	Sel
1 ml (¼ c. à thé)	Romarin
	Farine en quantité suffisante
80 ml (⅓ tasse)	Beurre
125 ml (½ tasse)	Jus de tomate
125 ml (½ tasse)	Fond d'agneau
3 ml (½ c. à thé)	Fécule de maïs
5 ml (2 c. à thé)	Eau froide

- Hacher la viande, ajouter les carottes et les oignons. Ajouter l'œuf battu, le sel et le romarin. Bien mélanger et façonner en boulettes d'environ 30 g (1 oz). Enfariner les boulettes. Les faire dorer dans le beurre.
- Ajouter le jus de tomate et le fond d'agneau, couvrir et cuire à feu doux pendant 20 min. Épaissir la sauce avec la fécule délayée dans de l'eau froide.

CASSEROLE DE SAUCISSES AUX POMMES

Laurentides

900 g (2 lb)	Saucisses de porc
500 ml (2 tasses)	Oignons hachés
1 litre (4 tasses)	Pommes émincées
0,5 ml (⅛ c. à thé)	Clou de girofle moulu
250 ml (1 tasse)	Eau
125 ml (½ tasse)	Sucre brun
125 ml (½ tasse)	Chapelure
45 ml (3 c. à soupe)	Graisse de saucisse

- Faire colorer les saucisses dans la poêle et récupérer la graisse. Faire suer les oignons dans une partie de la graisse des saucisses. Couper les saucisses en rondelles de 2 cm (¾ po). Mélanger les morceaux de saucisse et les oignons. Mettre ce mélange dans une marmite. Couvrir avec les pommes. Ajouter le clou de girofle. Mouiller avec l'eau. Mélanger le sucre brun, la chapelure et la graisse de saucisse. Parsemer le dessus des pommes de ce mélange. Cuire au four, à couvert, à 180 °C (350 °F) pendant 45 min.

Dans les Laurentides, traditionnellement, on attendait la fête de l'Immaculée Conception pour faire « les boucheries » et préparer saucisses, rillettes, tête fromagée, boudin et autres charcuteries. Dans toutes les maisons, le gros poêle de fonte chauffait à pleine capacité et la perspective d'un long hiver se trouvait quelque peu allégée par le fumet réconfortant des viandes qui cuisaient, annonçant les joyeuses ripailles du temps des fêtes.

BRIQUE DE LARD SALÉ À L'AIL

6	
$	
25 min	
1 h	

Mauricie – Bois-Francs

- Piquer le lard de gousses d'ail. Le mettre dans de l'eau froide avec les clous de girofle, le céleri et les oignons. Faire bouillir jusqu'à ce que le lard soit tendre. Retirer le lard du bouillon et bien le laisser égoutter.
- Mélanger le sucre d'érable et la chapelure et recouvrir le morceau de lard. Faire cuire au four à 180 °C (350 °F) pendant 40 min, ou jusqu'à ce qu'il soit bien doré. Servir froid.

* *On peut tout aussi bien utiliser du sucre brun.*

1 kg (2 ¼ lb)	Lard salé
2	Gousses d'ail
2	Clous de girofle
250 ml (1 tasse)	Céleri coupé grossièrement
250 ml (1 tasse)	Oignons coupés grossièrement
85 ml (⅓ tasse)	Sucre d'érable râpé*
30 ml (2 c. à soupe)	Chapelure

CASSEROLE SEPT RANGS

6	
$	
30 min	
2 h	

Montréal et Laval

- Cuire les carottes pendant 5 min dans 500 ml (2 tasses) d'eau bouillante salée. Égoutter et mettre de côté. Badigeonner de beurre une casserole de 2 litres (8 tasses) allant au four. Disposer par couches successives les pommes de terre, les oignons, les carottes, le riz, les pois verts et leur jus. Saler et poivrer.
- Mettre les saucisses de porc sur les pois verts. Verser la soupe aux tomates et le restant d'eau sur le dessus. Cuire au four à 180 °C (350 °F), à couvert, pendant 1 h. Retirer le couvercle et poursuivre la cuisson 1 h de plus, en retournant les saucisses de temps en temps.

375 ml (1 ½ tasse)	Carottes émincées
810 ml (3 ¼ tasses)	Eau
	Sel
45 ml (3 c. à soupe)	Beurre
750 ml (3 tasses)	Pommes de terre crues émincées
250 ml (1 tasse)	Oignons émincés
60 ml (¼ tasse)	Riz cru
375 ml (1 ½ tasse)	Pois verts en conserve
	Sel et poivre au goût
450 g (1 lb)	Saucisses de porc
310 ml (1 ¼ tasse)	Soupe aux tomates

CHAUSSONS AU BŒUF

Saguenay – Lac-Saint-Jean

350 g (¾ lb)	Bœuf haché
30 ml (2 c. à soupe)	Beurre
30 ml (2 c. à soupe)	Oignons hachés finement
125 ml (½ tasse)	Carottes hachées finement
25 ml (1 ½ c. à soupe)	Farine tout usage
175 ml (¾ tasse)	Eau bouillante
1	Cube de concentré de bœuf
	Sel et poivre du moulin au goût
250 ml (1 tasse)	Pommes de terre en cubes
30 ml (2 c. à soupe)	Persil haché
600 g (1 ¼ lb)	Pâte brisée *(voir recettes de base)*
1	Jaune d'œuf
60 ml (¼ tasse)	Lait

- Faire sauter le bœuf haché dans le beurre. Ajouter les oignons et les carottes. Saupoudrer de farine. Mouiller avec l'eau bouillante. Ajouter le concentré de bœuf, le sel, le poivre, les pommes de terre et le persil. Bien mélanger et cuire au four, à couvert, pendant 15 min. Laisser refroidir.
- Étendre la pâte brisée et découper 6 carrés de 15 cm (6 po). Répartir le mélange sur les carrés de pâte. Humecter les bords et replier en triangle. Battre le jaune d'œuf avec un peu de lait et en badigeonner les chaussons. Disposer les chaussons sur une plaque et cuire au four à 200 °C (400 °F) pendant environ 15 min.

CŒUR DE BŒUF OU DE VEAU FARCI

Mauricie – Bois-Francs

1	Cœur de bœuf de 1,5 kg (3 ½ lb)
2 ½	Tranches de pain
125 ml (½ tasse)	Lait
125 ml (½ tasse)	Oignons hachés
30 ml (2 c. à soupe)	Beurre
1	Œuf
15 ml (1 c. à soupe)	Persil haché
	Sel et poivre au goût
85 ml (⅓ tasse)	Huile

- Faire dégorger le cœur de bœuf sous l'eau froide afin de le nettoyer du sang coagulé à l'intérieur. Dégraisser l'extérieur.
- Faire tremper le pain dans le lait. Réserver.
- Faire revenir les oignons dans le beurre. Essorer le pain et le mélanger aux oignons. Incorporer l'œuf et le persil. Saler et poivrer. Farcir le cœur de bœuf avec ce mélange. Disposer sur une plaque allant au four. Badigeonner d'huile et cuire à couvert, au four, à 180 °C (350 °F) jusqu'à ce que vous puissiez enfoncer facilement la pointe d'un couteau jusqu'au centre sans résistance.
- Couper de belles tranches qui peuvent être accompagnées d'un fond brun de veau *(voir recettes de base)* et de pommes de terre en purée.

CŒUR DE VEAU BRAISÉ
AUX PETITS OIGNONS

Québec

4-6	$$	30 min	2 à 2 h 30

- Enlever l'excédent de gras autour du cœur et bien retirer les impuretés (sang, nerfs). Choisir une cocotte à fond épais et fermant hermétiquement. Chauffer le beurre et l'huile. Faire colorer le cœur de veau sur toutes ses faces. Retirer le cœur et le réserver. Dans le gras de cuisson, faire revenir les petits oignons, les carottes, le céleri et l'ail. Verser le fond de veau et laisser mijoter quelques minutes. Ajouter le cœur de veau et le bouquet garni. Saler et poivrer. Cuire à couvert au four à 190 °C (375 °F) en l'arrosant fréquemment jusqu'au moment où l'on pourra enfoncer facilement une pointe de couteau (environ 2 h à 2 h 30). Couper en belles tranches et servir avec des pommes de terre cuites à l'eau salée. Garnir de persil.

> *Le mot « persil » vient du grec* petros selinon. *De nos jours, on préfère la variété commune à la variété frisée, plus décorative mais moins aromatique.*

1	Cœur de veau de 1 à 1,2 kg (2 ¼ à 2 ½ lb) ou 2 cœurs de veau de 600 à 800 g (environ 1 ½ lb)
85 ml (⅓ tasse)	Beurre non salé
85 ml (⅓ tasse)	Huile d'arachide
500 ml (2 tasses)	Petits oignons
3	Carottes en bâtonnets
3	Branches de céleri en bâtonnets
3	Gousses d'ail en chemise
500 ml (2 tasses)	Fond brun de veau, lié
1	Bouquet garni
	Sel et poivre au goût
750 ml (3 tasses)	Pommes de terre rattes
250 ml (1 tasse)	Persil haché

TARTELETTES DE CŒUR DE VEAU
AU CIDRE

Québec

6	$$	15 min	2 à 3 min

- Couper des lamelles de cœur de 0,5 x 0,5 x 3 cm (¼ x ¼ x 1 ¼ po) de longueur. Saler et poivrer. Il est fondamental de choisir une poêle à fond très épais. Chauffer le beurre et saisir en petites quantités les lamelles de cœur de veau. Répéter l'opération. Retirer, égoutter et réserver. Déglacer avec le cidre, ajouter les échalotes et le fond de veau. Cuire quelques instants. Ajouter la crème. Saler et poivrer. Quelques minutes avant de servir, chauffer la sauce très chaude. Ajouter le cœur, sans ébullition (très important). Verser dans les fonds de tartelettes.

> *Le cœur de veau peut être consommé saignant ou bien cuit. Il est important de dire « saignant », car, si on dépasse ce stade, le cœur deviendra très dur et demandera une longue cuisson.*

1	Cœur de veau de 1 à 1,2 kg (2 ¼ à 2 ½ lb)
	Sel et poivre
125 ml (½ tasse)	Beurre non salé
175 ml (¾ tasse)	Cidre
85 ml (⅓ tasse)	Échalotes hachées finement
250 ml (1 tasse)	Fond brun de veau, lié
125 ml (½ tasse)	Crème 35 %
6	Fonds de tartelettes cuites

CÔTES DE PORC AU SIROP D'ÉRABLE

Bas-Saint-Laurent

4	Côtes de porc de 150 à 180 g (5 à 6 oz)
	Sel et poivre du moulin au goût
	Farine en quantité suffisante
85 ml (⅓ tasse)	Beurre non salé
60 ml (¼ tasse)	Huile de cuisson
125 ml (½ tasse)	Vin blanc
160 ml (⅔ tasse)	Vinaigre de cidre ou de vin blanc
125 ml (½ tasse)	Échalotes hachées finement
125 ml (½ tasse)	Sirop d'érable
175 ml (¾ tasse)	Fond brun de veau, lié
3	Gros oignons
250 ml (1 tasse)	Julienne de pommes de terre cuites
250 ml (1 tasse)	Julienne de blancs de poireaux cuits
250 ml (1 tasse)	Julienne de carottes cuites
250 ml (1 tasse)	Julienne de céleri cuit

- Saler, poivrer et fariner les côtes de porc. Chauffer le beurre et l'huile dans une poêle à fond épais et saisir les côtes, puis réduire la chaleur pour atteindre 68 °C (155 °F) à cœur. Réserver les côtes au chaud. Extraire le gras de cuisson, puis déglacer avec le vin blanc et le vinaigre de cidre. Ajouter les échalotes, le sirop d'érable et le fond de veau. Laisser mijoter 1 à 2 min. Rectifier l'assaisonnement. Réserver.
- Couper les oignons en deux, extraire le centre, blanchir, égoutter et éponger. Farcir avec les pommes de terre et les légumes cuits et terminer au four à 175 °C (350 °F) de 8 à 10 min.
- Au fond de chaque assiette, mettre les côtes de porc, napper avec la sauce, puis disposer sur le dessus les oignons farcis.

Note : Si vous avez plus de temps, vous pouvez faire une gastrique ; c'est-à-dire mélanger 125 ml (½ tasse) de vinaigre de cidre ou de vin blanc avec 125 ml (½ tasse) de sirop d'érable et cuire pour arriver à caramélisation. À ce moment, vous arrêtez immédiatement la cuisson en trempant le fond de votre casserole dans l'eau froide. Puis, vous ajoutez votre fond de veau. Cette opération a pour but de vous donner une sauce acidulée-sucrée.

FOIE DE VEAU AUX LÉGUMES DE SAINT-DONAT

Lanaudière

4 tranches	Bacon
1 branche	Céleri émincé
½	Poivron vert en lanières
I	Oignon émincé
125 ml (½ tasse)	Champignons émincés
85 ml (⅓ tasse)	Beurre non salé
250 g (½ lb)	Foie de veau émincé
	Farine
	Sel et poivre au goût

- Couper le bacon en morceaux de 1,25 cm (½ po), cuire dans une poêle, éponger et réserver. Dans la même poêle, faire sauter le céleri, ajouter le poivron, l'oignon et les champignons. Laisser mijoter 3 min. Réserver. Dans une poêle à fond épais, chauffer le beurre, fariner les émincés de foie de veau et faire saisir. Saler et poivrer. Servir avec du riz ou des nouilles.

CÔTES DE PORC CHARLEVOIX

6	$	20 min	15 min

Charlevoix

- Faire colorer les côtes de porc dans le beurre. Dégraisser. Saler et poivrer. Mélanger le sucre d'érable ou la cassonade avec la farine, parsemer sur les côtes. Mouiller avec le jus de pomme. Couper les pommes en deux, les évider sans les peler et les disposer sur les côtes. Couvrir et cuire au four à 180 °C (350 °F) pendant 15 min. Servir très chaud.

6	Côtes de porc de 200 g (7 oz) chacune
50 ml (3 c. à soupe)	Beurre
5 ml (1 c. à thé)	Sel
3 ml (½ c. à thé)	Poivre
125 ml (½ tasse)	Sucre d'érable râpé ou cassonade
50 ml (3 c. à soupe)	Farine
250 ml (1 tasse)	Jus de pomme
3	Pommes

ESCALOPES DE VEAU GRATINÉES AUX CHAMPIGNONS

6	$$$	15 min	10 min

Cantons-de-l'Est

- Bien aplatir les escalopes. Saler, poivrer et fariner. Faire sauter dans le beurre et garder au chaud. Faire sauter les champignons. Ajouter la béchamel, le persil et 50 ml (3 c. à soupe) de fromage, et faire mijoter de 2 à 3 min. Verser la sauce sur les escalopes. Parsemer de 125 ml (½ tasse) de cheddar. Gratiner au four à 260 °C (500 °F) pendant 5 min.

- * On peut remplacer la béchamel par de la crème 35 % réduite de 50 %.*

900 g (2 lb)	Escalopes de veau
	Sel et poivre au goût
60 ml (¼ tasse)	Farine
60 ml (¼ tasse)	Beurre
500 ml (2 tasses)	Champignons émincés
500 ml (2 tasses)	Béchamel* *(voir recettes de base)*
15 ml (1 c. à soupe)	Persil haché
175 ml (¾ tasse)	Cheddar fort râpé

FILETS DE PORC AU CHOU

6	$$	30 min	50 min

Montréal et Laval

- Faire colorer les lardons. Les retirer de la casserole. Ajouter les filets de porc et bien les faire colorer. Ajouter les oignons et cuire jusqu'à ce qu'ils soient transparents. Retirer le surplus de gras. Déglacer avec le fond de veau. Ajouter le chou et les lardons. Saler et poivrer. Porter à ébullition et cuire au four, à couvert, à 180 °C (350 °F), pendant environ 50 min pour atteindre 72 °C (163 °F) à cœur. Parsemer de persil avant de servir très chaud.

225 g (½ lb)	Lard salé en dés
1 kg (2 ¼ lb)	Filets de porc
175 ml (¾ tasse)	Oignons tranchés
500 ml (2 tasses)	Fond blanc de veau
1 litre (4 tasses)	Chou haché
	Sel et poivre au goût
5 ml (1 c. à thé)	Persil haché

COURGE FARCIE À L'AGNEAU

6	$	30 min	1 h 30

Montréal et Laval

1	Courge longue d'environ 30 cm (12 po)
60 ml (¼ tasse)	Beurre
450 g (1 lb)	Agneau haché
325 ml (1 ⅓ tasse)	Oignons émincés
250 ml (1 tasse)	Riz cuit
	Sel et poivre au goût
750 ml (3 tasses)	Sauce tomate

- Vider la courge de ses graines par les deux extrémités du fruit. Faire fondre le beurre dans une sauteuse et faire revenir l'agneau et les oignons. Ajouter le riz. Cuire à feu doux pendant 5 min. Saler et poivrer. Farcir la courge de ce mélange.
- Mettre la courge sur une plaque avec la sauce tomate. Cuire au four à 180 °C (350 °F) pendant 1 h. Tourner la courge durant la cuisson afin que toute la surface trempe dans la sauce. Couper en rondelles et servir avec la sauce tomate.

ÉPAULE D'AGNEAU
RÔTIE AUX HERBES SALÉES

6	$$	15 min	1 à 1 h 30

Laurentides

200 g (7 oz)	Farce d'agneau haché (épaule ou cou)
125 ml (½ tasse)	Oignons hachés
25 ml (1 ½ c. à soupe)	Herbes salées* *(voir recettes de base)*
3 ml (½ c. à thé)	Sarriette
25 ml (1 ½ c. à soupe)	Persil haché
3 ml (½ c. à thé)	Ail haché
5 ml (1 c. à thé)	Poivre du moulin
950 g (2 lb)	Épaule d'agneau désossée
25 ml (1 ½ c. à soupe)	Huile
50 ml (3 c. à soupe)	Carottes en morceaux
50 ml (3 c. à soupe)	Oignons en morceaux
50 ml (3 c. à soupe)	Céleri en morceaux
500 ml (2 tasses)	Fond brun d'agneau

- Mélanger la farce d'agneau, les oignons, les herbes salées, la sarriette, le persil, l'ail et le poivre. Farcir l'épaule d'agneau de ce mélange et rouler le morceau de viande. Ficeler l'épaule farcie. Faire chauffer l'huile dans une rôtissoire et faire colorer la viande. Poursuivre la cuisson au four à 180 °C (350 °F) pendant 1 à 1 h 30 pour atteindre 58 °C (135 °F) à cœur. Retirer le rôti de la rôtissoire et dégraisser.
- Chauffer la rôtissoire à feu vif. Faire suer les carottes, les oignons et le céleri. Mouiller avec le fond d'agneau. Laisser réduire de moitié. Passer ce jus au chinois et vérifier l'assaisonnement. Couper le rôti en portions individuelles et le servir avec le jus et avec une purée de pommes de terre.

* *Les herbes ne doivent pas être trop salées ; si tel était le cas, les blanchir une ou deux fois.*

Hachée finement, la sarriette se marie agréablement avec la sauge dans les salades. Elle sert à envelopper les fromages préparés avec du lait de brebis.

Courge farcie à l'agneau ➤

FILET DE BŒUF À LA FLEUR DE SUREAU

🍴	💲	⏳	🍲
4	$	10 min	5 à 8 min

Cantons-de-l'Est

AU PRÉALABLE

- Mettre les fleurs de sureau fraîches dans un récipient fermant hermétiquement, les recouvrir de vin blanc et faire macérer de 2 à 3 semaines à l'abri de la lumière. Le «vin de sureau» servira à déglacer la cuisson des filets. Si vous utilisez des fleurs de sureau déshydratées, mettre en poudre les fleurs sèches.

FILET AVEC LA POUDRE

- Enrober complètement le filet de bœuf avec la poudre de fleurs de sureau, saler et poivrer. Chauffer 85 ml (⅓ tasse) de beurre et l'huile dans une poêle à fond épais et saisir les filets de bœuf, réduire la chaleur pour atteindre 54 °C (130 °F) à cœur (saignant). Retirer les filets et les conserver au chaud. Déglacer avec le vin blanc, ajouter l'eau, monter avec le beurre restant en pommade, rectifier l'assaisonnement.
- Disposer les filets de bœuf, napper avec le jus. Des petits champignons sautés seront un excellent légume d'accompagnement.

FILET AU VIN DE SUREAU

- Cuire les filets de bœuf de la même façon, mais déglacer avec le vin de sureau. La suite de la recette sera identique.

4	Filets mignons de bœuf de 180 g (6 oz) chacun
200 g	Fleurs de sureau fraîches ou 70 g de fleurs de sureau déshydratées
	Sel et poivre au goût
160 ml (⅔ tasse)	Beurre non salé
85 ml (⅓ tasse)	Huile de cuisson
125 ml (½ tasse)	Vin blanc
125 ml (½ tasse)	Eau

Le nom latin du sureau, sambucus, viendrait du grec sambuke, une harpe triangulaire, mais en latin il désignait une flûte taillée dans le bois de cet arbre. On a retrouvé certaines traces du sureau sur des sites datant de l'âge de pierre. Ne pas confondre les fruits du sureau noir avec ceux, toxiques, de l'hièble (Sambucus ebulus), qui n'est qu'une haute plante herbacée, alors que le sureau noir est un arbre. Le sureau est un «arbre de santé», comme le redécouvre aujourd'hui la phytothérapie. On peut en utiliser toutes les parties, y compris l'écorce. Les fleurs séchées, mucilagineuses et antispasmodiques, font une tisane agréable.

Au Québec, nous avons énormément d'arbustes de sureau. Évidemment la période de floraison est assez courte, mais on peut trouver chez les herboristes des fleurs déshydratées.

159

FOIE DE VEAU BRAISÉ AU LARD

4-6 $$$ 30 min   au thermomètre

Québec

- Saler et poivrer le foie de veau, inciser et piquer avec les éclats d'ail. Envelopper le foie dans la barde et ficeler.
- Dans une cocotte à fond épais, faire revenir le rôti de foie, afin que la barde prenne une belle coloration dorée uniformément. L'enlever et réserver. Dans le gras de cuisson, faire revenir les lardons, puis retirer le gras de cuisson et ajouter la brunoise de légumes, les gousses d'ail, le vin blanc et le fond de veau. Rectifier l'assaisonnement. Ajouter le rôti de foie (le fond de cuisson ne doit jamais dépasser la mi-hauteur du foie). Mettre au four à 200 °C (400 °F) à découvert pendant 15 min en arrosant fréquemment. À ce stade de cuisson, enlever la barde et la laisser dans le fond de cuisson. Poursuivre la cuisson pour atteindre 55 °C (130 °F) à cœur. Retirer du four et garder au chaud. Cuire dans le fond les crosnes ou les morceaux de topinambours.
- Au fond de chaque assiette, verser uniformément la sauce, la garniture et les légumes. Puis disposer de belles tranches de foie de veau braisées de 0,5 cm (¼ po). Garnir de ciboulette.

1 kg à 1,2 kg (2 ¼ à 2 ½ lb)	Noix de foie de veau
	Sel et poivre du moulin au goût
3	Gousses d'ail coupées en quatre sur la longueur
1 ou 2	Tranches de bardes
150 g (5 oz)	Lardons fumés
175 ml (¾ tasse)	Carottes en brunoise
175 ml (¾ tasse)	Oignons en brunoise
175 ml (¾ tasse)	Céleri en brunoise
4	Gousses d'ail entières
160 ml (⅔ tasse)	Vin blanc
250 ml (1 tasse)	Fond brun de veau, lié
835 ml (3 ⅓ tasses)	Crosnes ou topinambours
160 ml (⅔ tasse)	Ciboulette ciselée

LANGUE DE BŒUF BRAISÉE

6    $ 20 min   4 h

Bas-Saint-Laurent

- Faire dégorger au préalable la langue à l'eau courante pendant au moins 1 h afin d'évacuer toutes les impuretés.
- Couvrir la langue d'eau bouillante et faire cuire pendant I h. Retirer la langue, enlever la peau. Mettre le bouillon de cuisson de côté. Chauffer le beurre et saisir la langue.
- Retirer la langue et faire suer le lard salé et les légumes dans le beurre. Ajouter la farine. Bien mélanger et faire brunir. Mouiller avec le bouillon de cuisson et mélanger. Remettre la langue dans la casserole. Saler et poivrer. Cuire au four à 150 °C (300 °F) pendant 3 h. Retourner la langue toutes les heures.

2 kg (4 ½ lb)	Langue de bœuf
	Eau bouillante
85 ml (⅓ tasse)	Beurre
130 g (env. 4 oz)	Lard salé en dés
125 ml (½ tasse)	Carottes émincées
125 ml (½ tasse)	Céleri émincé
125 ml (½ tasse)	Oignons émincés
85 ml (⅓ tasse)	Farine
2 litres (8 tasses)	Bouillon de cuisson
	Sel et poivre au goût

6 · $$$ · 10 min · au thermomètre

GIGOT D'AGNEAU RÔTI AUX HERBES OU À LA MENTHE

Bas-Saint-Laurent

1	Gigot d'agneau de 1,2 à 1,5 kg (2 ¾ à 3 ¼ lb)
3	Gousses d'ail
	Sel et poivre du moulin au goût
	Moutarde de Dijon
1 petit bouquet	Feuilles de menthe fraîche
80 g (xx tasse)	Beurre
80 ml (⅓ tasse)	Huile de cuisson
160 ml (⅔ tasse)	Vin blanc sec
175 ml (¾ tasse)	Fond blanc d'agneau
85 ml (⅓ tasse)	Herbes provençales déshydratées (romarin, sarriette, marjolaine, thym, laurier, sauge, estragon)
500 ml (2 tasses)	Feuilles de menthe fraîche, hachées
60 ml (¼ tasse)	Beurre non salé
425 ml (1 ¾ tasse)	Flageolets ou haricots blancs cuits
1 litre (4 tasses)	Haricots verts extra fins cuits

- Bien enlever la petite peau qui recouvre le gigot d'agneau, ainsi que l'os du quasi. Couper les gousses d'ail en quatre sur la longueur. Faire des incisions dans le gigot et piquer les éclats d'ail. Ficeler, saler et poivrer. Lorsqu'il s'agit d'un gigot de mouton, le badigeonner avec la moutarde de Dijon et le recouvrir de feuilles de menthe. S'il s'agit d'un gigot d'agneau, le laisser tel quel afin de bien garder le goût d'agneau et non de mouton laineux. Mettre le gigot dans une lèchefrite ou une plaque. Chauffer le beurre et l'huile, saisir le gigot de chaque côté, le cuire à 200 °C (400 °F) pendant 10 min, puis réduire la chaleur à 160 °C (320 °F), jusqu'à ce que la cuisson à cœur atteigne 65 °C (150 °F). Laisser reposer le gigot au chaud sur une grille au moins 20 min. Cette opération est très importante pour attendrir les chairs du gigot. Extraire le gras de cuisson, déglacer avec le vin blanc, ajouter le fond d'agneau et les herbes provençales ; ou les feuilles de menthe.
- Monter le jus avec le beurre. Rectifier l'assaisonnement.
- Napper le fond de l'assiette du jus d'agneau, couper de belles tranches et servir avec des haricots panachés, c'est-à-dire des flageolets et des haricots verts.

> **Agneau :** *Petit de la brebis, agneau de lait, c'est-à-dire jusqu'au moment où il est sevré. Son goût et ses saveurs sont tout en finesse.*
> **Mouton :** *Mouton mâle (bélier) ou mouton femelle (brebis) qui sont adultes. Leurs chairs à la cuisson développent des saveurs et des goûts forts.*

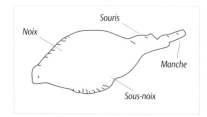
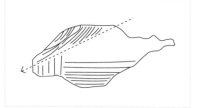
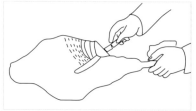

Comment découper une gigue, une petite cuisse ou un cuissot avec os.

LA CHASSE-GALERIE

Saguenay – Lac-Saint-Jean

6	$	20 min	35 min

- Couper le porc en tranches de 3 mm (⅛ po) d'épaisseur. Aplatir légèrement les tranches. Faire fondre le lard salé. Ajouter le céleri, les oignons, le persil et les pommes, et cuire à feu doux pendant environ 5 min. Retirer du feu. Ajouter la chapelure et le jaune d'œuf, saler et poivrer. Laisser refroidir.
- Mettre un peu de cette farce sur chaque tranche de porc, rouler et retenir à l'aide d'un cure-dent ou d'une ficelle. Saler et poivrer. Chauffer 15 ml (1 c. à soupe) de beurre dans un poêlon et faire dorer légèrement les tranches de porc farcies. Mettre ensuite au four à 180 °C (350 °F) pendant environ 20 min.
- Extraire le gras de cuisson, déglacer avec la bière, ajouter le fond de veau, monter la sauce avec le beurre restant. Rectifier l'assaisonnement. Ajouter la ciboulette.
- Disposer les roulés de porc au fond des assiettes et napper de sauce. Des pommes de terre grelots cuites à l'eau salée seront un bon accompagnement.

900 g (2 lb)	Porc dans la ronde
25 ml (1 ½ c. à soupe)	Lard salé haché
125 ml (½ tasse)	Céleri haché
125 ml (½ tasse)	Oignons hachés
10 ml (2 c. à thé)	Persil haché
250 ml (1 tasse)	Pommes hachées
125 ml (½ tasse)	Chapelure
1	Jaune d'œuf
	Sel et poivre au goût
80 ml (⅓ tasse)	Beurre non salé
250 ml (1 tasse)	Bière blonde
250 ml (1 tasse)	Fond brun de veau, lié
20 ml (x c. à thé)	Ciboulette ciselée

LANGUES DE VEAU SALÉES AU VINAIGRE

Québec

6	$	1 h	2 h 30

- Délayer le gros sel, la cassonade et le salpêtre dans l'eau chaude. Ajouter 1 litre (4 tasses) d'eau froide. Mettre les langues dans la saumure et laisser macérer au réfrigérateur pendant 15 jours. Retirer les langues et les dessaler sous un filet d'eau froide courante pendant 2 h.
  Mettre tous les ingrédients restants, sauf le vinaigre, dans une casserole et ajouter les langues de veau. Porter à ébullition et laisser mijoter jusqu'à cuisson complète des langues, soit environ 2 h 30. Retirer les langues, les laisser tiédir**, enlever la peau et les parer. Mettre les langues dans un pot de 1,5 litre (6 tasses) en les pressant bien les unes contre les autres. Verser le vinaigre sur les langues et fermer le pot. Laisser mariner quelques jours ou plus.

250 ml (1 tasse)	Gros sel
250 ml (1 tasse)	Cassonade
15 ml (1 c. à soupe)	Salpêtre (en pharmacie)*
1 litre (4 tasses)	Eau chaude
5 litres (20 tasses)	Eau froide
6	Langues de veau de 400 g (14 oz) chacune
250 ml (1 tasse)	Oignons en mirepoix
250 ml (1 tasse)	Céleri en mirepoix
250 ml (1 tasse)	Carottes en mirepoix
3 ml (½ c. à thé)	Thym
2	Feuilles de laurier
300 ml (1 ¼ tasse)	Vinaigre blanc

* *Le salpêtre, parfois difficile à trouver, peut être remplacé par du sel nitrite.*
** *Si on laisse trop refroidir les langues, elles seront difficiles à peler.*

LAITUE EN SAUCISSES

Québec

1 litre (4 tasses)	Eau bouillante
1 pomme	Laitue Boston, romaine ou frisée, nettoyée et séparée en feuilles
450 g (1 lb)	Saucisses de porc
45 ml (3 c. à soupe)	Beurre fondu
15 ml (1 c. à soupe)	Persil haché
250 ml (1 tasse)	Carottes en bâtonnets
100 g (env. 3 oz)	Lard maigre, dessalé, coupé en dés et blanchi

- Verser l'eau bouillante sur la laitue et la laisser en attente pendant 30 secondes. Égoutter, refroidir, égoutter de nouveau et bien assécher.
- Faire revenir les saucisses dans le beurre fondu. Laisser tiédir. Rouler les feuilles de laitue autour des saucisses. Les mettre dans un plat allant au four, bien serrées les unes à côté des autres. Disposer sur les saucisses le persil, les carottes et le lard. Verser le jus de cuisson des saucisses sur le tout. Couvrir et cuire au four à 180 °C (350 °F), pendant 30 min. Disposer dans un plat de service et arroser avec le jus dégraissé et réduit.

Avec les saucisses, les charcuteries et les viandes salées, on est généralement tenté de servir de la bière. Dès 1620, en Nouvelle-France, les Récollets songèrent à brasser leur propre bière ; ils tentèrent l'expérience en 1646, mais c'est aux Jésuites que revient le mérite d'avoir construit une authentique brasserie. En mars 1647, à Sillery, ils produisirent leur première barrique.

MACARONI AU JAMBON

Québec

500 ml (2 tasses)	Macaroni
	Huile en quantité suffisante
90 ml (6 c. à soupe)	Beurre
85 ml (⅓ tasse)	Farine
625 ml (2 ½ tasses)	Lait chaud
	Sel et poivre au goût
125 ml (½ tasse)	Oignons hachés
250 ml (1 tasse)	Jambon cuit en cubes
125 ml (½ tasse)	Cheddar fort râpé

- Cuire le macaroni dans l'eau bouillante salée avec un peu d'huile. Passer sous l'eau froide. Égoutter et réserver. Faire un roux avec 60 ml (4 c. à soupe) de beurre et la farine. Mouiller avec le lait chaud, tout en remuant. Laisser refroidir. Saler, poivrer et cuire pendant environ 30 min. Faire suer les oignons avec le beurre restant, mélanger le jambon avec les oignons et la sauce chaude. Verser sur le macaroni cuit. Mettre dans un moule de 1,5 litre (6 tasses). Parsemer de fromage. Faire gratiner au four. Servir.

OREILLES DE « CRISSE »

Bas-Saint-Laurent

6	$	20 min	1 h 30

- Dessaler légèrement le lard en le mettant dans l'eau froide et en laissant couler un léger filet d'eau quelques heures. Couper le lard en tranches de 1,5 cm (½ po) d'épaisseur sur 8 cm (3 po) de longueur. Blanchir pour raidir les chairs et dessaler. Répéter l'opération au besoin en changeant l'eau chaque fois. Égoutter et éponger.
- Bien étaler dans une poêle et faire cuire au four à 180 °C (350 °F), pendant environ 1 h 30, jusqu'à ce que les tranches soient rôties et croustillantes. Retourner fréquemment les grillades durant la cuisson. Les oreilles de crisse sont prêtes quand elles sont bien dorées. Égoutter sur un papier absorbant. Accompagne bien des œufs, des fèves au lard, de la fricassée, etc.

720 g (1 ½ lb)	Lard salé
	Eau

PAIN DE JAMBON

Chaudière-Appalaches

6	$$	20 min	1 h 30

- Bien mélanger le jambon, le porc, l'œuf, la chapelure et le lait. Saler, poivrer et bien mélanger. Disposer les pommes et les cerises au fond d'un moule de 2 litres (8 tasses). Verser le mélange de viande sur cette garniture.
- Mélanger le sirop d'érable, la moutarde et le vinaigre. Étendre la sauce sur le pain de viande. Cuire au four à 180 °C (350 °F) pendant 1 h 30. Démouler. Servir chaud ou froid.

300 g (10 oz)	Jambon haché
300 g (10 oz)	Porc haché
1	Œuf
160 ml (⅔ tasse)	Chapelure
160 ml (⅔ tasse)	Lait
	Sel et poivre au goût
160 ml (⅔ tasse)	Pommes en cubes
3	Cerises coupées en 2
125 ml (½ tasse)	Sirop d'érable
5 ml (1 c. à thé)	Moutarde
30 ml (2 c. à soupe)	Vinaigre

Nous connaissons environ six cents variétés de cerises réparties en quatre grands groupes : les guignes, les bigarreaux, les griottes et les cerises dites anglaises.

Les cerises dites anglaises, issues de l'hybridation entre le merisier et le vrai cerisier, sont les fruits de table par excellence, tendres et très juteux, de couleur rouge vif ou foncé.

PALERON DE VEAU BRAISÉ

Cantons-de-l'Est

4	$$	30 min	1 à 2 h

- Chauffer l'huile de tournesol, saler et poivrer le paleron et le faire revenir sur toutes les faces. Ajouter la mirepoix, l'orge, les courges, l'ail, le clou de girofle, le laurier, le thym et les grains de poivre noir. Verser le vin blanc et cuire quelques minutes. Ajouter le fond de veau à mi-hauteur de la viande, saler avec du gros sel, couvrir et cuire au four à 230 °C (450 °F) pendant 1 à 2 h 30. Vérifier toutes les 10 min en remuant.
- Servir le paleron avec toute sa garniture ou bien passer la sauce à la passoire à mailles. Pour les légumes, après 30 à 35 min de cuisson de la viande, ajouter des petites pommes de terre rattes qui cuiront dans le jus de cuisson. Servir très chaud dans des assiettes creuses.

125 ml (½ tasse)	Huile de tournesol
	Sel et poivre du moulin au goût
1,2 kg (2 ½ lb)	Paleron
1 litre (4 tasses)	Mirepoix
100 ml (⅖ tasse)	Orge
200 ml (⅘ tasse)	Courges en cubes
3	Gousses d'ail
1	Clou de girofle
1	Feuille de laurier
1	Brin de thym
10	Grains de poivre noir
175 ml (¾ tasse)	Vin blanc
310 ml (1 ¼ tasse)	Fond brun de veau, non lié
	Gros sel
375 ml (1 ½ tasse)	Pommes de terre rattes

Paleron : *Morceau d'une partie de l'épaule qui adhère au collier. Cette partie de viande est excellente pour une cuisson braisée, car elle possède beaucoup de collagène et suffisamment de gras pour que la viande ne soit pas sèche.*

Il est impératif de bien choisir son équipement, en l'occurrence une braisière. Comme la cuisson est longue et lente, la braisière doit bien garder son liquide, d'où l'importance du couvercle. À défaut d'une braisière, une mijoteuse fera l'affaire.

Le laurier au parfum balsamique est épicé. Son goût amer et chaud a acquis une renommée bien méritée. Indispensable dans la composition du bouquet garni et de nombreux mélanges d'épices, il aromatise en début de cuisson les étuvées, les potages relevés, les cornichons, les légumes, les champignons, les salaisons et les vinaigres.

PAIN DE VIANDE
DE SAINT-MICHEL-DES-SAINTS

Lanaudière

160 ml (⅔ tasse)	Chapelure*
250 ml (1 tasse)	Lait
125 ml (½ tasse)	Oignons hachés
125 ml (½ tasse)	Céleri haché
125 ml (½ tasse)	Carottes hachées
45 ml (3 c. à soupe)	Beurre
350 g (¾ lb)	Bœuf haché
350 g (¾ lb)	Porc haché
2	Œufs
1 pincée	Marjolaine
	Sel et poivre au goût
	Beurre non salé ou huile d'olive en quantité suffisante
60 ml (¼ tasse)	Ketchup rouge
5 ml (1 c. à thé)	Moutarde sèche
5 ml (1 c. à thé)	Cassonade

- Faire tremper la chapelure dans le lait. Réserver. Faire fondre les légumes dans le beurre. Bien mélanger le bœuf, le porc, les œufs, la marjolaine, le sel, le poivre et le beurre ou l'huile, et mettre le mélange dans un moule préalablement beurré. Presser la préparation et en lisser la surface.
- Bien mélanger le ketchup, la moutarde et la cassonade. Badigeonner la surface du pain du mélange. Cuire au four à 180 °C (350 °F) pendant 1 à 1 h 30. Servir chaud avec une sauce tomate au basilic.

* *À défaut de chapelure, employer des craquelins écrasés.*

> *La marjolaine est employée dans les sauces pour donner aux viandes une saveur plus relevée. Elle sert aussi de condiment dans les marinades, la confection des mélanges d'épices pour farces, ragoûts et sauces, particulièrement la sauce tomate. Elle accompagne fort bien les salades, les poissons et les légumes. Dans les recettes, on peut la remplacer facilement par l'origan.*

POTÉE AUX LÉGUMES

Montréal et Laval

225 g (½ lb)	Lard salé
1,5 kg (3 ¼ lb)	Porc en cubes, dans l'épaule
2 litres (8 tasses)	Eau froide
	Sel et poivre au goût
375 ml (1 ½ tasse)	Oignons émincés
1	Chou moyen en quartiers
800 ml (3 ¼ tasses)	Navet en gros cubes
1 litre (4 tasses)	Carottes en gros morceaux
800 ml (3 ¼ tasses)	Pommes de terre en cubes

- Mettre dans une grande casserole le lard salé et le porc, puis couvrir d'eau froide. Porter à ébullition, à feu vif. Saler et poivrer. Ajouter les oignons et cuire à feu doux pendant environ 1 h 30. Ajouter les quartiers de chou ficelés, le navet et les carottes, et poursuivre la cuisson encore 1 h. Ajouter les pommes de terre 20 min avant la fin de la cuisson. Vérifier l'assaisonnement.

Note : La potée peut être garnie de tranches de pain grillées.

« PIG-JINGOT »

Duplessis

	6	$	5 min	20 min

- Faire revenir le lard salé dans le beurre fondu. Ajouter la mélasse diluée dans l'eau et laisser mijoter à découvert pendant 5 à 7 min. Garnir les tranches de pain du mélange. Servir chaud ou froid.

Notes :
1. On peut dessaler le lard dans l'eau froide pendant 1 h avant de le faire cuire.
2. La quantité de mélasse peut être augmentée ou diminuée, au goût.

250 ml (1 tasse)	Lard salé en cubes
25 ml (1 ½ c. à soupe)	Beurre
50 ml (3 c. à soupe)	Mélasse
125 ml (½ tasse)	Eau
12	Tranches de pain frais

PAUPIETTES DE BŒUF LAURENTIENNES

Laurentides

6	$$	45 min	1 h

- Couper le bœuf en 12 tranches. Les aplatir entre deux feuilles de papier ciré. Étendre la moutarde sur la viande. Parsemer de 125 ml (½ tasse) d'oignons. Couper les cornichons en quatre sur la longueur et mettre un morceau de cornichon sur l'extrémité de chaque tranche de viande. Rouler les paupiettes et les attacher avec de la ficelle ou les piquer avec un cure-dent. Faire colorer les paupiettes à l'huile chaude dans une casserole. Les retirer et faire revenir dans la casserole les carottes, les oignons restants et le céleri. Ajouter la farine et la purée de tomates, laisser cuire quelques minutes. Mouiller avec le cidre et le fond de veau. Ajouter le thym et l'ail. Saler et poivrer.
- Remettre les paupiettes dans la sauce. Couvrir la casserole et cuire au four à 180 °C (350 °F) pendant 30 à 60 min. Piquer avec la pointe d'un couteau. Retirer les paupiettes de la sauce et enlever la corde ou le cure-dent pour les servir. Passer la sauce au chinois et la verser sur les paupiettes. Parsemer de persil.

800 g (1 ¾ lb)	Bœuf (ronde intérieure)
30 ml (2 c. à soupe)	Moutarde forte
250 ml (1 tasse)	Oignons hachés
3	Cornichons à l'aneth
25 ml (1 ½ c. à soupe)	Huile
125 ml (½ tasse)	Carottes émincées
125 ml (½ tasse)	Céleri émincé
50 ml (3 c. à soupe)	Farine
25 ml (1 ½ c. à soupe)	Purée de tomates
250 ml (1 tasse)	Cidre sec
500 ml (2 tasses)	Fond brun clair de veau *(voir recettes de base)*
3 ml (½ c. à thé)	Thym
2	Gousses d'ail écrasées
5 ml (1 c. à thé)	Sel
3 ml (½ c. à thé)	Poivre
15 ml (1 c. à soupe)	Persil haché

RAGOÛT DE BŒUF
EN CUBES DE CRABTREE

Lanaudière

125 ml (½ tasse)	Oignons émincés
1	Gousse d'ail
90 ml (6 c. à soupe)	Huile
900 g (2 lb)	Cubes de bœuf dans l'épaule
	Farine
375 ml (1 ½ tasse)	Fond blanc de bœuf
45 ml (3 c. à soupe)	Tomate concentrée cuite
	Sel et poivre au goût
1	Feuille de laurier
15 ml (1 c. à soupe)	Persil haché

- Faire revenir les oignons et l'ail dans 45 ml (3 c. à soupe) d'huile. Réserver. Passer les cubes de bœuf dans la farine. Retirer le surplus de farine. Faire revenir les cubes dans 45 ml (3 c. à soupe) d'huile. Mouiller avec le fond de bœuf. Incorporer la tomate. Assaisonner avec le sel, le poivre et la feuille de laurier.
- Commencer la cuisson sur le feu. Couvrir et cuire au four à 190 °C (375 °F) pendant environ 2 h ou jusqu'à ce que les cubes de bœuf soient bien cuits*. Persiller. Servir chaud avec des pommes de terre cuites à l'eau salée.

* La viande est cuite lorsqu'elle cède sous la pression du doigt.

RAGOÛT DE PATTES

Chaudière-Appalaches

3 kg (6 ½ lb)	Pattes de porc
4 litres (16 tasses)	Eau
250 ml (1 tasse)	Oignons en dés
1 ml (¼ c. à thé)	Clou de girofle
1 ml (¼ c. à thé)	Cannelle
	Sel et poivre au goût
750 ml (3 tasses)	Pommes de terre en cubes
60 ml (¼ tasse)	Farine grillée

- Couper les pattes de porc en tranches et les faire blanchir. Égoutter. Les mettre dans une grande casserole avec l'eau, les oignons et les assaisonnements. Faire cuire pendant 3 h.
- Une vingtaine de minutes avant la fin de la cuisson, ajouter les pommes de terre. Retirer les pommes de terre et les pattes de porc de la casserole. Passer le bouillon. Défaire la viande et la mettre de côté avec les pommes de terre. Ajouter au bouillon la farine délayée dans un peu d'eau froide. Cuire pendant 30 min.
- Ajouter la viande et les pommes de terre à la sauce. Porter à ébullition et servir chaud.

> *Le ragoût de pattes de porc est l'un des fleurons de la cuisine traditionnelle québécoise. On reconnaît approximativement l'époque de sa création par l'usage conjugué de la cannelle et du clou de girofle, deux condiments que le xxᵉ siècle répugne à réunir. Autrefois pourtant, on avait la main leste sur le chapitre des épices et condiments exotiques, si leste, en effet, que plusieurs gastronomes en ont dénoncé l'usage dont la conséquence première était de «tuer» le goût des viandes ou légumes.*

RAGOÛT DE PORC

Charlevoix

	6
	$
	25 min
	3 h 45

- Mettre la patte de porc dans une marmite, couvrir d'eau et cuire pendant environ 2 h.
- Mélanger le porc et le bœuf hachés avec les oignons. Saler et poivrer. Ajouter la cannelle et le clou de girofle. Façonner en boulettes de 50 ml (3 c. à soupe). Fariner les boulettes. Détacher la viande cuite de la patte et la réserver.
- Cuire les boulettes dans l'eau de cuisson de la patte pendant environ l h. Retirer les boulettes. Épaissir la sauce avec la farine grillée, diluée dans l'eau froide. Laisser cuire pendant 15 min. Passer au tamis. Ajouter les boulettes et la viande de la patte. Laisser mijoter pendant 30 min. Servir chaud.

1	Patte de porc nettoyée
400 g (14 oz)	Porc haché
600 g (1 ¼ lb)	Bœuf haché
125 ml (½ tasse)	Oignons hachés
5 ml (1 c. à thé)	Sel
3 ml (½ c. à thé)	Poivre
3 ml (½ c. à thé)	Cannelle
3 ml (½ c. à thé)	Clou de girofle
25 ml (1 ½ c. à soupe)	Farine
125 ml (½ tasse)	Farine grillée
500 ml (2 tasses)	Eau froide

> *Charlevoix abrita, au cours du dernier quart du XIXᵉ siècle, les luttes électorales les plus violentes et les plus colorées. Certains chauds partisans retrouvaient près de leur porte une tête de cochon sanglante, juste bonne pour faire de la tête fromagée !*

RAGOÛT DES LOYALISTES

Cantons-de-l'Est

	6
	$$
	40 min
	1 h 30

- Couper la viande en cubes de 2 cm (¾ po). Fariner et assaisonner les cubes de sel et de poivre. Faire revenir ensuite la viande et les oignons dans un peu d'huile. Ajouter le fond d'agneau, couvrir et cuire pendant 1 h 30.
- À mi-cuisson, ajouter les carottes, les navets et, 20 min plus tard, les pommes de terre. Rectifier l'assaisonnement au terme de la cuisson. Ajouter le persil. Servir très chaud dans des assiettes creuses.

700 g (1 ½ lb)	Épaule d'agneau désossée
	Farine
	Sel et poivre au goût
300 ml (1 ¼ tasse)	Oignons tranchés
60 ml (¼ tasse)	Huile
1 litre (4 tasses)	Fond blanc d'agneau
500 ml (2 tasses)	Carottes en dés
500 ml (2 tasses)	Navets en dés
500 ml (2 tasses)	Pommes de terre en dés
10 ml (2 c. à thé)	Persil haché

RAGOÛT DE BOULETTES ET LÉGUMES

6	$	25 min	1 h 30

Laurentides

400 g (14 oz)	Bœuf haché
125 ml (½ tasse)	Oignons hachés
5 ml (1 c. à thé)	Sel
1 ml (¼ c. à thé)	Poivre
450 g (1 lb)	Porc haché
85 ml (⅓ tasse)	Farine d'avoine
1 ml (¼ c. à thé)	Fines herbes
3 ml (½ c. à thé)	Clou de girofle en poudre
3 ml (½ c. à thé)	Cannelle en poudre
30 ml (2 c. à soupe)	Farine
1,4 litre (5 ½ tasses)	Eau bouillante
250 ml (1 tasse)	Carottes en cubes
250 ml (1 tasse)	Navet en cubes
250 ml (1 tasse)	Céleri en cubes
85 ml (⅓ tasse)	Farine grillée
175 ml (¾ tasse)	Eau froide
5 ml (1 c. à thé)	Sel
1 ml (¼ c. à thé)	Poivre

- Mélanger le bœuf haché, les oignons, le sel, le poivre, le porc haché, la farine d'avoine, les fines herbes, le clou de girofle et la cannelle. Façonner des boulettes de 50 ml (3 c. à soupe) et les passer dans la farine. Plonger les boulettes dans l'eau bouillante. Ajouter les carottes, le navet et le céleri et cuire pendant 1 h. Retirer les boulettes et les légumes cuits.
- Diluer la farine grillée dans l'eau froide et la verser dans le liquide de cuisson. Saler et poivrer. Laisser mijoter pendant 30 min. Remettre les boulettes et les légumes dans la sauce. Faire chauffer et servir.

> *Issues de petits bulbes poussant en touffe, des fleurs roses ou violacées dépassent légèrement du feuillage. La saveur de la ciboulette ressemble à celle de l'oignon, mais avec des nuances beaucoup plus délicates et moins lourdes.*

RÔTI DE PORC AUX PATATES BRUNES

6	$$	35 min	3 h

Mauricie – Bois-Francs

1,5 kg (3 ¼ lb)	Longe de porc
2	Gousses d'ail
	Sel et poivre au goût
8 ml (1 ½ c. à thé)	Persil haché
3 ml (½ c. à thé)	Romarin
250 ml (1 tasse)	Eau
750 g (1 ½ lb)	Pommes de terre épluchées

- Débarrasser de sa couenne la longe de porc et la piquer de petits morceaux d'ail. Foncer une braisière avec la couenne et mettre la longe de porc assaisonnée de sel, de poivre, de persil et de romarin. Arroser avec l'eau et faire cuire au four, à feu modéré, à 180 °C (350 °F) pendant environ 2 h. Arroser fréquemment.
- Ajouter les pommes de terre à la sauce et laisser cuire pendant encore 1 h. Allonger la sauce si elle réduit un peu trop pendant cette dernière heure de cuisson.

ROGNONS DE VEAU À LA MOUTARDE

Montréal et Laval

4    $$ 10 min   10 min

Cette préparation demande beaucoup d'attention ; surtout à la cuisson. Choisir les rognons de veau de lait, c'est-à-dire de petits rognons. Les préparer comme suit :
- Enlever 80 % de la graisse qui entoure les rognons de veau.
- Couper les rognons en deux dans le sens de la longueur. Enlever le canal urinaire (partie opaque) en bas des rognons. Bien éponger.
- Allumer le gril à trois degrés de chaleur.

SAUCE MOUTARDE
- Mettre les échalotes, le vin blanc et la moutarde dans une casserole. Réduire à 95 %, afin que la moutarde soit cuite, sinon votre sauce serait acide. Ajouter le fond de veau, cuire 6 à 8 min et ajouter la crème. Saler et poivrer au goût. Conserver très chaud.
- Badigeonner les rognons avec l'huile de tournesol, saler, poivrer et saisir sur le côté le plus chaud du gril. Bien saisir (sans brûler) sur chaque face et transférer sur le gril à chaleur moyenne.
- Attention ! Les rognons doivent être rosés à l'intérieur, sinon ils deviendraient trop durs.
- Servir immédiatement (très chaud) dans chaque assiette, les entourer d'un cordon abondant de sauce. Un riz pilaf conviendra très bien comme accompagnement, ainsi que des asperges vertes cuites à l'eau salée et des cerneaux de noix de Grenoble.

Note : Ne jamais tremper les rognons de veau dans le lait, car ils absorberaient le liquide et il serait alors impossible de les griller.

Il existe trois sortes de moutarde : la noire, la blanche et la brune. Les principales sortes de moutarde sont la moutarde de Dijon, fruitée et forte, à base de verjus et de moutarde noire. La moutarde extraforte, très piquante, est faite à base de vinaigre de vin et de moutarde noire.

2	Rognons de veau de 600 à 800 g (21 à 28 oz)

SAUCE MOUTARDE

125 ml (½ tasse)	Échalotes hachées finement
175 ml (¾ tasse)	Vin blanc sec
160 ml (⅔ tasse)	Moutarde de Dijon forte
410 ml (1 ⅔ tasse)	Fond brun de veau, lié
125 ml (½ tasse)	Crème 35 %
	Sel et poivre du moulin au goût
60 ml (¼ tasse)	Huile de tournesol

RÔTI DE VEAU BRAISÉ AU LARD ET AU CITRON

Montréal et Laval

75 g (2 ½ oz)	Lard salé en dés
1 kg (2 ¼ lb)	Longe de veau désossée
160 ml (⅔ tasse)	Oignons tranchés
1	Citron en tranches
	Sel et poivre au goût
375 ml (1 ½ tasse)	Bouillon de bœuf

- Tapisser une plaque de cuisson ou une rôtissoire de lardons. Ajouter la longe de veau et couvrir de tranches d'oignons et de citron. Saler et poivrer. Faire rôtir au four à 200 °C (400 °F) pendant 15 min.
- Ajouter le bouillon de bœuf. Réduire la chaleur du four à 180 °C (350 °F) et cuire pendant environ 2 h ou pour atteindre 72 °C (165 °F) à cœur. Arroser fréquemment la longe pendant la cuisson. Retirer la longe de veau et passer le fond de cuisson. Servir de belles tranches, napper de fond de cuisson. Accompagner d'une purée de pommes de terre.

SAUCISSES À LA FAÇON DE TANTE MARIE

Chaudière-Appalaches

2	Tranches de pain de mie
	Eau pour couvrir
450 g (1 lb)	Porc haché
450 g (1 lb)	Bœuf haché
375 ml (1 ½ tasse)	Oignons hachés finement
1 ml (¼ c. à thé)	Épices à volaille
1 ml (¼ c. à thé)	Clou de girofle
1 ml (¼ c. à thé)	Cannelle
1 ml (¼ c. à thé)	Épices mélangées
	Sel et poivre au goût
250 ml (1 tasse)	Fécule de maïs
125 ml (½ tasse)	Beurre

- Faire tremper les tranches de pain dans l'eau pendant 10 min. Égoutter. Essorer afin d'enlever le surplus d'eau. Bien mélanger tous les ingrédients avec le pain, sauf la fécule et le beurre.
- Façonner en boules de 25 ml (1 ½ c. à soupe) ou en cylindres de 50 ml (3 c. à soupe). (On peut farcir des boyaux, il est alors inutile de les passer dans la fécule.)
- Passer dans la fécule de maïs. Faire cuire dans le beurre chaud.

SAUCISSES MAISON

Montérégie

6	$ 30 min 40 min

- Passer trois fois les viandes et le lard au hache-viande. Ajouter les oignons, le persil, les épices et la moutarde. Incorporer le pain imbibé de lait. Saler et poivrer. Façonner en boulettes oblongues et les aplatir légèrement. Faire colorer les saucisses dans l'huile.
- Retirer les saucisses et dégraisser la poêle. Ajouter 1 litre (4 tasses) d'eau et remuer pour déglacer le fond de la poêle. Ajouter la farine grillée, délayée dans 250 ml (1 tasse) d'eau froide, et bien mélanger. Laisser cuire pendant 10 min. Remettre les saucisses dans la sauce et cuire à feu doux pendant environ 30 min.

450 g (1 lb)	Porc haché
225 g (½ lb)	Bœuf haché
225 g (½ lb)	Lard salé
125 ml (½ tasse)	Oignons hachés finement
25 ml (1 ½ c. à soupe)	Persil haché
1 ml (¼ c. à thé)	Gingembre
1 ml (¼ c. à thé)	Cannelle
1 ml (¼ c. à thé)	Clou de girofle
1 ml (¼ c. à thé)	Moutarde sèche
1	Tranche de pain
25 ml (1 ½ c. à soupe)	Lait
	Sel et poivre au goût
45 ml (3 c. à soupe)	Huile
1,2 litre (5 tasses)	Eau
85 ml (⅓ tasse)	Farine grillée

La recette traditionnelle intégrait les rognures qui restaient après le dépeçage et le salage du porc. En hachant ou en broyant le gras et le maigre de ces différentes pièces de viande, on obtenait un mélange intéressant.

SAUCISSON GRAND-MÈRE

Montréal et Laval

6	$$ 20 min 45 min

SAUCISSON
- Bien mélanger tous les ingrédients. Façonner en un saucisson de 6 cm (2 ¼ po) de diamètre et 30 cm (12 po) de long. Envelopper dans du papier d'aluminium et cuire au four à 180 °C · (350 °F) pendant 25 min.

SIROP
- Mélanger tous les ingrédients du sirop.
- Retirer le papier d'aluminium, disposer le saucisson sur une grille, le badigeonner de sirop et le remettre au four à 230 °C (450 °F). Badigeonner souvent de sirop et tourner le saucisson durant la cuisson (15 min environ ou jusqu'à belle coloration). Servir froid, en tranches minces.

SAUCISSON

450 g (1 lb)	Porc haché
200 g (7 oz)	Jambon haché
½	Gousse d'ail hachée
	Sel au goût
1	Œuf
125 ml (½ tasse)	Chapelure
	Poivre
175 ml (¾ tasse)	Fond blanc de veau
15 ml (1 c. à soupe)	Persil haché

SIROP

30 ml (2 c. à soupe)	Sucre
30 ml (2 c. à soupe)	Miel
30 ml (2 c. à soupe)	Caribou

ENTRECÔTE FARCIE AU JAMBON, GRILLÉE

Outaouais

6	$$	10 à 15 min	7 à 8 min

45 ml (3 c. à soupe)	Échalotes hachées
250 ml (1 tasse)	Champignons hachés
125 ml (½ tasse)	Jambon haché
1	Gousse d'ail hachée
45 ml (3 c. à soupe)	Beurre
45 ml (3 c. à soupe)	Vin blanc sec
30 ml (2 c. à soupe)	Persil haché
1 pincée	Thym
	Sel et poivre au goût
6	Entrecôtes de 175 g (6 oz) chacune, assez épaisses
	Huile

- Faire revenir séparément et successivement dans une poêle les échalotes, les champignons, le jambon et l'ail dans le beurre. Dégraisser la poêle. Déglacer avec le vin. Ajouter le persil, le thym, le sel et le poivre. Remuer et laisser réduire à sec. Réserver et garder chaud.
- Saler et poivrer les entrecôtes. Huiler et chauffer le gril en trois forces de chaleur. Quadriller les entrecôtes de chaque côté, puis réduire la chaleur. Les entrecôtes sont saignantes, à 54 °C (130 °F), ou à point, à 58 °C (135 °F) à cœur.
- Disposer les entrecôtes au fond de chaque assiette et répartir la farce de jambon sur chacune d'elles.

> *Il existe cent variétés connues de thym. C'est un petit arbrisseau grisâtre qui forme des touffes compactes très ramifiées s'élevant à une vingtaine de centimètres au-dessus du sol. La floraison donne des petites fleurs rose lilas. Il fait partie des aromates indispensables en cuisine.*

TRANCHES DE PORC FARCIES DE SAINT-JEAN-DE-MATHA

Lanaudière

6	$	20 min	2 h

625 ml (2 ½ tasses)	Pommes de terre en morceaux
250 g (½ lb)	Bœuf haché
1	Oignon haché
I branche	Céleri haché
	Sel et poivre au goût
12	Tranches de porc de 60 g (2 oz) chacune
250 ml (1 tasse)	Fond brun de volaille, lié

- Cuire les pommes de terre, les écraser et les faire refroidir. Mélanger le bœuf, l'oignon et le céleri avec les pommes de terre. Saler et poivrer.
- Fendre les tranches de porc en deux en les ouvrant comme les ailes d'un papillon. Les remplir de farce. Refermer pour en faire une poche et coudre tout autour. Disposer dans une casserole avec le fond de volaille. Cuire au four à 180 °C (350 °F) pendant 1 à 1 h 30 environ. Arroser au besoin.

TRANCHES DE JAMBON À L'ÉRABLE

Abitibi-Témiscamingue

6	$	10 min	20 min

- Réduire le vin blanc et le vinaigre avec les échalotes. Ajouter le sirop d'érable et le fond de veau. Laisser mijoter 10 min et incorporer la ciboulette. Rectifier l'assaisonnement. Plier les tranches de jambon en deux. Diposer dans un plat allant au four, napper avec la sauce. Cuire 10 min au four à 150 °C (300 °F). Servir avec des macaronis.

85 ml (⅓ tasse)	Vin blanc
60 ml (¼ tasse)	Vinaigre de cidre
85 ml (⅓ tasse)	Échalotes hachées finement
125 ml (½ tasse)	Sirop d'érable
175 ml (¾ tasse)	Fond brun de veau, lié
125 ml (½ tasse)	Ciboulette ciselée
	Sel et poivre au goût
6	Tranches épaisses de jambon cuit

La ciboulette était connue au Moyen Âge sous le nom de «poireau-jonc», du grec schoinos qui signifie «jonc» et prason, «poireau». C'est le célèbre scientifique Linné, qui était friand d'œufs pochés saupoudrés de ciboulette, qui lui a donné son nom latin. Elle croît partout dans le monde.

VEAU À LA CRÈME SURE

Chaudière-Appalaches

6	$$	20 min	1 h 30

- Mélanger la farine, le sel, le poivre et le paprika. Fariner les cubes de veau avec ce mélange.
- Passer les cubes de veau dans les œufs battus. Chauffer l'huile et le beurre et faire colorer les cubes de veau. Ajouter les champignons. Mouiller avec le fond brun. Cuire à couvert, au four, à 180 °C (350 °F) pendant 1 h 30.
- Ajouter la crème sure. Porter à ébullition et servir.

Note : Pour varier la présentation, pocher un oignon, l'évider et le farcir avec le veau à la crème sure *(voir photo)*.

85 ml (⅓ tasse)	Farine
	Sel et poivre au goût
3 ml (½ c. à thé)	Paprika
565 g (1 ¼ lb)	Veau en cubes de 2 cm (¾ po)
2	Œufs légèrement battus
30 ml (2 c. à soupe)	Huile
30 ml (2 c. à soupe)	Beurre
750 ml (3 tasses)	Champignons frais émincés
500 ml (2 tasses)	Fond brun *(voir recettes de base)*
160 ml (⅔ tasse)	Crème sure du commerce

| 6 | $$ | 20 min | 20 min |

BROCHETTES DE POULET DE SAINT-DONAT

Lanaudière

MARINADE

160 ml (⅔ tasse)	Huile d'arachide
15 ml (1 c. à soupe)	Jus de citron
	Poudre d'ail au goût
1	Brin de thym
1	Feuille de laurier
1	Brin de romarin

BROCHETTE

2	Oignons
2	Poivrons verts
36	Champignons entiers
12	Tomates cerises
900 g (2 lb)	Cubes de poulet

MARINADE

- Mélanger tous les ingrédients. Faire mariner les cubes de poulet. Bien mélanger de temps en temps. On peut mariner plusieurs jours.

BROCHETTE

- Couper les oignons et les poivrons en morceaux d'environ 2,5 cm (1 po), et blanchir. Embrocher un champignon, une tomate, un morceau de poivron vert, un morceau d'oignon, un cube de poulet, un oignon, un poivron, un oignon, un cube de poulet, et ainsi de suite, en terminant par un champignon et une tomate. Cuire au four entrouvert, sur une grille, à 200 °C (400 °F) pendant 20 min environ. Tourner les brochettes pendant la cuisson. Servir sur un riz blanc ou brun, ou sur du couscous.

Note : On peut servir une sauce piquante avec les brochettes.

| 6 | $$$ | 15 min | 1 h 30 |

CANARD BRAISÉ DE FRELIGHSBURG

Cantons-de-l'Est

160 ml (⅔ tasse)	Beurre
160 ml (⅔ tasse)	Oignons émincés
160 ml (⅔ tasse)	Céleri en dés
175 ml (¾ tasse)	Cubes de mie de pain
	Sel et poivre au goût
3 ml (½ c. à thé)	Sauge
1,5 litre (6 tasses)	Pommes en tranches
3	Canards de 1,8 kg (4 lb) chacun
50 ml (3 c. à soupe)	Huile
350 ml (1 ½ tasse)	Carottes en tranches
350 ml (1 ½ tasse)	Oignons émincés
1,5 litre (6 tasses)	Fond brun de canard, lié *(voir recettes de base)*

- Cuire doucement dans le beurre les oignons et le céleri. Ajouter les cubes de mie de pain et assaisonner. Ajouter les pommes et cuire de 2 à 3 min. Refroidir le mélange et farcir les canards. Chauffer l'huile dans une rôtissoire, ajouter les canards, entourer de carottes et d'oignons. Cuire au four à 180 °C (350 °F) pendant environ 1 h 30.
- Retirer les canards de la rôtissoire et les garder au chaud. Enlever l'excédent de gras. Faire colorer les sucs de la viande. Déglacer avec le fond de canard et laisser réduire de moitié. Monter la sauce au beurre. Passer la sauce de canard au tamis.
- Découper les canards en morceaux et récupérer la farce. Tapisser uniformément la farce au fond de chaque assiette, disposer les morceaux de canard et napper de sauce.

Canard braisé de Frelighsburg ➤

CUISSES DE CANARD CONFITES SUR SALADE TIÈDE

Montérégie

4	$$	2 h	1 à 2 h

- Mettre les cuisses de canard dans une plaque, les frotter avec le romarin, le thym, les baies de genièvre, le laurier et l'ail. Couvrir avec le gros sel afin que les cuisses de canard soient complètement enrobées, conserver 6 h sur le comptoir à température ambiante ou 10 h au réfrigérateur.
- Chauffer la graisse de canard à 90 °C (200 °F). Laver les cuisses de canard et bien les éponger pour retirer le maximum d'humidité. Disposer les cuisses de canard dans la graisse et cuire à 90 °C (195 °F). Il est important de ne pas dépasser cette température.
- Pour vérifier la cuisson, enfoncer un couteau dans le milieu de la cuisse ; s'il se retire facilement, les cuisses sont cuites. Retirer les cuisses et les laisser tiédir pour utilisation dans la journée, sinon les laisser refroidir dans la graisse.
- Saler et poivrer la scarole et la niçoise, ou les jeunes pousses de printemps, et ajouter la vinaigrette juste avant de servir.
- Mettre une cuisse de canard sur un monticule de salade au centre de chaque assiette.

4	Cuisses de canard (Pékin, Barbarie, mulard ou autres)
85 ml (⅓ tasse)	Romarin
85 ml (⅓ tasse)	Brins de thym déshydraté
3	Baies de genièvre écrasées
½	Feuille de laurier
4	Gousses d'ail écrasées
1 kg (2 ¼ lb)	Gros sel
1 kg (2 ¼ lb)	Graisse de canard
1	Salade scarole lavée, égouttée et coupée en morceaux
1	Salade niçoise lavée, égouttée et coupée en morceaux, ou jeunes pousses de printemps
125 ml (½ tasse)	Vinaigrette à l'huile de noix

CANARD NOIR BRAISÉ À L'ARÔME DE THÉ DES BOIS

Nouveau-Québec – Baie-James

6	$$$	35 min	1 à 1 h 30

- Couper en deux les canards en gardant les os. Saler et poivrer. Chauffer l'huile et faire revenir les canards de chaque côté. Les disposer dans un récipient, ajouter le Noilly Prat, la vodka et le thé des bois. Laisser macérer en retournant fréquemment pendant 2 à 3 h.
- Choisir une cocotte où les canards pourront être immergés par la vodka, le Noilly Prat, le thé des bois et le fond de gibier. Ajouter l'oignon, les carottes, l'ail et les branches de céleri. Couvrir et cuire au four, au bain-marie, à 160 °C (320 °F) jusqu'à ce qu'une pointe de couteau pénètre facilement à l'arrière de la cuisse du canard. Rectifier l'assaisonnement et servir avec une variété de petits légumes.

3	Canards noirs de 600 à 800 g (20 à 28 oz)
	Sel et poivre du moulin au goût
85 ml (⅓ tasse)	Huile de maïs
175 ml (¾ tasse)	Noilly Prat
125 ml (½ tasse)	Vodka
60 ml (¼ tasse)	Thé des bois
625 ml (2 ½ tasses)	Fond brun de gibier, lié
1	Oignon piqué d'un clou de girofle
2	Carottes
6	Gousses d'ail
3	Branches de céleri

| 4 | $$ | 30 min | 20 à 40 min |

CUISSES DE PINTADE AUX HARICOTS ET TÊTES DE VIOLON

Lanaudière

500 ml (2 tasses)	Petits haricots blancs
1	Feuille de laurier
1	Brin de thym
375 ml (1 ½ tasse)	Têtes de violon
60 ml (¼ tasse)	Huile de cuisson
60 ml (¼ tasse)	Beurre non salé
	Sel et poivre du moulin au goût
4	Cuisses de pintade*
175 ml (¾ tasse)	Vin blanc sec
160 ml (¾ tasse)	Martini ou cinzano rouge
250 ml (1 tasse)	Oignons verts ciselés
175 ml (¾ tasse)	Fond brun de volaille, lié

- Dans une casserole remplie d'eau froide, cuire les haricots avec le laurier et le thym.
- Dans une autre casserole, cuire les têtes de violon à l'eau salée, les rafraîchir et les égoutter. Cette étape peut être faite la veille ou le matin du repas.
- Chauffer l'huile et le beurre dans un sautoir à fond épais, saler et poivrer les cuisses de pintade, les faire revenir sur toutes les faces et poursuivre la cuisson au four à couvert en les arrosant plusieurs fois. Lorsque la température atteindra 70 °C (160 °F) à cœur, retirer les cuisses et les conserver au chaud. Extraire le gras de cuisson et déglacer avec le vin blanc et le martini rouge, ajouter les oignons verts, réduire de moitié, ajouter le fond de volaille, et laisser mijoter quelques minutes. Ajouter les petits haricots blancs égouttés, ainsi que les têtes de violon. Servir très chaud dans des assiettes creuses.

* *Si vous achetez une pintade entière, demandez à votre boucher de séparer les poitrines des cuisses. Vous pouvez faire mariner les poitrines pour un repas ultérieur.*

| 4 | $$$ | 50 min | 30 à 35 min |

CANARD MULARD À L'ÉRABLE

Manicouagan

1	Canard de 1,7 à 2,2 kg (3 ¾ à 4 ½ lb)
	Sel et poivre au goût
1	Oignon espagnol
2	Gousses d'ail
½	Brin de thym
¼	Feuille de laurier
60 ml (¼ tasse)	Huile d'arachide
60 ml (¼ tasse)	Beurre doux
125 ml (½ tasse)	Vin blanc
125 ml (½ tasse)	Vinaigre d'érable ou de cidre
160 ml (⅔ tasse)	Sucre d'érable
85 ml (⅓ tasse)	Sirop d'érable

- Saler et poivrer le canard, mettre l'oignon, l'ail, le thym et le laurier à l'intérieur du canard et le brider. Chauffer l'huile et le beurre dans une plaque. Y déposer le canard et cuire au four à 230 °C (450 °F), en l'arrosant régulièrement, pendant 30 à 35 min.
- Pendant la cuisson, mélanger le vin blanc, le vinaigre d'érable, le sucre d'érable, le sirop d'érable et cuire jusqu'à ce que l'ensemble devienne sirupeux.
- À mi-cuisson, badigeonner le canard avec le même mélange d'érable et laisser cuire de nouveau à la goutte de sang *(voir lexique)*.
- Servir avec des pommes de terre sautées.

ESCALOPE DE DINDE À L'AIL DES BOIS

Chaudière-Appalaches

- Saler et poivrer la poitrine de dinde.
- Dans une cocotte à fond épais, chauffer l'huile et le beurre, puis faire revenir la poitrine jusqu'à ce qu'elle prenne une couleur dorée uniforme. La cuire au four à 160 °C (320 °F) pendant 15 min en l'arrosant plusieurs fois*.
- Ajouter la mirepoix, l'ail des bois, puis cuire de nouveau pour atteindre 72 °C (162 °F) à cœur. Dégraisser, puis ajouter le ketchup aux canneberges avec le fond de volaille. Rectifier l'assaisonnement.

SERVICE
- Couper la poitrine de dinde en tranches minces. Déposer au fond de chaque assiette une escalope, puis napper de ketchup aux canneberges. De jeunes carottes et de petits navets pourront être servis en accompagnement.

Note : Lorsque vous cuisinerez votre ketchup maison *(voir Ketchup aux fruits de grand-maman, p. 296)*, ajouter des airelles (canneberges) déshydratées.

* *On peut aussi pocher la dinde au lieu de la rôtir* (voir photo).

1 poitrine	Dinde de 800 g à 1 kg (1 ¾ à 2 ¼ lb)
	Sel et poivre du moulin au goût
70 ml (4 ½ c. à soupe)	Huile de cuisson
80 ml (⅓ tasse)	Beurre non salé
125 ml (½ tasse)	Petite mirepoix
12	Gousses d'ail des bois
200 ml (⅘ tasse)	Ketchup maison aux canneberges
300 ml (1 ¼ tasse)	Fond blanc de volaille

POULET PANÉ AUX FINES HERBES

Outaouais

- Bien mélanger la chapelure, les fromages, les fines herbes et les assaisonnements. Faire suer les échalotes dans le beurre. Tremper les morceaux de poulet dans le beurre fondu et les échalotes, et les enrober de chapelure.
- Faire griller au four à 180 °C (350 °F) pendant environ 45 min ou jusqu'à ce que le poulet soit cuit. Badigeonner avec le reste du beurre fondu au cours de la cuisson. Servir chaud.

250 ml (1 tasse)	Chapelure
30 ml (2 c. à soupe)	Fromage parmesan râpé
45 ml (3 c. à soupe)	Fromage cheddar doux, râpé
1 pincée	Thym séché
1 pincée	Marjolaine séchée
1 pincée	Estragon séché
1 pincée	Romarin séché
15 ml (1 c. à soupe)	Persil frais haché
	Sel et poivre au goût
30 ml (2 c. à soupe)	Échalotes sèches hachées
85 ml (⅓ tasse)	Beurre
6	Quarts de poulet

DINDE DE MALARTIC RÔTIE ET FARCIE AUX ABRICOTS

Abitibi-Témiscamingue

FARCE

450 g (1 lb)	Chair à saucisse
80 ml (5 c. à soupe)	Beurre
810 ml (3 ¼ tasses)	Champignons émincés
500 ml (2 tasses)	Oignons hachés
1,5 litre (6 tasses)	Pain sec en cubes
500 ml (2 tasses)	Abricots secs émincés
5 ml (1 c. à thé)	Épices à volaille
3 ml (½ c. à thé)	Muscade
	Sel et poivre au goût
375 ml (1 ½ tasse)	Fond de volaille

DINDE

1	Petite dinde de 3 à 4 kg (6 ½ à 8 ¾ lb)
	Sel et poivre au goût
60 ml (¼ tasse)	Huile
250 ml (1 tasse)	Oignons émincés
125 ml (½ tasse)	Carottes en rondelles
125 ml (½ tasse)	Céleri émincé
125 ml (½ tasse)	Vin blanc
2 litres (8 tasses)	Fond de volaille lié
24	Demi-abricots secs réhydratés
60 ml (¼ tasse)	Beurre

FARCE

- Faire rissoler la chair à saucisse dans 50 ml (3 c. à soupe) de beurre jusqu'à ce qu'elle soit dorée. Faire sauter dans 30 ml (2 c. à soupe) de beurre, les champignons et les oignons, jusqu'à ce que les oignons soient transparents. Laisser tiédir. Mélanger tous les ingrédients avec la chair à saucisse tiédie.

DINDE

- Farcir la dinde. La brider. Saler et poivrer l'extérieur de la dinde et la huiler. Couvrir la dinde avec une feuille de papier d'aluminium pour empêcher qu'elle colore trop fortement. La faire rôtir au four à 180 °C (350 °F) pendant 3 h 30 à 4 h pour atteindre 68 °C (155 °F) à l'arrière de la cuisse. Arroser souvent avec le fond de cuisson. Ajouter les légumes 30 min avant la fin de la cuisson. La dinde est cuite quand la farce atteint 78 °C (170 °F).
- Mettre la dinde dans un plat de service, pincer les gras de cuisson de la plaque, extraire l'excédent de gras de cuisson, verser le vin blanc et cuire 1 ou 2 min pour enlever l'acidité. Ajouter le fond de volaille et laisser mijoter 1 ou 2 min, puis passer à la passoire à mailles. Rectifier l'assaisonnement. Ajouter les abricots pochés.
- Extraire la farce et disposer au fond de chaque assiette un petit morceau de cuisse de dinde puis une petite tranche de la poitrine. Napper avec la sauce aux abricots.

L'abricotier est un petit arbre à écorce rougeâtre de six à huit mètres de haut. Ses fleurs à corolle blanche teintée de rose sont charmantes et parfumées et elles paraissent avant les feuilles, mais elles supportent mal les gelées printanières. L'abricot fut cultivé dès l'Antiquité. Les recherches démontrent que les Chinois le connaissent depuis 4000 ans. De l'Extrême-Orient, il passa en Asie occidentale jusqu'en Arménie, d'où le nom de l'espèce : armeniaca. C'est aujourd'hui l'un des arbres fruitiers les plus cultivés, tant pour la table que pour les conserveries. L'amande du noyau, très oléagineuse, est comestible quand elle est douce, mais le plus souvent elle est amère.

DINDE RÔTIE, FARCIE

Québec

4-10 $$$ 35 min   3 h

FARCE

- Préparer votre farce la veille de la cuisson et réserver au réfrigérateur.
- Cuire les pommes de terre à l'eau environ 30 min. Faire suer les oignons dans le beurre. Ajouter le porc et les abats, et bien faire revenir. Mélanger le pain avec les œufs et les assaisonnements. Passer les pommes de terre, les viandes et le mélange de pain au hache-viande. Bien mélanger le tout.

DINDE

- Bien éponger la dinde, saler et poivrer l'intérieur et l'extérieur. Farcir la dinde avec la farce, ajouter l'oignon et la carotte. À l'aide d'une aiguille à brider, fermer l'ouverture puis brider la dinde.
- Chauffer le gras de cuisson dans la rôtissoire, ajouter la dinde sur le dos. Mettre au four à 210 °C (410 °F) pendant 1 h en l'arrosant de temps à autre. Extraire le gras de cuisson. Ajouter la mirepoix, le vin blanc, la feuille de laurier et le thym. Cuire 10 min au four, puis ajouter le fond de volaille. Poursuivre la cuisson pendant environ 2 h, pour atteindre 74 °C (169 °F) au milieu de l'arrière de la cuisse. Passer le jus à la passoire à mailles. Rectifier l'assaisonnement.
- Découper la dinde (cuisses et poitrine) en morceaux réguliers, sortir la farce et couper de belles tranches. Disposer au fond de l'assiette la farce puis les morceaux de dinde. Napper avec le jus. Une purée de pommes de terre sera un bon accompagnement.

La saveur de la sauge étant épicée, astringente, forte et un peu amère, elle ne plaît pas à tout le monde. Elle s'accorde bien avec le thon grillé, l'anguille, le mouton, l'agneau, le veau, les côtelettes de porc, les farces et certains légumes. La sauge s'harmonise avec l'ail et les oignons.

FARCE

900 ml (3 ⅔ tasses)	Pommes de terre en dés de 2 cm (¾ po)
400 ml (1 ⅔ tasse)	Oignons hachés
50 ml (3 c. à soupe)	Beurre
600 g (env. 1 ¼ lb)	Porc haché
175 g (6 oz)	Abats de la dinde, hachés
1,5 litre (6 tasses)	Pain en dés
2	Œufs battus
	Sel et poivre au goût
1 ml (¼ c. à thé)	Sarriette
3 ml (½ c. à thé)	Sauge

DINDE

1	Dinde de 5,5 kg (12 lb)
	Sel et poivre au goût
1	Oignon coupé en deux et piqué de clous de girofle
1	Carotte
90 ml (6 c. à soupe)	Gras de cuisson
750 ml (3 tasses)	Mirepoix
160 ml (⅔ tasse)	Vin blanc
1	Feuille de laurier
1	Brin de thym
300 ml (1 ¼ tasse)	Fond brun de volaille, non lié

PAIN AU POULET

Québec

👨‍🍳 6	💲 $	⏱ 15 min	🍲 1 h

- Mélanger tous les ingrédients. Verser dans un moule graissé de 1,5 litre (6 tasses). Cuire au four, au bain-marie, à 180 °C (350 °F) pendant 1 h. Démouler. Servir avec une sauce tomate.

SAUCE TOMATE
- Faire un roux avec le beurre et la farine. Chauffer les tomates et le sucre. Ajouter graduellement au roux, tout en remuant. Saler et poivrer. Laisser mijoter pendant environ 30 min. Passer la sauce.

625 ml (2 ½ tasses)	Poulet haché
375 ml (1 ½ tasse)	Chapelure
175 ml (¾ tasse)	Bouillon de poulet
125 ml (½ tasse)	Céleri en dés
10 ml (2 c. à thé)	Oignons hachés
5 ml (1 c. à thé)	Persil haché
3 ml (½ c. à thé)	Sauce Worcestershire
10 ml (2 c. à thé)	Jus de citron
4	Œufs battus
250 ml (1 tasse)	Lait concentré
	Sel et poivre au goût

SAUCE TOMATE

30 ml (2 c. à soupe)	Beurre
30 ml (2 c. à soupe)	Farine
500 ml (2 tasses)	Tomates concassées
10 ml (2 c. à thé)	Sucre
	Sel et poivre au goût

POITRINE DE DINDE RÔTIE, KETCHUP AUX ATOCAS

Montérégie

👨‍🍳 4	💲 $	⏱ 20 min	🍲 30 à 50 min

- Saler et poivrer la poitrine de dinde. Dans une cocotte à fond épais, chauffer l'huile et le beurre et faire revenir la poitrine en lui donnant une couleur uniforme bien dorée. Poursuivre la cuisson au four à 160 °C (320 °F) pendant 15 min en l'arrosant plusieurs fois. Ajouter la mirepoix et l'ail, et cuire de nouveau pour atteindre 72 °C (162 °F) à cœur. Retirer la graisse de cuisson, ajouter le ketchup aux atocas et le fond de volaille. Rectifier l'assaisonnement.
- Trancher la poitrine de dinde en escalopes, disposer au fond de l'assiette et napper avec la Relish au chou et aux tomates. De jeunes carottes et navets seront un bon accompagnement.

Note : Lorsque vous cuisinerez votre Relish au chou et aux tomates, ajouter, dans quelques bocaux, des airelles (atocas) déshydratées.

1	Poitrine de dinde de 800 g à 1 kg (1 ¾ à 2 ¼ lb)
	Sel et poivre du moulin au goût
80 ml (⅓ tasse)	Huile de cuisson
80 ml (⅓ tasse)	Beurre non salé
750 ml (3 tasses)	Mirepoix
12	Gousses d'ail des bois
175 ml (¾ tasse)	Relish au chou et aux tomates* *(voir p. 299)*
300 ml (1 ¼ tasse)	Fond blanc de volaille

8 | $$ | 20 min | 4 h

OIE FARCIE AUX POMMES ET AUX PRUNEAUX

Montréal et Laval

4 kg (8 ¾ lb)	Oie (élevage ou sauvage)
	Sel et poivre au goût
1	Citron coupé en deux

FARCE

375 ml (1 ½ tasse)	Pommes hachées
50 ml (3 c. à soupe)	Biscuits soda émiettés
250 ml (1 tasse)	Pruneaux hachés
50 ml (3 c. à soupe)	Raisins secs
1	Œuf battu
250 ml (1 tasse)	Farce de volaille
	(⅓ poitrine de volaille,
	⅓ foies de volaille,
	⅓ chair de cou de porc)
	Sel et poivre au goût
85 ml (⅓ tasse)	Cognac

MIREPOIX

125 ml (½ tasse)	Carottes en dés
125 ml (½ tasse)	Oignons en dés
60 ml (¼ tasse)	Céleri en dés
500 ml (2 tasses)	Fond blanc de volaille ou fond de gibier
	(voir recettes de base)

- Bien éponger l'intérieur et l'extérieur de l'oie. Saler et poivrer. Frotter l'intérieur et l'extérieur avec les demi-citrons.
- Mélanger tous les ingrédients de la farce, farcir l'oie et la brider. Piquer la peau pour laisser échapper le gras pendant la cuisson. Cuire au four à 260 °C (500 °F) pendant 15 min, puis à 150 °C (300 °F) pendant 3 h pour atteindre 75 °C (175 °F) à l'arrière de la cuisse. Ajouter la mirepoix 20 min avant la fin de la cuisson. Retirer l'oie.
- Dégraisser le plat de cuisson. Mouiller avec le fond de volaille. Faire mijoter pendant 45 min pour atteindre 82 °C (180 °F) à l'arrière de la cuisse. Si vous enfoncez une pointe de couteau, le gras doit sortir clair. Vérifier l'assaisonnement. Passer le jus au chinois fin. Découper l'oie en portions. Servir avec la farce et le jus.

> Les pruneaux d'Agen et de Tours sont les plus estimables, mais ceux de Californie et d'Australie les concurrencent sévèrement. En cuisine, le pruneau aime à être cuit longuement avec du vin rouge. Il peut même parfois accompagner une viande blanche ou un poisson gras.

---

6 | $$ | 25 min | 15 à 20 min

POITRINE DE POULET AU BEURRE DE NOISETTE

Outaouais

60 ml (¼ tasse)	Beurre non salé
30 ml (2 c. à soupe)	Persil haché
60 ml (¼ tasse)	Oignons verts ciselés
60 ml (¼ tasse)	Noisettes broyées au mélangeur
1 pincée	Thym
	Sel et poivre au goût
6	Poitrines de poulet
	Huile
60 ml (¼ tasse)	Crème 35 %

- Ramollir le beurre, incorporer le persil, les oignons verts, les noisettes, le thym, le sel et le poivre. Pratiquer une incision sur les poitrines et répartir le mélange de beurre dans les cavités. Disposer les poitrines sur une plaque légèrement huilée et faire cuire au four à 200 °C (400 °F) pendant environ15 min.
- Badigeonner les poitrines avec la crème vers la fin de la cuisson et faire dorer au four. Servir chaud.

gibier à poil et à plume

CANARD COLVERT
AUX CERISES SAUVAGES

Lanaudière

🍴 4	💲 $$$	⏱ 50 à 60 min	🍲 30 min

- Chauffer le gras de canard dans une cocotte en fonte. Saler et poivrer le colvert à l'intérieur et à l'extérieur, et le mettre dans la cocotte. Cuire au four à découvert à 200 °C (400 °F) pendant 10 min en l'arrosant fréquemment. Ajouter la mirepoix autour et cuire de nouveau pendant environ 10 min pour atteindre 60 °C (140 °F) au centre de la poitrine. Sortir le colvert, séparer les ailes des cuisses, puis remettre les cuisses à cuire 15 à 20 min. Les retirer et conserver au chaud. Verser le fond de canard, laisser mijoter 10 min, puis passer à la passoire à mailles. Ajouter les cerises sauvages. Cuire 5 min. Rectifier l'assaisonnement.
- Mettre les cuisses au fond d'une assiette de service. Ajouter la poitrine désossée sur le dessus et verser tout autour la sauce aux cerises. Servir avec quelques tiges de quenouilles chauffées à la vapeur.

Note : On doit tenir compte de deux facteurs pour préparer cette recette : l'âge et le sexe du canard. Le sexe se définit par le plumage. Celui du mâle a une collerette verte flamboyante, celui de la femelle étant d'un brun très clair. La chair d'une femelle est toujours plus tendre que celle d'un mâle. L'âge se définit par la grosseur et la tendreté de l'extrémité du bréchet. Si le canard est jeune, il sera tout simplement rôti ; s'il est plus âgé, il devra être braisé.

* *On peut remplacer les cerises sauvages par des cerises cultivées sans noyau.*

> *Les guignes, fruits du guignier, sont une variété de cerises qui ressemblent aux merises à la chair tendre et sucrée, juteuses, très appréciées comme fruits de table. Les bigarreaux (de « bigarrer », car ils sont souvent bicolores, rouge et blanc) sont fermes, doux et croquants. Leur cœur est rouge ou jaune vermillon.*

85 ml (⅓ tasse)	Gras de canard ou huile d'arachide
1	Canard colvert, environ 800 g à 1 kg
	Sel et poivre du moulin au goût
560 ml (2 ¼ tasses)	Mirepoix (carottes, oignons, céleri, gousse d'ail, en petits dés)
250 ml (1 tasse)	Fond brun de canard, lié
625 ml (2 ½ tasses)	Cerises sauvages*
16	Tiges de quenouilles fraîches ou en conserve

CARIBOU RÔTI « PUANAASI » (Inuits)

Nouveau-Québec – Baie-James

1,5 kg (3 ¼ lb)	Caribou à rôtir
	Sel et poivre au goût
	Moutarde sauvage pulvérisée
	Huile de phoque*

- Assaisonner le caribou avec le sel, le poivre et la moutarde. Embrocher et faire cuire sur la braise. Arroser avec un peu d'huile en cours de cuisson. Servir chaud.

* *À défaut d'huile de phoque, utiliser de l'huile de tournesol.*

À l'époque des grands troupeaux de caribous, le produit de la chasse livrée à ce mammifère pouvait répondre à presque tous les besoins des Amérindiens. Le caribou fournit, bien sûr, sa chair, mais aussi une partie du matériel que le chasseur utilisera pour se prémunir contre les rigueurs de l'hiver. Sa chair peut être apprêtée de différentes façons : on la consomme fumée, bouillie, rôtie et même gelée. Les côtes et la tête servent aux bouillis. Les pattes, les oreilles et la langue sont grignotées après avoir été grillées. Les rognons sont braisés, tandis que la moelle est simplement servie crue ou roulée dans la poêle. La peau du caribou n'a pas son pareil pour la confection des anoraks, mitaines et culottes, qui sont cousus, la fourrure tournée vers l'intérieur ou vers l'extérieur.

FONDUE DE CARIBOU

Nouveau-Québec – Baie-James

900 g (2 lb)	Ronde de caribou émincée finement
50 ml (3 c. à soupe)	Beurre
250 ml (1 tasse)	Oignons hachés
125 ml (½ tasse)	Vin blanc
1 litre (4 tasses)	Fond blanc de caribou

- Couper la viande en tranches lorsqu'elle est mi-gelée, de façon à pouvoir l'émincer facilement. Réserver.
- Chauffer le beurre et faire colorer les oignons. Mouiller avec le vin blanc. Faire réduire du tiers. Ajouter le fond de caribou. Laisser mijoter. Servir. Une sauce béarnaise et un fond de caribou peuvent accompagner les bouchées de viande cuite.

CIVET DE LIÈVRE

Mauricie – Bois-Francs

4 | $$ | 35 min | 8 h

- Couper le lièvre en morceaux (voir illustration ci-dessous).
- Mettre les morceaux de lièvre dans un récipient où ils pourront être recouverts facilement de la garniture et du vin rouge.
- Ajouter la mirepoix, le bouquet garni, les baies de genièvre, les clous de girofle, les grains de poivre, l'huile d'olive, le sel de mer et le vin rouge tannique. Laisser mariner 48 h à température ambiante. L'idéal pour la cuisson du civet de lièvre serait la mijoteuse, c'est-à-dire une cuisson lente et longue. Il y a deux avantages à cette cuisson :
  1. La chair de lièvre est généralement très ferme.
  2. Comme il y a beaucoup de sang interne, la cuisson lente sera bénéfique pour les deux cas. Donc, n'hésitez pas à mettre à cuire le lièvre à 8 h le matin, pour le soir, à la position « doucement ».
- Verser dans la mijoteuse l'ensemble de la marinade et le fond de gibier. Pendant cette cuisson, blanchir les lardons et cuire à l'eau salée les oignons chipolatas, rafraîchir, égoutter et réserver.
- Bien laver les champignons, cuire avec le beurre, jusqu'à complète évaporation du liquide.

COUPE DE LIÈVRE ET DE LAPIN

1	Lièvre de 1,2 kg à 1,5 kg (2 ½ à 3 lb) ou
2	Lièvres de 0,6 kg à 0,8 kg (1 ¼ à 1 ½ lb)
625 ml (2 ½ tasses)	Mirepoix
1	Bouquet garni
10	Baies de genièvre
2	Clous de girofle
10	Grains de poivre
60 ml (¼ tasse)	Huile d'olive
5 ml (1 c. à thé)	Sel de mer
1 litre (4 tasses)	Vin rouge tannique
500 ml (2 tasses)	Fond brun de gibier, lié
200 g (7 oz)	Lardons non salés de 0,5 x 3 cm (¼ x 1 po)
16	Oignons chipolatas
1,5 litre (6 tasses)	Champignons blancs et fermes
60 ml (¼ tasse)	Beurre
60 ml (¼ tasse)	Huile
	Sel et poivre au goût
300 ml (1 ¼ tasse)	Crème 35 % réduite de 50 %
75 ml (5 c. à soupe)	Gelée de groseille
60 ml (¼ tasse)	Armagnac ou brandy
410 ml (1 ⅔ tasse)	Pommes de terre rattes
2	Tranches de pain de mie grillées
1	Gousse d'ail

- Dans un sautoir, verser l'huile, colorer les lardons, ajouter les oignons chipolatas et les champignons. Laisser mijoter quelques minutes. Réserver.
- Trente minutes avant de servir, retirer les morceaux de lièvre de la mijoteuse et passer la sauce à la passoire à mailles, rectifier l'assaisonnement et ajouter la garniture. Au moment de servir, incorporer la crème réduite, la gelée de groseille et l'armagnac.
- Servir dans des assiettes creuses avec des pommes de terre rattes cuites à l'eau salée, ainsi que des tranches de pain de mie grillées, frottées avec une gousse d'ail.

CARIBOU SÉCHÉ NIKKU (Inuits)

Nouveau-Québec – Baie-James

600 g (1 ¼ lb)   Caribou
Sel et poivre au goût

- Bien dénerver et dégraisser la viande de caribou. La couper en fines lanières de 2 mm (⅛ po) d'épaisseur sur la longueur. Afin de pouvoir couper des tranches de caribou plus fines, il est préférable de congeler votre caribou et de le faire couper à la trancheuse électrique.
- Saler et poivrer les lanières, et les faire sécher au four à 150 °C (300 °F) pendant environ 12 h. La viande doit devenir sèche et cassante. Servir en amuse-gueule avec un apéritif.

Note : Les Inuits utilisent ces lanières de caribou comme casse-croûte lors de randonnées pédestres. On peut s'en servir de la même façon. On peut aussi faire la même opération avec une autre sorte de viande. Conserver à température ambiante dans un sac de toile bien fermé.

FILETS DE CHEVREUIL D'ANTICOSTI

Duplessis

900 g (2 lb)   Filets de chevreuil parés
Sel et poivre au goût
60 ml (¼ tasse)   Huile d'olive

SAUCE
60 ml (¼ tasse)   Gelée de raisin
250 ml (1 tasse)   Fond brun de gibier, lié
60 ml (¼ tasse)   Beurre

- Saler et poivrer les filets de chevreuil et les mettre dans un plat. Arroser d'un peu d'huile d'olive et laisser reposer pendant 12 h. Disposer les filets à 15 cm (6 po) de la source de chaleur et les faire griller à 230 °C (450 °F) selon le degré de cuisson désiré (54 °C (125 °F) = saignant et 58 °C (138 °F) = à point).

SAUCE
- Faire fondre à feu doux la gelée de raisin avec le fond de gibier. Monter au beurre. Servir cette sauce chaude en accompagnement des filets.

Grâce aux préoccupations écologiques d'Henri Menier, qui avait pris soin d'acclimater des chevreuils, l'île d'Anticosti en comptait près de 300 000 dès 1928 ! Un paradis pour les chasseurs ? Que non ! La chasse était strictement interdite. Sauf dans des cas très particuliers, bien sûr... comme pour le ministre des Terres et Forêts, Honoré Mercier, qui adorait y chasser. Il le fit en toute discrétion.

FAISAN AUX CHAMPIGNONS

Bas-Saint-Laurent

4	$$$	45 min	30 min

FARCE

- Faire revenir le porc et les abats du faisan dans 45 ml (3 c. à soupe) de beurre. Réserver. Faire suer les oignons dans le beurre restant et les retirer. Faire revenir les champignons dans le gras des oignons. Réserver. Saler et poivrer la farce. Incorporer l'œuf battu. Bien mélanger.

GIBIER

- Saler et poivrer le faisan à l'intérieur, le farcir puis le brider. Ensuite barder le faisan, c'est-à-dire ficeler la barde de lard sur la poitrine. Faire rôtir à 220 °C (425 °F) pendant environ 25 min. Retirer la barde de lard. Faire colorer à 220 °C (425 °F) pendant 5 min ou atteindre 70 °C (150 °F) à l'arrière de la cuisse. Retirer la farce. Couper le faisan. Déglacer la plaque avec le vin blanc et le fond de volaille. Rectifier l'assaisonnement.
- Répartir la farce dans une assiette. Déposer un morceau de cuisse et un morceau de poitrine. Napper avec le jus de faisan.

FARCE

350 g (¾ lb)	Porc maigre haché
120 g (4 oz)	Foie et gésier de faisan hachés
75 ml (5 c. à soupe)	Beurre non salé
85 ml (⅓ tasse)	Oignons hachés
250 ml (1 tasse)	Champignons hachés
	Sel et poivre au goût
1	Œuf battu

GIBIER

1	Faisan de 1,2 à 1,5 kg (2 ¾ à 3 ¼ lb)
	Barde de lard
100 ml (⅜ tasse)	Vin blanc
200 ml (⅞ tasse)	Fond brun de volaille *(voir recettes de base)*

CÔTES DE CARIBOU SAUTÉES ET FLAMBÉES À L'AIRELLE DU NORD, SAUCE À L'ESSENCE DE CÈPE

Nouveau-Québec – Baie-James

4	$$$	20 min	5 à 8 min

- Préparer l'essence de cèpe : séparer les têtes et les tiges des cèpes, bien laver les tiges, puis les émincer. Chauffer le fond de gibier et ajouter les tiges de cèpes. Cuire de 15 à 20 min. Passer au chinois et réduire des 9/10 le volume du liquide.
- Dans un grand sautoir, chauffer l'huile et la moitié du beurre, saler et poivrer les côtes de caribou, les cuire en les gardant à point 60 °C (135 °F). Retirer le gras de cuisson. Parsemer des échalotes, flamber à l'eau de vie d'airelle. Retirer les côtes de caribou, ajouter l'essence de cèpe et le fond de caribou. Laisser mijoter 4 min.
- Simultanément, chauffer l'autre moitié du beurre et faire sauter les têtes de cèpes émincées, saler et poivrer. Au dernier moment, incorporer la ciboulette.
- Disposer les cèpes sautés en cercle, mettre la côte de caribou sur le dessus et napper de sauce.

2,5 litres (10 tasses)	Cèpes
1 litre (4 tasses)	Fond blanc de gibier
125 ml (½ tasse)	Huile végétale
160 ml (⅔ tasse)	Beurre
	Sel et poivre au goût
4	Côtes de caribou avec os de 150 à 180 g (5 à 6 oz)
2	Échalotes hachées très finement
125 ml (½ tasse)	Eau de vie L'Airelle du Nord
175 ml (¾ tasse)	Fond brun de caribou, lié
30 g (½ tasse)	Ciboulette ciselée

FOIE DE CARIBOU AUX CANNEBERGES

Nouveau-Québec – Baie-James

250 ml (1 tasse)	Canneberges fraîches
50 ml (3 c. à soupe)	Sucre
	Farine
900 g (2 lb)	Foie de caribou en tranches de 1,25 cm (½ po) d'épaisseur
	Sel et poivre au goût
30 ml (2 c. à soupe)	Beurre noisette

- Chauffer les canneberges avec le sucre à feu doux, jusqu'à l'obtention d'une consistance épaisse. Enfariner les tranches de foie de caribou. Saler et poivrer.
- Cuire le foie dans le beurre noisette au degré de cuisson désiré. Servir les canneberges avec le foie.

Note : Il faut être très prudent avec le foie de caribou avant de le consommer. Le foie d'un animal jeune aura plus de chance de ne pas être contaminé.

Au Canada, les atocas se nomment aussi « canneberges ». Elles poussent dans les tourbières et elles sont maintenant cultivées commercialement. Les fruits rouges sont meilleurs si on les cueille après plusieurs petites gelées.

GIBELOTTE DE LIÈVRE

Saguenay – Lac-Saint-Jean

2 kg (4 ½ lb)	Lièvre en morceaux
125 ml (½ tasse)	Huile
125 ml (½ tasse)	Oignons en dés
	Sel et poivre au goût
300 ml (1 ¼ tasse)	Vin rouge tannique
1 litre (4 tasses)	Fond blanc de lièvre
250 ml (1 tasse)	Carottes en dés
250 ml (1 tasse)	Navet en dés
500 ml (2 tasses)	Pommes de terre en dés
175 ml (¾ tasse)	Persil haché
500 ml (2 tasses)	Croûtons

- Faire raidir les morceaux de lièvre dans l'huile, ajouter les oignons, le sel et le poivre. Dégraisser. Verser le vin rouge et réduire de moitié. Mouiller avec le fond de lièvre. Couvrir et cuire au four à 180 °C (350 °F) pendant 1 h. Ajouter les carottes et le navet, et poursuivre la cuisson pendant 30 min. Ajouter les pommes de terre et cuire pendant encore 20 min.
- Servir les portions dans des bols peu profonds. Garnir de persil et de petits croûtons.

GÉLINOTTE HUPPÉE RÔTIE, CHAMPIGNONS SAUVAGES ET ASCLÉPIADES

Montérégie

4	$$$	25 min	30 min

- Saler et poivrer l'intérieur et l'extérieur des gélinottes huppées, brider et barder, c'est-à-dire mettre une petite barde sur les poitrines de gélinotte.
- Choisir une cocotte en fonte épaisse où les gélinottes seront tassées les unes à côté des autres. Chauffer le beurre et l'huile de cuisson puis saisir les gélinottes, d'abord les poitrines, ensuite les cuisses. Rôtir au four sans couvercle à 220 °C (430 °F) pendant 10 min tout en les arrosant régulièrement.
- Tailler les légumes en petits cubes (brunoise) de 0,5 x 0,5 cm (¼ x ¼ po). Retirer les gélinottes, ajouter la brunoise de légumes, l'ail, les cèpes, les portobellos et les asclépiades égouttées. Laisser mijoter quelques minutes, verser le vin blanc et le fond de gibier, mélanger et rectifier l'assaisonnement. Remettre les gélinottes huppées, poursuivre la cuisson au four à 90 °C (190 °F) en arrosant fréquemment. Lorsque la température atteindra 70 °C (155 °F), les gélinottes seront prêtes à déguster. Une larme d'armagnac bonifiera la qualité gustative de ce merveilleux gibier. Des crosnes seront un excellent légume d'accompagnement.

* *On peut remplacer la gélinotte huppée par toutes autres perdrix sauvages ou d'élevage.*

** *Asclépiades communes : jeunes fruits de 2 à 3 cm en forme de fuseau, d'un blanc s'apparentant au blanc verdâtre. Ils doivent êtres cueillis au début de l'été, lorsqu'ils sont encore très tendres.*

> *Au Québec, nous appelons généralement la gélinotte huppée tout simplement « perdrix », ce qui est une erreur. La gélinotte huppée se nourrit de baies, de bourgeons, de feuilles, de fleurs et de pointes d'herbe.*

4	Gélinottes huppées*
	Sel et poivre du moulin au goût
4	Petites bardes de 6 x 4 cm (1 ½ x 2 ½ po)
85 ml (⅓ tasse)	Beurre non salé
85 ml (⅓ tasse)	Huile de cuisson
1	Petite carotte
2	Échalotes
1	Branche de céleri
½	Gousse d'ail
830 ml (3 ⅓ tasses)	Cèpes émincés
830 ml (3 ⅓ tasses)	Portobellos émincés
140 g (5 oz)	Asclépiades** en conserve
160 ml (⅔ tasse)	Vin blanc
160 ml (⅔ tasse)	Fond brun clair de gibier
60 ml (¼ tasse)	Armagnac
625 ml (2 ½ tasses)	Crosnes

LANGUE DE CHEVREUIL, VINAIGRETTE AUX HERBES DU JARDIN

Cantons-de-l'Est

BOUILLON

2 litres (8 tasses)	Eau
1	Oignon en rondelles
1	Carotte en rondelles
1	Branche de céleri
1	Bouquet garni
2	Gousses d'ail
6	Baies de genièvre
1	Clou de girofle
1 pincée	Muscade
3 ml (½ c. à thé)	Cannelle
	Sel et poivre du moulin au goût

GIBIER

1	Langue de chevreuil
1	Jaune d'œuf
25 ml (1 ½ c. à soupe)	Moutarde de Dijon
30 ml (2 c. à soupe)	Vinaigre de cidre
	Sel et poivre du moulin au goût
175 ml (¾ tasse)	Huile de tournesol
5 ml (1 c. à thé)	Feuilles d'estragon hachées
5 ml (1 c. à thé)	Persil frisé haché
3 ml (½ c. à thé)	Cerfeuil haché
5 ml (1 c. à thé)	Feuilles d'oseille hachées
3 ml (½ c. à thé)	Sarriette hachée
3 ml (½ c. à thé)	Romarin haché
1	Échalote hachée
4	Petites pommes de terre

BOUILLON

- Verser l'eau dans une casserole, ajouter l'oignon, la carotte, le céleri, le bouquet garni, l'ail, les baies de genièvre, le clou de girofle, la muscade, la cannelle et cuire 30 min. Goûter, saler et poivrer.

GIBIER

- Mettre la langue de chevreuil dans le bouillon et la cuire à 100 °C (200 °F), jusqu'à ce que l'on puisse pénétrer aisément une pointe de couteau.
- Pendant ce temps, mettre le jaune d'œuf, la moutarde, le vinaigre, le sel et le poivre dans un batteur sur socle. Mixer et incorporer l'huile de tournesol. La vinaigrette devrait être épaisse. Sans mixer, ajouter les herbes et l'échalote.
- À chaud, retirer la peau de la langue, faire de belles tranches et napper de vinaigrette aux herbes. Servir avec les pommes de terre cuites à l'eau salée. Des gourganes, de la courge et des morilles peuvent aussi servir d'accompagnement *(voir photo)*.

Pour les chasseurs : lorsque vous avez la chance de chasser un chevreuil, réserver la langue, la dégorger et la congeler.

On consomme beaucoup de langues de porc au Québec, la langue de chevreuil est de qualité supérieure.

Le romarin, ou « rosée qui vient de la mer », est un arbuste pouvant atteindre une hauteur de 1,50 m et qui peut vivre jusqu'à 30 ans. Fait exceptionnel, la floraison a lieu toute l'année et donne des fleurs bleuâtres qui offrent un parfum agréable légèrement camphré ainsi qu'un goût épicé, herbacé et amer. On les emploie en cuisine sous diverses formes : fraîches, séchées, entières, moulues et pulvérisées.

LONGE DE CHEVREUIL AUX BAIES D'AMÉLANCHIER

Cantons-de-l'Est

4-6	$$$	20 min	20 à 30 min

- Saler et poivrer la longe de chevreuil. Dans une plaque à rôtir ou une cocotte, chauffer l'huile et le beurre, saisir de chaque côté la longe de chevreuil et poursuivre la cuisson au four à 200 °C (400 °F) en arrosant fréquemment. Pour une viande à point, arrêter la cuisson à 50 °C (120 °F) à cœur et laisser reposer au chaud sur une grille.
- Extraire le gras de cuisson, déglacer avec le Noilly Prat et la liqueur de noisette. Ajouter les légumes et le fond de gibier. Laisser mijoter quelques minutes et ajouter les baies d'amélanchier. Ne plus faire bouillir, il faut simplement chauffer les baies.
- Au fond de chaque assiette, verser la sauce et les tranches de longes de chevreuil. Une purée de pommes de terre ou des légumes racines feront un bon accompagnement.

1,5 kg (3 ⅓ lb)	Longe de chevreuil
	Sel et poivre du moulin au goût
60 ml (¼ tasse)	Huile de cuisson
60 ml (¼ tasse)	Beurre non salé
125 ml (½ tasse)	Noilly Prat
125 ml (½ tasse)	Liqueur de noisette
310 ml (1 ¼ tasse)	Brunoise de légumes
175 ml (¾ tasse)	Fond brun clair de gibier
175 ml (1 ½ tasse)	Baies d'amélanchier

> **Amélanchier :** *Le nom Amérindien de cet arbuste est « Saskatoon », qui fut à l'origine de la fondation de la ville du même nom, où on le trouvait en abondance. Ses fruits, aussi appelés « petites poires », sont riches en fer et en cuivre, et possèdent de grandes qualités culinaires.*

RAGOÛT DE LIÈVRE (Cris)

Nouveau-Québec – Baie-James

6	$	20 min	1 h

- Nettoyer le lièvre et le découper en morceaux. Saler et poivrer. Couvrir d'eau. Cuire à couvert pendant 1 h environ, à feu moyen.

PÂTE

- Mélanger les ingrédients secs. Sabler avec le beurre. Ajouter l'eau. Disposer la pâte à la cuillère, par portions de 15 ml (1 c. à soupe) sur le ragoût et finir de cuire à couvert pendant une quinzaine de minutes.

1	Lièvre
	Sel et poivre au goût

PÂTE

500 ml (2 tasses)	Farine
15 ml (1 c. à soupe)	Levure chimique
10 ml (2 c. à thé)	Sel
60 ml (¼ tasse)	Beurre
	Eau en quantité suffisante

4	$$$	30 min	20 à 40 min

CUBES DE PHOQUE AU HOMARD

Îles-de-la-Madeleine

800 g (1 ¾ lb)	Cubes de viande de phoque dans la longe
400 ml (14 oz)	Bisque de homard
4	Demi-queues de homard de 125 g (4 oz) chacune précuite
1	Échalote ou un petit oignon (60 g/½ oz)
200 ml (7 oz)	Vin blanc sec
16	Pommes de terre cocottes ou grelots
200 ml (7 oz)	Fond brun de veau, non lié
300 ml (10 oz)	Crème à 35 %
60 ml (¼ tasse)	Cognac
12	Branches de ciboulette

- Hacher très finement l'échalote ou l'oignon et les mettre dans une casserole. Verser le vin blanc et réduire des %₀. Ajouter le fond brun de veau, ainsi que la bisque de homard. Mijoter doucement 10 minutes. Déposer dans cette sauce les cubes de phoque qui auront été au préalable dégorgés au moins deux à trois heures sous un filet d'eau froide et bien épongés. Cuire à 70 °C (160 °F), jusqu'à ce que les cubes de phoque soient tendres. Garder au chaud.
- Pendant cette cuisson, cuire à la marguerite les pommes de terre cocottes ou grelots et, 5 minutes avant de servir, avec cette même marguerite, réchauffer les queues de homard.
- Réchauffer les cubes de phoque à 70 °C (160 °F) et ajouter la crème à 35 % chaude, ainsi que le cognac. Rectifier l'assaisonnement. Au fond de l'assiette, déposer les cubes de phoque. Disposer la demi-queue de homard et les pommes de terre. Décorer avec la ciboulette.

Note : Quelle que soit la partie du phoque qu'on apprête, on doit d'abord la dégorger à l'eau froide pendant au moins deux à trois heures afin que le sang s'en échappe.

6	$	35 min	1 h 45

BOUILLI DE LAGOPÈDES

Nouveau-Québec – Baie-James

900 g (2 lb)	Lagopèdes*
	Fond blanc de gibier
18	Petites pommes de terre lavées
18	Champignons entiers
6	Petits oignons
300 ml (1 ¼ tasse)	Haricots verts parés
	Sel et poivre au goût

- Plumer, nettoyer et parer les lagopèdes, et les mettre dans une grande casserole avec le fond de gibier à égalité. Cuire à frémissement pendant 45 min. Ajouter les légumes entiers. Saler et poivrer.
- Finir de cuire à couvert, à feu doux, pendant 1 h environ. Retirer la chair des oiseaux, servir avec les légumes dans des bols à potage ou des assiettes creuses.

* *On peut remplacer les lagopèdes par des poules, des perdrix, des gélinottes huppées, des tétras ou du gibier à plume d'élevage.*

OSSO BUCO DE PHOQUE

Nouveau-Québec – Baie-James

- Faire déshydrater à la température de la pièce les écorces d'orange, puis les hacher finement.
- Émonder et épépiner les tomates, puis les couper en petits dés. Réserver.
- Chauffer l'huile de cuisson dans une poêle et raidir les rouelles de phoque. Dans un rondeau, déposer les échalotes ou les oignons, les carottes, le céleri, l'ail et le vin blanc, et laisser réduire des ⁹⁄₁₀.
- Déposer les rouelles de phoque, puis verser le fond de veau, les écorces d'orange hachées, le laurier, le thym et le persil. Cuire au four à 300 °C (150 °F), afin que la température de cuisson n'excède pas 80 °C (175 °F). Arrivé à 50 °C (120 °F) à cœur, ajouter les dés de tomates fraîches et continuer la cuisson jusqu'à ce que la texture des rouelles soit tendre. Saler et poivrer au goût.
- Servir dans des assiettes creuses avec des pâtes.

3	Écorces d'orange séchées
14	Tomates fraîches
100 ml (3 ½ oz)	Huile de cuisson
12	Rouelles de phoque dans la cuisse ou l'épaule
2	Échalotes ou
60 g (1 ½ oz)	Petits oignons hachés finement
2	Carottes coupées en petits dés
1	Branche de céleri
2	Gousses d'ail
200 ml (7 oz)	Vin blanc
1 litre (4 tasses)	Fond brun de veau, non lié
½	Feuille de laurier
1 pincée	Thym
10 g (2 c. à soupe)	Persil haché
	Sel et poivre au goût

BOUILLOTTE DE LIÈVRE

Gaspésie

BOUILLOTTE
- Mettre les ingrédients de la bouillotte dans une casserole. Couvrir avec de l'eau et laisser mijoter pendant 2 à 2 h 30.

PÂTE
- Tamiser ensemble la farine et la levure chimique. Sabler avec le beurre. Dissoudre le sel dans une toute petite quantité d'eau, ajouter l'eau et faire la détrempe. Former une boule de pâte, la fariner et l'abaisser à une épaisseur de 2,5 mm (⅛ po). Découper en carrés de 2,5 cm (1 po) de côté. Couvrir la surface de la bouillotte avec les carrés de pâte, 30 min avant la fin de la cuisson. Vérifier l'assaisonnement. Servir chaud.

BOUILLOTTE

600 g (env. 1 ¼ lb)	Lièvre en morceaux
450 g (1 lb)	Bœuf en cubes
85 ml (⅓ tasse)	Lard salé en cubes
125 ml (½ tasse)	Oignons hachés
	Sel et poivre au goût

PÂTE

250 ml (1 tasse)	Farine
5 ml (1 c. à thé)	Levure chimique
125 ml (½ tasse)	Beurre non salé
1 pincée	Sel
60 ml (¼ tasse)	Eau
	Farine

LONGE DE LOUP MARIN SAUTÉE

4	$$	20 min	30 à 40 min

Nouveau-Québec – Baie-James

1 à 1,2 kg (2 ¼ à 2 ½ lb)	Longe de loup marin
	Sel de mer et poivre
	du moulin au goût
60 ml (¼ tasse)	Huile de cuisson ou beurre
	non salé
160 ml (⅔ tasse)	Vin blanc sec
125 ml (½ tasse)	Noilly Prat
175 ml (¾ tasse)	Fond brun de veau, lié
310 ml (1 ¼ tasse)	Baies de camarine ou
	atocas lyophilisés
80 ml (⅓ tasse)	Beurre non salé

- Dégorger la longe de loup marin dans l'eau froide en faisant couler un léger filet d'eau froide pendant quelques heures. Cette opération a pour but d'éliminer une partie du sang, abondant chez cet animal. Bien égoutter et éponger. Terminer cette étape 40 min avant le repas.
- Saler et poivrer la longe de loup marin. Dans une cocotte en fonte ou une lèchefrite, chauffer le gras de cuisson et saisir le morceau de loup marin de chaque côté, puis mettre au four à 180 °C (350 °F) pour atteindre 55 °C (140 °F) à cœur. Retirer la longe et conserver au chaud. Retirer le gras de cuisson, déglacer avec les alcools et incorporer le fond de veau. Cuire 4 à 5 min, ajouter les baies de camarine et monter la sauce avec le beurre.
- Couper la longe en morceaux de 120 à 150 g (4 à 5 oz) et napper généreusement avec la sauce. Une purée de pommes de terre et de rutabagas sera un excellent accompagnement.

La viande de loup marin compte plusieurs qualités : tout d'abord elle ne contient presque aucun gras, et sa composition possède un excellent équilibre alimentaire. Par contre, les mammifères plus âgés auront un goût de poisson. Il est donc préférable de choisir une petite longe, provenant d'un jeune loup marin.

FÈVES AU LARD À LA PERDRIX

6	$$	20 min	3 h

Mauricie – Bois-Francs

500 ml (2 tasses)	Haricots blancs secs
2	Perdrix
150 g (5 oz)	Lard salé en tranches
85 ml (⅔ tasse)	Cassonade
175 ml (¾ tasse)	Oignons hachés
	Sel et poivre au goût

- Faire tremper les haricots blancs pendant 12 h, les égoutter et les mettre dans une casserole. Ajouter les perdrix enveloppées dans une mousseline (coton à fromage), afin de ne pas retrouver les os dans les fèves cuites. Ajouter le lard salé, la cassonade, les oignons, le sel et le poivre. Couvrir d'eau.
- Porter à ébullition sur le feu, couvrir, puis mettre au four. Laisser cuire environ 3 h à 130 °C (265 °F). Le temps de cuisson dépend de la qualité des fèves. Retirer les perdrix de la casserole, les désosser et remettre la viande dans les fèves au lard. On peut remplacer les perdrix par des faisans ou des pintades.

OUTARDE AU VIN ROUGE ET CŒURS DE QUENOUILLES

Outaouais

4-6	$$$	40 min	4 à 5 h +

- Deux jours avant de cuisiner, mettre les morceaux d'outarde dans un grand récipient. Ajouter l'oignon, la carotte, le céleri, le bouquet garni, l'ail, les baies de genièvre, les clous de girofle, les grains de poivre et le sel de mer. Couvrir de vin rouge (il faut absolument qu'il y ait immersion complète), ajouter l'huile et laisser mariner à température ambiante 48 h. N'ayez aucun souci de développement de bactéries, car l'alcool du vin, au contraire, attendrira et donnera du goût aux morceaux d'outarde, ce qui serait ralenti par le froid du réfrigérateur.
- Au terme de la macération, enlever à l'aide d'une écumoire les morceaux d'outarde, réduire de moitié la marinade et ajouter le fond de gibier. Pendant cette réduction, chauffer le gras de canard ou l'huile de cuisson dans une poêle à fond épais et faire dorer les morceaux d'outarde en commençant par le côté « peau » et mettre ensuite dans le fond de cuisson. Couvrir hermétiquement et cuire au four à basse température, à 140 °C (280 °F). Cette cuisson sera longue, 4 à 5 h et peut-être plus. Les morceaux d'outarde seront cuits lorsque, en enfonçant une pointe de couteau dans la cuisse, elle se retirera facilement.
- Servir immédiatement avec des pommes de terre rattes qui auront été cuites à l'eau salée, ainsi que les cœurs de quenouilles chauds.

1	Outarde âgée, de 1 à 2 kg (2 ½ à 4 ½ lb), désossée et en morceaux
1	Oignon espagnol en petits dés
1	Grosse carotte en petits dés
2	Branches de céleri en petits dés
1	Bouquet garni
3	Gousses d'ail
6	Baies de genièvre
2	Clous de girofle
10	Grains de poivre
10 ml (4 c. à thé)	Sel de mer
1 litre (4 tasses)	Vin rouge tannique
30 ml (2 c. à soupe)	Huile d'olive ou autre
2 litres (8 tasses)	Fond brun de gibier à plume lié
85 ml (⅓ tasse)	Gras de canard
375 ml (1 ½ tasse)	Pommes de terre rattes
425 ml (1 ¾ tasse)	Cœurs de quenouilles frais ou en conserve

PAIN DE VIANDE DE GIBIER

Nouveau-Québec – Baie-James

6	$	15 min	2 h

- Faire tremper la mie de pain dans la crème. Faire tomber les oignons dans le beurre. Mélanger tous les ingrédients. Façonner en pain.
- Mettre dans un moule à pain beurré. Cuire au four à 180 °C (350 °F) pendant 2 h environ.

125 ml (½ tasse)	Mie de pain en cubes
250 ml (1 tasse)	Crème 15 %
60 ml (¼ tasse)	Oignons hachés
15 ml (1 c. à soupe)	Beurre
800 g (1 ¾ lb)	Viande de gibier hachée
200 g (7 oz)	Panne de porc hachée
	Sel et poivre au goût
3	Œufs battus

PERDRIX AU CHOU

| 6 | $$$ | 30 min | 2 h 15 |

Mauricie – Bois-Francs

1 kg (2 ¼ lb)	Lard gras salé en dés
125 ml (½ tasse)	Farine
6	Perdrix
1	Gros chou vert coupé
1,5 litre (6 tasses)	Gros oignons émincés
500 ml (2 tasses)	Fond de gibier
	Sel et poivre au goût
3 ml (½ c. à thé)	Thym
160 ml (⅔ tasse)	Vin blanc sec

- Faire fondre le lard salé. Fariner les perdrix, les ficeler et les faire dorer dans le lard fondu, pendant environ 25 min, à feu très doux. Retirer les perdrix de la casserole, ajouter le chou et les oignons. Ajouter le fond de gibier, couvrir et laisser mijoter environ 10 min, jusqu'à ce que les légumes soient tendres. Remettre les perdrix dans la casserole. Ajouter le sel, le poivre et le thym, mouiller avec le vin blanc. Couvrir et faire cuire à feu très doux, environ 1 h 30, ou jusqu'à ce que les perdrix soient très tendres.

LAGOPÈDES RÔTIS, SAUCE AUX BLEUETS ET AUX NOISETTES

| 4 | $$$ | 20 à 40 min | 20 min |

Nouveau-Québec – Baie-James

FOND DE BLEUETS ET DE NOISETTES

300 ml (1 ¼ tasse)	Noisettes
160 ml (⅔ tasse)	Vin blanc sec
6	Feuilles de tilleul d'Amérique
300 ml (1 ¼ tasse)	Bleuets
125 ml (½ tasse)	Fond brun de gibier, lié

GIBIER

4	Lagopèdes
	Sel et poivre au goût
125 ml (½ tasse)	Huile végétale
125 ml (½ tasse)	Beurre doux
175 ml (¾ tasse)	Eau

FOND DE BLEUETS ET DE NOISETTES

- Hacher très finement les noisettes. Faire réduire le vin blanc de moitié avec les feuilles de tilleul, ajouter les noisettes et les bleuets. Ajouter le fond de gibier, cuire de 4 à 5 min et réserver.

GIBIER

- Vider les lagopèdes. Saler et poivrer à l'intérieur et à l'extérieur. Brider. Dans une marmite à fond épais, chauffer l'huile et le beurre, saisir les lagopèdes et cuire au four à 230 °C (450 °F) pendant 12 à 15 min suivant leur grosseur.
- Prélever la poitrine de chaque lagopède et les premiers os de l'arrière de la cuisse. Couper les os en petits morceaux, les remettre dans le rondeau avec l'eau. Réduire de moitié, passer au chinois et ajouter ensuite le fond de bleuets et de noisettes réservé. Laisser mijoter quelques minutes. Verser la sauce et sa garniture au fond de chaque assiette puis ajouter les poitrines et les cuisses.

Le bleuet est astringent, tonique et antiseptique. Les Amérindiens s'en servaient pour assaisonner le pemmican, concoction de viande séchée et de gras.

Perdrix au chou ➤

RÂBLE DE LIÈVRE À LA COMPOTÉE D'AIRELLES

Chaudière-Appalaches

4	$	30 min	30 min

- Déposer les râbles de lièvres dans un récipient assez profond pour qu'ils soient immergés. Verser la mirepoix, le bouquet garni, l'ail, les grains de poivre, le clou de girofle, les baies de genièvre, le sel de mer, le vin rouge et l'huile. Couvrir d'une pellicule plastique et laisser sur le comptoir au moins 2 jours. À température ambiante, l'alcool du vin fera mieux son effet sur la chair du lièvre.
- Bien égoutter les râbles et les envelopper dans un linge propre ou du papier absorbant. Conserver au réfrigérateur. Réduire la marinade à 90 %, ajouter le fond de gibier, poursuivre la cuisson 20 min, passer à la passoire à mailles. Rectifier l'assaisonnement. Garder au chaud.
- Ficeler les râbles. Chauffer l'huile et le beurre, saler et poivrer les râbles, les faire raidir et terminer la cuisson au four à 200 °C (400 °F) pour atteindre 50 °C (120 °F) au cœur du filet des râbles. Au terme de la cuisson, laisser reposer la viande en la conservant au chaud.
- Dix minutes avant de servir, mettre les airelles dans la sauce chaude ; elles se réhydrateront. Terminer en ajoutant le beurre en pommade et l'armagnac.
- Décoller les filets des râbles de lièvres. Verser la sauce au fond de chaque assiette et disposer les filets de râbles. Servir avec les crosnes sautés au beurre.

4	Râbles de petits lièvres
375 ml (1 ½ tasse)	Mirepoix
1	Bouquet garni
4	Gousses d'ail
10	Grains de poivre noir
1	Clou de girofle
6	Baies de genièvre
	Sel de mer
1 litre (4 tasses)	Vin rouge tannique
125 ml (½ tasse)	Huile de pépins de raisin
375 ml (1 ½ tasse)	Fond brun de gibier, lié
	Sel et poivre au goût
80 ml (⅓ tasse)	Huile
80 ml (⅓ tasse)	Beurre
175 ml (¾ tasse)	Airelles déshydratées
80 ml (⅓ tasse)	Beurre non salé en pommade (température ambiante)
85 ml (⅓ tasse)	Armagnac
625 ml (2 ½ tasses)	Crosnes (température ambiante)

> *Les lièvres étant généralement petits, c'est pourquoi j'ai choisi quatre râbles (un râble par personne).*
>
> *La chair du lièvre est sèche, d'où l'importance de la faire mariner et de lui réserver une cuisson rosée.*

> *L'airelle est une petite baie globuleuse, farineuse et acidulée qui devient rouge à maturité, généralement en septembre. Sa floraison a lieu au printemps (airelle vigne d'Ida) ou au début de l'été (petits et gros atocas) ; ses fleurs en clochettes sont blanches ou roses.*

RAGOÛT DE FAISAN

Bas-Saint-Laurent

1	Faisan de 1,2 à 1,5 kg (2 ¾ à 3 ¼ lb)
450 g (1 lb)	Veau à rôtir
	Sel et poivre du moulin au goût
60 ml (¼ tasse)	Huile de cuisson
1,2 litre (4 ½ tasses)	Oignons émincés
635 ml (2 ⅔ tasses)	Fond blanc de gibier
125 ml (½ tasse)	Farine tout usage
125 ml (½ tasse)	Crème 35 %
2	Jaunes d'œufs
250 ml (1 tasse)	Pois verts cuits
500 ml (2 tasses)	Choux-fleurs cuits
750 ml (3 tasses)	Champignons en quartiers, sautés

- Choisir une cocotte à fond épais, ou une cocotte de nos grands-mères en fonte noire. Saler et poivrer le faisan et le rôti de veau à l'extérieur et à l'intérieur. Verser l'huile au fond de la cocotte et faire fondre doucement les oignons, puis disposer les rôtis de faisan et de veau. Cuire au four à 230 °C (450 °F) à découvert pendant 15 min. Extraire le gras et ajouter 175 ml (¾ tasse) de fond de gibier et poursuivre la cuisson pour atteindre 70 °C (160 °F) à la cuisse pour le faisan et 70 °C (160 °F) pour le rôti de veau. Retirer les deux rôtis et garder au chaud. Couper le faisan en morceaux et le rôti en gros cubes.
- Mélanger la farine avec 160 ml (⅔ tasse) de fond de gibier, incorporer aux oignons, cuire l'ensemble afin que la farine soit bien cuite. Mouiller avec 300 ml (1 ¼ tasse) de fond de gibier. Cuire 7 à 8 min, passer à la passoire à mailles. Incorporer vivement la crème mélangée aux jaunes d'œufs en gardant la sauce à 70 °C (160 °F). Incorporer les morceaux de faisan et les cubes de veau. Ajouter les pois verts, les choux-fleurs et les champignons cuits. Servir dans des assiettes creuses.

RAGOÛT D'OIE DES NEIGES

Chaudière-Appalaches

1	Oie
125 ml (½ tasse)	Huile d'arachide
	Sel et poivre du moulin au goût
750 ml (3 tasses)	Apéritif Saint-Raphaël
125 ml (½ tasse)	Cognac
875 ml (3 ½ tasses)	Mirepoix
1	Bouquet garni
10	Baies de genièvre
10	Grains de poivre
1	Clou de girofle
6	Gousses d'ail
45 ml (3 c. à soupe)	Huile d'olive
425 ml (1 ¾ tasse)	Fond brun de gibier à plume

- Couper l'oie en morceaux. Blanchir, égoutter et éponger. Chauffer l'huile, saler et poivrer les morceaux d'oie et saisir jusqu'à belle coloration. Mettre les morceaux d'oie dans un récipient, verser l'apéritif Saint-Raphaël et le cognac, ajouter la mirepoix, le bouquet garni, les baies de genièvre, le poivre, le clou de girofle, l'ail et l'huile d'olive. Couvrir et laisser mariner 2 à 3 jours au réfrigérateur.
- Verser l'ensemble dans une grande cocotte allant au four, et faire cuire en évaporant le Saint-Raphaël et le cognac de 90 %. Ajouter le fond de gibier et cuire au four à 155 °C (310 °F), au bain-marie, jusqu'à ce que l'on puisse enfoncer facilement la pointe d'un couteau dans l'arrière de la cuisse.
- Servir très chaud accompagné de macaroni.

Ragoût de faisan ➤

salades pâtes terrines tourtières poissons mollusques crustacés viandes vola
des desserts boissons potages soupes crèmes crudités salades pâtés terrines to
umes fromages pains œufs conserves confitures marinades desserts boissons
tacés viandes volailles lapins gibier à poil et à plume légumes fromages pains œ
les pâtés terrines tourtières poissons mollusques crustacés viandes volailles lap
esserts boissons potages soupes crèmes crudités salades pâtés terrines tourtiè
fromages pains œufs conserves confitures marinades desserts boissons pota
viandes volailles lapins gibier à poil et à plume légumes fromages pains œufs c
s pâtés terrines tourtières poissons mollusques crustacés viandes volailles lap
esserts boissons potages soupes crèmes crudités salades pâtés terrines tourtiè
fromages pains œufs conserves confitures marinades desserts boissons pota
viandes volailles lapins gibier à poil et à plume légumes fromages pains œufs c
s pâtés terrines tourtières poissons mollusques crustacés viandes volailles lap
esserts boissons potages soupes crèmes crudités salades pâtés terrines tourtiè
fromages pains œufs conserves confitures marinades desserts boissons pota

légumes

viandes volailles lapins gibier à poil et à plume légumes fromages pains œufs c
s pâtés terrines tourtières poissons mollusques crustacés viandes volailles lap
esserts boissons potages soupes crèmes crudités salades pâtés terrines tourtiè
fromages pains œufs conserves confitures marinades desserts boissons pota
viandes volailles lapins gibier à poil et à plume légumes fromages pains œufs c
s pâtés terrines tourtières poissons mollusques crustacés viandes volailles lap
esserts boissons potages soupes crèmes crudités salades pâtés terrines tourtiè
fromages pains œufs conserves confitures marinades desserts boissons pota
viandes volailles lapins gibier à poil et à plume légumes fromages pains œufs c
s pâtés terrines tourtières poissons mollusques crustacés viandes volailles lap
esserts boissons potages soupes crèmes crudités salades pâtés terrines tourtiè
s fromages pains œufs conserves confitures marinades desserts boissons pota
viandes volailles lapins gibier à poil et à plume légumes fromages pains œufs c
s pâtés terrines tourtières poissons mollusques crustacés viandes volailles lap
esserts boissons potages soupes crèmes crudités salades pâtés terrines tourtiè

CHAMPIGNONS MARINÉS DE WATERLOO

Cantons-de-l'Est

6	$$
15 min	—

MARINADE

- Mélanger le vinaigre, la moutarde et les assaisonnements. Ajouter l'ail et les échalotes. Incorporer progressivement l'huile à l'aide d'un fouet.
- Faire mariner les champignons 3 h avant de les servir.

900 ml (3 ⅔ tasses)	Champignons émincés
MARINADE	
125 ml (½ tasse)	Vinaigre blanc
1 ml (¼ c. à thé)	Moutarde en poudre
4 ml (¾ c. à thé)	Sel
3 ml (½ c. à thé)	Poivre
1 ml (¼ c. à thé)	Thym
5 ml (1 c. à thé)	Persil haché
4	Gousses d'ail hachées finement
40 ml (3 c. à soupe)	Échalotes hachées finement
300 ml (1 ¼ tasse)	Huile

CHAMPIGNONS GRATINÉS DE SAINT-DONAT

Lanaudière

6	$
15 min	5 à 7 min

- Éplucher et équeuter les champignons. Hacher finement les queues de champignons. Faire sauter dans le beurre à l'ail. Saler et poivrer.
- Farcir les têtes des champignons avec ce mélange. Parsemer de cheddar et gratiner au four à 190 °C (375 °F).

1 litre (4 tasses)	Champignons frais et fermes
	Sel et poivre au goût
60 ml (¼ tasse)	Cheddar fort râpé
BEURRE À L'AIL	
40 ml (3 c. à soupe)	Beurre
3 ml (½ c. à thé)	Ail haché
20 ml (4 c. à thé)	Persil haché

BEIGNETS DE BLÉ D'INDE DE SAINT-JEAN-DE-MATHA

Lanaudière

24	$
15 min	4 min

- Égoutter le maïs. Ajouter la farine, le sel, la levure chimique et le jaune d'œuf au maïs. Incorporer le blanc d'œuf monté en neige.
- Cuire à grande friture, par cuillerée. Assécher les beignets sur du papier absorbant et servir.

160 ml (⅔ tasse)	Grains de maïs cuits
160 ml (⅔ tasse)	Farine tamisée
7 ml (1 ½ c. à thé)	Sel
3 ml (½ c. à thé)	Levure chimique
1	Jaune d'œuf battu
1	Blanc d'œuf
	Huile à friture

◄ *Beignets de blé d'Inde de Saint-Jean-de-Matha*

CHAMPIGNONS DE COUCHE À L'AIL

Cantons-de-l'Est

1 litre (4 tasses)	Petites têtes de champignons
6	Gousses d'ail
60 ml (¼ tasse)	Huile
500 ml (2 tasses)	Crème 35 %
	Sel et poivre au goût

- Laver et bien égoutter les champignons. Faire cuire les gousses d'ail à feu doux dans l'huile, de 7 à 8 min, et les mettre de côté. Faire sauter les champignons dans l'huile très chaude. Arrêter la cuisson au moment où les champignons commencent à perdre leur eau de végétation (environ 6 à 7 min). Mettre les champignons de côté avec les gousses d'ail.
- Dégraisser la sauteuse et faire mijoter la crème à feu doux pendant environ 10 min. Saler et poivrer. Ajouter les champignons et les gousses d'ail, faire mijoter 1 à 2 min. Servir en entrée sur un croûton ou comme garniture avec une viande ou un poisson.

CACHETTE AUX ŒUFS

Laurentides

1 litre (4 tasses)	Pommes de terre pelées en cubes
50 ml (3 c. à soupe)	Bacon cuit et émietté
160 ml (⅔ tasse)	Oignons hachés finement
5 ml (1 c. à thé)	Sel
3 ml (½ c. à thé)	Poivre
6	Œufs durs
1	Œuf battu
125 ml (½ tasse)	Chapelure
25 ml (1 ½ c. à soupe)	Persil haché

- Faire cuire les pommes de terre et les réduire en purée. Ajouter le bacon et les oignons préalablement sués dans la graisse du bacon. Saler et poivrer. Laisser tiédir.
- Couvrir chaque œuf dur de 125 ml (½ tasse) de purée et faire une boulette. Passer la boulette dans l'œuf battu et dans la chapelure mélangée avec le persil. Mettre sur une plaque à pâtisserie beurrée et faire dorer au four à 180 °C (350 °F) pendant 15 à 20 min. Servir chaud et accompagner d'une sauce aux champignons, si désiré.

RADIS À LA CRÈME

Montréal et Laval

600 ml (2 ½ tasses)	Radis émincés
45 ml (3 c. à soupe)	Beurre
30 ml (2 c. à soupe)	Oignons hachés
30 ml (2 c. à soupe)	Farine tout usage
375 ml (1 ½ tasse)	Lait
	Sel et poivre au goût
15 ml (1 c. à soupe)	Persil haché
15 ml	Ciboulette ciselée

- Cuire les radis à l'eau salée pendant environ 5 min. Faire fondre le beurre et faire revenir les oignons sans coloration. Ajouter la farine, le lait bouillant et cuire pendant 10 min. Ajouter les radis. Saler et poivrer.
- Servir dans un légumier. Parsemer de persil et de ciboulette.

Cachette aux œufs ➤

CAROTTES ET HARICOTS VERTS AU GRATIN

Québec

6	$$	20 min 30 min

- Cuire les carottes et les haricots séparément dans l'eau salée. D'autre part, faire suer les oignons dans le beurre. Fariner. Mouiller avec le lait. Saler et poivrer. Cuire pendant 15 min. Ajouter 125 ml (½ tasse) de fromage. Verser l'œuf battu sur le dessus.
- Mettre les carottes et les haricots dans un récipient de I litre (4 tasses) et couvrir de sauce. Parsemer le tout avec le fromage restant. Faire gratiner au four.

375 ml (1 ½ tasse)	Carottes émincées
375 ml (1 ½ tasse)	Haricots verts en morceaux de 2 cm (¾ po)
85 ml (⅓ tasse)	Oignons hachés
25 ml (1 ½ c. à soupe)	Beurre
25 ml (1 ½ c. à soupe)	Farine
300 ml (1 ¼ tasse)	Lait
	Sel et poivre au goût
250 ml (1 tasse)	Cheddar fort râpé
1	Œuf battu

CAROTTES AU SIROP D'ÉRABLE

Chaudière-Appalaches

6	$$	25 min 30 min

- Cuire les carottes à l'eau avec les autres ingrédients jusqu'à évaporation presque complète du liquide. Environ 5 min avant la fin de la cuisson, faire sauter les carottes pour qu'elles s'enrobent bien du sirop d'érable qui se trouve au fond. Servir chaud.

1,2 litre (5 tasses)	Carottes en bâtonnets
	Eau en quantité suffisante
	Sel et poivre au goût
60 ml (¼ tasse)	Sirop d'érable
60 ml (¼ tasse)	Beurre
5 ml (1 c. à thé)	Moutarde en poudre

CASSEROLE DE CHOU DE SAINT-DONAT

Lanaudière

6	$	20 min 1 h 30

- Faire blanchir le chou dans l'eau bouillante salée avec un peu de sucre. Égoutter et réserver. Chauffer l'huile et faire revenir les oignons, l'ail, puis la viande. Cuire pendant 15 min. Ajouter tous les autres ingrédients, sauf le chou.
- Tapisser le fond d'un plat de feuilles de chou. Ajouter la viande et recouvrir de chou. Couvrir et cuire au four pendant I h environ.

1 litre (4 tasses)	Chou émincé
60 g (¼ tasse)	Sucre
15 ml (1 c. à soupe)	Huile
60 ml (¼ tasse)	Oignons hachés
5 ml (1 c. à thé)	Ail haché
500 g (1 lb)	Bœuf haché
125 ml (½ tasse)	Riz minute
5 ml (1 c. à thé)	Sauce Worcestershire
175 ml (¾ tasse)	Crème de tomates
85 ml (⅓ tasse)	Lait
	Sel et poivre au goût

◄ *Casserole de chou de Saint-Donat*

239

CHIARD DE GOÉLETTE

6	$	15 min	35 à 40 min

Chaudière-Appalaches

750 ml (3 tasses)	Pommes de terre en cubes
30 ml (2 c. à soupe)	Graisse de rôti
5 ou 6	Échalotes hachées
	Poivre au goût
15 ml (1 c. à soupe)	Farine (facultatif)
15 ml (1 c. à soupe)	Eau froide

• Cuire les pommes de terre aux trois quarts, à l'eau bouillante salée. Ajouter la graisse de rôti, les échalotes et le poivre. Lier avec la farine diluée dans l'eau. Laisser mijoter pour terminer la cuisson.

CHOU GRATINÉ

6	$	30 min	20 min

Mauricie – Bois-Francs

675 g (1 ½ lb)	Chou en gros morceaux
	Sel et poivre au goût
375 ml (1 ½ tasse)	Sauce béchamel
	(voir recettes de base)
60 ml (¼ tasse)	Chapelure
	Beurre

• Blanchir le chou et le faire cuire dans de l'eau bouillante. Égoutter et couper en gros morceaux. Mettre dans un plat creux allant au four, saler et poivrer. Couvrir le chou de sauce béchamel. Saupoudrer de chapelure. Parsemer de noisettes de beurre et faire gratiner.

CHOU ROUGE BRAISÉ

6	$	10 min	20 min

Charlevoix

75 g (2 ½ oz)	Lard salé en lardons
650 ml (2 ¾ tasses)	Chou rouge sans les côtes (parties blanches), émincé
175 ml (¾ tasse)	Bouillon de poulet ou de bœuf
3 ml (½ c. à thé)	Sel
1 ml (¼ c. à thé)	Poivre
300 ml (1 ¼ tasse)	Pommes en quartiers
25 ml (1 ½ c. à soupe)	Cassonade

• Faire fondre les lardons. Ajouter le chou rouge. Mouiller avec le bouillon de poulet ou de bœuf. Cuire pendant 10 min, à découvert. Saler et poivrer. Ajouter les quartiers de pommes et la cassonade. Cuire jusqu'à ce que le chou soit bien cuit.

FÈVES DE CHANTIER

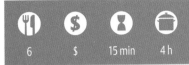

6	$	15 min	4 h

Québec

- Faire tremper les fèves dans l'eau pendant toute une nuit. Jeter l'eau. Faire revenir les lardons. Faire suer les oignons dans le gras des lardons. Ajouter les fèves égouttées. Couvrir d'eau froide. Saler et poivrer. Ajouter la moutarde, la cassonade et la mélasse. Porter à ébullition. Couvrir et cuire au four à 150 °C (300 °F) pendant 2 h. Ajouter les pattes de porc. Couvrir de nouveau et cuire pendant 2 h. Trente minutes avant la fin de la cuisson, retirer le couvercle pour faire colorer. Servir.

550 ml (2 ¼ tasses)	Fèves blanches
50 ml (3 c. à soupe)	Lard salé en dés
125 ml (½ tasse)	Oignons hachés
	Sel et poivre au goût
5 ml (1 c. à thé)	Moutarde sèche
125 ml (½ tasse)	Cassonade
60 ml (¼ tasse)	Mélasse
6	Pattes de porc de 150 g (5 oz) chacune

> *La moutarde est la base de certaines sauces qui accompagnent à merveille des viandes et des poissons grillés. Elle relève également le goût des sandwiches garnis et des plats froids. Elle accommode aussi d'autres épices et fines herbes dont elle renforce l'arôme.*

CHOU-FLEUR EN BOULES

6	$$	15 min	20 à 25 min

Outaouais

- Enlever les feuilles et couper les tiges du chou-fleur. Les faire tremper pendant 10 min dans l'eau salée. Cuire 15 min dans l'eau bouillante salée. Égoutter et hacher le chou-fleur ; ajouter le sel et le poivre.
- À l'aide d'une cuillère à crème glacée, façonner en boules. Pendant la cuisson du chou-fleur, faire fondre le beurre, ajouter la farine et bien mélanger. Ajouter le lait chaud et cuire pendant 15 min en remuant bien. Ajouter le fromage et poursuivre la cuisson pendant 5 min. Napper chaque boule de chou-fleur de 50 ml (3 c. à soupe) de sauce et faire gratiner au four.

1	Chou-fleur de 600 g (1 ¼ lb)
1 ml (¼ c. à thé)	Sel
1 ml (¼ c. à thé)	Poivre
45 ml (3 c. à soupe)	Beurre
45 ml (3 c. à soupe)	Farine
300 ml (1 ¼ tasse)	Lait chaud
125 ml (½ tasse)	Fromage gruyère râpé

FANTAISIE DE MAÏS

Montérégie

2	Œufs
500 ml (2 tasses)	Maïs en grains égoutté
410 ml (1 ⅔ tasse)	Lait
	Sel et poivre au goût
250 ml (1 tasse)	Chapelure
	Beurre

- Battre les œufs. Ajouter le maïs, le lait, le sel et le poivre. Bien mélanger le tout. Verser dans un plat beurré. Parsemer de chapelure et de noisettes de beurre. Cuire au four, au bain-marie, à 180 °C (350 °F) pendant environ 1 h 15, jusqu'à ce que le mélange soit bien ferme.

FARCE AU RIZ SAUVAGE

Nouveau-Québec – Baie-James

175 ml (¾ tasse)	Riz sauvage cru
1,5 litre (6 tasses)	Eau
	Sel au goût
1 litre (4 tasses)	Champignons émincés
60 ml (¼ tasse)	Beurre
3	Jaunes d'œufs

- Cuire le riz dans l'eau bouillante salée jusqu'à ce qu'il soit tendre. Égoutter. Rincer à l'eau froide.
- Faire sauter les champignons dans le beurre. Mélanger le riz et les champignons. Incorporer les jaunes d'œufs. Vérifier l'assaisonnement. Utiliser pour farcir une volaille.

FARCE DE PATATES

Laurentides

550 ml (2 ¼ tasses)	Pommes de terre en purée
300 ml (1 ¼ tasse)	Mie de pain en cubes
60 ml (¼ tasse)	Lard salé haché
30 ml (2 c. à soupe)	Oignons hachés
125 ml (½ tasse)	Beurre
5 ml (1 c. à thé)	Sauge
1	Œuf

- Mélanger tous les ingrédients. Utiliser pour farcir une pièce de viande.

FEUILLES DE NAVET

Duplessis

6	$	20 min	25 à 30 min

- Faire fondre le lard salé dans une grande casserole. Ajouter les feuilles de navet et les faire suer. Ajouter le navet et l'oignon, et couvrir d'eau salée. Faire mijoter pendant 20 min.
- Ajouter les pommes de terre pelées et coupées en deux. Terminer la cuisson. Vérifier l'assaisonnement. Égoutter, poivrer et beurrer.
- Servir ces légumes chauds.

125 g (4 oz)	Lard salé
2 litres (8 tasses)	Feuilles de navet
310 ml (1 ¼ tasse)	Navet en tranches
1	Oignon en quartiers
	Eau pour couvrir
6	Petites pommes de terre
	Sel et poivre au goût
30 ml (2 c. à soupe)	Beurre

SOUFFLÉ AUX POMMES DE TERRE

Montérégie

6	$$	15 min	40 min

- Mélanger le fromage râpé aux pommes de terre en purée. Battre les jaunes d'œufs et ajouter le lait, le beurre, le sel, le poivre et la moutarde. Incorporer aux pommes de terre. Le mélange doit être bien lisse.
- Monter les blancs d'œufs en neige et les incorporer délicatement au mélange, sans les briser. Verser dans un plat beurré. Cuire au four au bain-marie, à 180°C (350°F) pendant 40 min.

250 ml (1 tasse)	Fromage râpé fort ou doux
500 ml (2 tasses)	Pommes de terre en purée
4	Jaunes d'œufs
85 ml (⅓ tasse)	Lait
30 ml (2 c. à soupe)	Beurre fondu
	Sel et poivre au goût
1 ml (¼ c. à thé)	Moutarde sèche
8	Blancs d'œufs

ÉPINARDS AU MIEL

Bas-Saint-Laurent

6	$$	20 min	—

- Mélanger le miel et le jus de citron. Verser sur les épinards et bien mélanger. Ajouter les raisins de Corinthe. Laisser reposer quelques minutes avant de servir. Saler et poivrer au goût.

175 ml (¾ tasse)	Miel liquide
90 ml (6 c. à soupe)	Jus de citron
2 litres (8 tasses)	Feuilles d'épinards lavées, équeutées et hachées finement
250 ml (1 tasse)	Raisins de Corinthe
	Sel et poivre au goût

6	$$	20 min	6 à 7 h

500 ml (2 tasses)	Fèves blanches
5 ml (1 c. à thé)	Moutarde sèche
	Sel et poivre au goût
125 ml (½ tasse)	Miel
250 ml (1 tasse)	Oignons hachés
225 g (½ lb)	Lardons
6	Cuisses de poulet
45 ml (3 c. à soupe)	Beurre

FÈVES AU MIEL ET AU POULET

Outaouais

- Laver les fèves. Les couvrir d'eau et les laisser tremper pendant environ 1 h. Égoutter. Couvrir d'eau fraîche et faire bouillir pendant 15 min.
- Diluer la moutarde, le sel, le poivre et le miel dans un peu d'eau de cuisson. Ajouter ce mélange aux fèves avec les oignons et les lardons. Couvrir et cuire au four à 180 °C (350 °F) pendant 4 à 5 h. Saler et poivrer les cuisses de poulet et les faire sauter dans le beurre. Les disposer sur les fèves et poursuivre la cuisson pendant 1 à 2 h. Ajouter de l'eau, au besoin. Retirer le couvercle 15 min avant de servir et laisser dorer.

Note : Le temps de trempage et de cuisson dépend de la qualité des fèves.

> Dès le XVIIIe siècle, le cataplasme à base de poudre de moutarde aidait à soigner la bronchite.

6	$$	30 min	30 min

250 ml (1 tasse)	Oignons en dés
30 ml (2 c. à soupe)	Beurre non salé ou huile d'olive
650 ml (2 ¾ tasses)	Tomates égouttées et concassées
500 ml (2 tasses)	Courgettes en dés
1,5 litre (6 tasses)	Aubergines en dés
425 ml (1 ¾ tasse)	Poivrons verts en dés
4	Gousses d'ail hachées finement
1 ml (¼ c. à thé)	Thym
½	Feuille de laurier
	Sel et poivre au goût

FRICASSÉE DE LÉGUMES DU LAC-SAINT-JEAN

Saguenay – Lac-Saint-Jean

- Faire revenir les oignons dans le beurre ou l'huile. Ajouter les tomates, les courgettes, les aubergines, les poivrons verts, l'ail, le thym et le laurier. Saler et poivrer. Laisser cuire jusqu'à évaporation de l'eau de cuisson.

> Au cours des premières années de la colonisation du Lac-Saint-Jean, l'agriculture ne rendait pas tout ce qu'on en attendait. Les mères de famille, sans répit, répétaient les miracles.

GIBELOTTE OUTAOUAISE

Outaouais

6	$$
1 h	30 à 40 min

- Couper le bacon en dés et les faire cuire jusqu'à ce qu'ils soient légèrement croustillants. Réserver au chaud. Faire cuire successivement le poivron, les oignons et le concombre dans le gras de bacon. Réserver les légumes et verser le surplus de gras. Faire chauffer les tomates concassées dans la poêle de cuisson. Ajouter les pois et le maïs. Incorporer le poivron, les oignons, le concombre et la purée de pommes de terre. Remuer. Vérifier l'assaisonnement. Verser dans un plat allant au four et cuire à 130 °C (270 °F) pendant 30 à 40 min. Garnir avec des croûtons de pain et les dés de bacon grillés. Servir chaud.

225 g (½ lb)	Bacon
1	Poivron vert en dés
250 ml (1 tasse)	Oignons hachés
½	Concombre en dés
500 ml (2 tasses)	Tomates concassées
500 ml (2 tasses)	Pois cuits
325 ml (1 ⅓ tasse)	Maïs en grains cuit
125 ml (½ tasse)	Purée de pommes de terre
	Sel et poivre au goût
125 ml (½ tasse)	Croûtons de pain

> **Gibelotte :** *Ce mot signifie qu'on aura un mélange d'éléments disparates ; la gibelotte outaouaise semble donc être une vraie gibelotte. La preuve, on y trouve un peu de tout et elle ne ressemble à aucune autre !*

RATATOUILLE DE SAINT-RÉMI

Montérégie

6	$$
20 min	1 h 15

- Faire revenir les aubergines, les courgettes et les haricots verts dans l'huile. Ajouter les oignons. Lorsqu'ils sont transparents, ajouter l'ail, le basilic, le persil, le thym, les poivrons et les tomates, et faire mijoter pendant 5 min. Saler et poivrer. Ajouter le céleri et les olives noires, et cuire à couvert, à feu doux, ou au four à 190 °C (375 °F), pendant 1 h.

700 ml (2 ¾ tasses)	Aubergines pelées en dés
250 ml (1 tasse)	Courgettes émincées
30 ml (2 c. à soupe)	Haricots verts coupés en biseau
90 ml (3 oz)	Huile végétale
60 ml (¼ tasse)	Oignons hachés
2 ml (½ c. à thé)	Ail haché
2 ml (½ c. à thé)	Basilic
1 branche	Persil
	Thym au goût
250 ml (1 tasse)	Poivrons verts émincés
250 ml (1 tasse)	Poivrons rouges émincés
175 ml (¾ tasse)	Tomates pelées en quartiers
	Sel et poivre au goût
75 ml (env. ¼ tasse)	Céleri haché finement
10 ml (2 c. à thé)	Olives noires hachées

GRATIN TÉMISCAMIEN

6	$	25 min	20 min

Abitibi-Témiscamingue

1,5 litre (6 tasses)	Chou ciselé
125 ml (½ tasse)	Oignons hachés
85 ml (⅓ tasse)	Beurre
375 ml (1 ½ tasse)	Tomates concassées et épépinées
	Sel et poivre au goût
175 ml (¾ tasse)	Gruyère râpé

- Faire suer les légumes dans le beurre. Ajouter les tomates concassées, le sel et le poivre. Verser la préparation dans un plat à gratin beurré. Parsemer du gruyère.
- Gratiner au four à 260 °C (500 °F) pendant 5 à 7 min. Servir chaud.

POMMES DE TERRE FARCIES AUX ÉPINARDS

6	$$	20 min	1 h 15

Chaudière-Appalaches

6	Pommes de terre
1,5 litre (6 tasses)	Épinards
	Sel et poivre au goût
15 ml (1 c. à soupe)	Beurre
30 ml (2 c. à soupe)	Cheddar de Beauce fort, râpé

- D'une part, cuire les pommes de terre au four, environ 1 h. D'autre part, faire cuire les épinards à l'eau bouillante salée. Les égoutter et les hacher.
- Évider les pommes de terre cuites. Ajouter le sel, le poivre, le beurre et les épinards à la chair des pommes de terre. Farcir les coquilles des pommes de terre évidées avec ce mélange. Parsemer de fromage. Griller au four. Servir.

POMMES DE TERRE FARCIES

6	$$	30 min	1 h

Outaouais

6	Pommes de terre moyennes avec la pelure
45 ml (3 c. à soupe)	Beurre
85 ml (⅓ tasse)	Crème 35 %
6	Oignons verts émincés
60 ml (¼ tasse)	Tomates épépinées et coupées en petits dés
	Sel et poivre au goût
15 ml (1 c. à soupe)	Persil haché

- Laver les pommes de terre et couper une mince tranche sur le dessus. Cuire au four à 200 °C (400 °F) pendant environ 1 h. Refroidir et enlever la pulpe intérieure en prenant soin de ne pas briser la pelure.
- Disposer les pelures sur une plaque. Piler la pulpe des pommes de terre. Ajouter le beurre, la crème, les oignons verts, les tomates, le sel et le poivre. Farcir les pelures de pommes de terre avec cette purée et parsemer de persil.

POIREAUX À LA CRÈME

Québec

6	$$
10 min	15 min

- Éplucher, laver et émincer les poireaux. Les cuire dans l'eau bouillante salée pendant 6 à 7 min. Égoutter. Faire sauter les champignons dans le beurre. Ajouter la crème, le sel, le poivre et la muscade. Ajouter les poireaux et laisser mijoter 5 à 6 min. Servir chaud.

450 g (1 lb)	Poireaux
1 litre (4 tasses)	Eau
250 ml (1 tasse)	Champignons en tranches
50 ml (3 c. à soupe)	Beurre
375 ml (1 ½ tasse)	Crème 35 %
	Sel et poivre au goût
0,5 ml (⅛ c. à thé)	Muscade

POIREAUX AUX PATATES

Gaspésie

6	$
15 min	30 min

- Disposer les dés de pomme de terre dans le fond d'un moule de 1 litre (4 tasses). Couvrir avec les poireaux. Mouiller avec le fond de volaille. Saler et poivrer. Porter à ébullition sur le feu et poursuivre la cuisson au four à 180 °C (350 °F) pendant 30 min. Parsemer de fromage. Gratiner au four et servir.

375 ml (1 ½ tasse)	Pommes de terre en petits dés
500 ml (2 tasses)	Blancs de poireaux émincés
250 ml (1 tasse)	Fond de volaille *(voir recettes de base)*
5 ml (1 c. à thé)	Sel
3 ml (½ c. à thé)	Poivre
125 ml (½ tasse)	Cheddar doux râpé

PURÉE DE NAVETS AU GRATIN

Mauricie – Bois-Francs

6	$
35 min	30 min

- Faire cuire le navet dans l'eau salée. Dans une casserole, faire fondre la graisse de rôti ou le beurre, ajouter la farine et le lait chaud. Laisser mijoter de 10 à 15 min.
- Égoutter le navet et le passer au moulin à légumes. Mélanger la purée et la sauce. Saler et poivrer. Mettre la préparation dans un plat creux. Parsemer de cheddar et faire gratiner au four.

1,8 litre (7 ¼ tasses)	Navet coupé grossièrement
25 ml (1 ½ c. à soupe)	Graisse de rôti ou beurre
25 ml (1 ½ c. à soupe)	Farine
250 ml (1 tasse)	Lait chaud
	Sel et poivre au goût
60 ml (¼ tasse)	Cheddar doux râpé

POMMES DE TERRE DE LA PETITE-ROUGE

6 | $$ | 15 min | 1 h 30

Outaouais

1	Gousse d'ail
5 ml (1 c. à thé)	Beurre
750 ml (3 tasses)	Pommes de terre pelées et émincées
250 ml (1 tasse)	Oignons émincés
375 ml (1 ½ tasse)	Cheddar fort râpé
1	Œuf battu
375 ml (1 ½ tasse)	Lait
6 ml (1 ¼ c. à thé)	Sel
1 ml (¼ c. à thé)	Poivre
1 ml (¼ c. à thé)	Muscade

- Frotter l'intérieur d'un plat allant au four avec la gousse d'ail. Badigeonner le plat de beurre. Disposer par couches successives les pommes de terre, les oignons et le fromage. Répéter jusqu'à épuisement des ingrédients. Mélanger l'œuf avec le lait et les assaisonnements. Verser sur les pommes de terre. Couvrir.
- Cuire au four à 180 °C (350 °F) pendant 1 h 15. Retirer le couvercle et poursuivre la cuisson pendant 15 min.

PURÉE DE « CHOUTIAM » GRATINÉE

6 | $ | 10 min | 40 min

Saguenay – Lac-Saint-Jean

1 litre (4 tasses)	Navet en cubes
60 ml (¼ tasse)	Céleri en cubes
	Sel et poivre au goût
25 ml (1 ½ c. à soupe)	Chapelure

BÉCHAMEL

15 ml (1 c. à soupe)	Beurre
25 ml (1 ½ c. à soupe)	Farine
125 ml (½ tasse)	Lait

- Faire cuire le navet et le céleri dans l'eau légèrement salée, jusqu'à ce qu'ils soient tendres.
- Préparer la béchamel.
- Passer le navet et le céleri au moulin à légumes. Incorporer la béchamel aux légumes. Saler et poivrer. Verser dans une cocotte ou un plat allant au four. Parsemer de chapelure et faire gratiner au four à 180 °C (350 °F) pendant environ 15 min.

BÉCHAMEL
- Faire fondre le beurre, ajouter la farine et cuire pendant quelques minutes, sans brunir. Ajouter le lait tout en remuant, puis porter à ébullition.

PURÉE DE POMMES DE TERRE, DE CAROTTES ET DE NAVETS

Cantons-de-l'Est

750 ml (3 tasses)	Carottes émincées
500 ml (2 tasses)	Navet en morceaux
375 ml (1 ½ tasse)	Pommes de terre en quartiers
	Sel et poivre au goût
30 ml (2 c. à soupe)	Beurre
50 ml (3 c. à soupe)	Crème 15 %

- Mettre les légumes dans une casserole. Couvrir d'eau. Saler. Faire mijoter à couvert pendant 30 à 35 min. Égoutter les légumes, les remettre sur le feu et remuer à l'aide d'une cuillère de bois jusqu'à évaporation complète de l'eau.
- Réduire les légumes en purée. Poivrer. Incorporer le beurre et la crème.

TARTE AUX OIGNONS ET AUX PÂTES

Québec

375 ml (1 ½ tasse)	Farine tamisée
	Sel
1 ml (¼ c. à thé)	Moutarde sèche
500 ml (2 tasses)	Cheddar râpé doux ou fort, au goût
125 ml (½ tasse) + 2 c. à soupe	Beurre fondu
375 ml (1 ½ tasse)	Oignons hachés
250 ml (1 tasse)	Nouilles cuites égouttées
2	Œufs battus
175 ml (¾ tasse)	Lait chaud

- Tamiser ensemble les ingrédients secs. Incorporer 250 ml (1 tasse) de cheddar. Ajouter 125 ml (½ tasse) de beurre fondu. Presser le mélange dans un moule à tarte de 23 cm (9 po) de diamètre. Faire revenir les oignons dans 30 ml (2 c. à soupe) de beurre, jusqu'à ce qu'ils soient transparents. Ajouter les nouilles aux oignons et bien mélanger.
- Bien mélanger les œufs, le lait, un peu de sel et 175 ml (¾ tasse) de cheddar avec les oignons et les nouilles. Verser l'appareil dans le moule à tarte, foncer. Cuire au four à 180 °C (350 °F) pendant 30 min. Parsemer le tour du flan avec le fromage restant et faire cuire pendant encore 5 min. Servir chaud.

TOMATES AU FROMAGE DE SAINT-JACQUES-DE-MONTCALM

Lanaudière

6	Tomates
15 ml (1 c. à soupe)	Beurre
4	Œufs
500 ml (2 tasses)	Lait
	Sel et poivre au goût
125 ml (½ tasse)	Cheddar fort râpé

- Retirer les pédoncules des tomates. Blanchir 30 secondes dans l'eau bouillante, émonder, couper en deux et épépiner. Les disposer dans un plat à gratin beurré. Battre les œufs. Incorporer le lait. Saler et poivrer.
- Verser le mélange sur les tomates. Parsemer de fromage. Cuire à 180 °C (350 °F) afin de les gratiner.

TOMATES VERTES RÔTIES

Gaspésie

6	$	15 min	5 à 7 min

- Faire suer les feuilles de betterave dans 3 c. à soupe de beurre. Saler, poivrer et réserver au chaud. Faire cuire les tranches de tomates dans le beurre restant. Saler et poivrer de nouveau. Ajouter le thym et la marjolaine. Disposer les tranches de tomates sur un lit de feuilles de betterave. Décorer avec les fanes de betteraves. Servir chaud.

750 ml (3 tasses)	Jeunes feuilles de betterave
90 ml (6 c. à soupe)	Beurre
	Sel et poivre au goût
6	Tomates vertes en tranches
1 pincée	Thym
1 pincée	Marjolaine
60 ml (¼ tasse)	Fanes de betteraves ciselées

MARMITE DE NAVETS

Charlevoix

6	$	20 min	45 min

- Mettre tous les ingrédients dans une marmite. Couvrir et cuire au four à 190°C (375°F) pendant environ 45 min. Servir chaud accompagné d'une viande ou d'un poisson.

750 ml (3 tasses)	Navet en dés
60 ml (¼ tasse)	Beurre
	Sel au goût
10 ml (2 c. à thé)	Sucre
85 ml (⅓ tasse)	Bouillon de poulet

AUBERGINES FARCIES

Montréal et Laval

6	$$	25 min	30 min

- Faire bouillir les aubergines pendant environ 10 min. Les couper en deux sur la longueur et les évider au centre avec une cuillère. Mélanger tous les ingrédients de la farce, saler, poivrer et farcir les aubergines de ce mélange. Saupoudrer de chapelure et parsemer de noisettes de beurre. Disposer sur une plaque beurrée et cuire au four à 180 °C (350 °F) pendant environ 30 min.

3	Aubergines
	Sel et poivre au goût
125 ml (½ tasse)	Chapelure
15 ml (1 c. à soupe)	Beurre

FARCE

125 ml (½ tasse)	Sauce tomate
250 ml (1 tasse)	Jambon en dés
250 ml (1 tasse)	Oignons hachés légèrement dorés

RIZ SAUVAGE

Nouveau-Québec – Baie-James

6	$$$	15 min	30 à 40 min

- Laver le riz à l'eau froide. Faire cuire le riz à feu doux dans l'eau salée, jusqu'à ce qu'il soit cuit. Cuire les tranches de bacon et conserver la graisse. Hacher le bacon cuit.
- Battre les œufs et les faire cuire dans la graisse du bacon. Couper les œufs en julienne. Mélanger le riz cuit, le bacon haché, les œufs et la ciboulette. Servir.

250 ml (1 tasse)	Riz sauvage cru
750 ml (3 tasses)	Eau
	Sel au goût
6	Tranches de bacon
6	Œufs
30 ml (2 c. à soupe)	Ciboulette hachée

RIZ AUX CHAMPIGNONS

Laurentides

6	$$	10 min	20 à 25 min

- Faire suer les oignons et les champignons dans le beurre. Ajouter le riz et bien mélanger. Mouiller avec le fond de volaille, ajouter le sel et porter à ébullition.
- Couvrir et cuire au four à 180 °C (350 °F) pendant 17 min. Évacuer la vapeur en effleurant le riz à l'aide des pointes d'une fourchette. Parsemer de persil.

50 ml (3 c. à soupe)	Oignons hachés
500 ml (2 tasses)	Champignons émincés
30 ml (2 c. à soupe)	Beurre
250 ml (1 tasse)	Riz
410 ml (1 ⅔ tasse)	Fond de volaille
	Sel au goût
15 ml (1 c. à soupe)	Persil haché

HARICOTS JAUNES À LA MOUTARDE

Abitibi-Témiscamingue

6-8	$	20 min	30 min

- Cuire les morceaux de haricots dans l'eau salée. Bien égoutter.
- Mettre la cassonade dans le vinaigre et porter à ébullition. Mélanger la moutarde sèche, la farine, le curcuma, les graines de céleri et l'eau froide. Verser ce mélange dans le vinaigre bouillant en remuant constamment. Cuire jusqu'à épaississement, soit environ 20 min. Ajouter les haricots jaunes. Laisser refroidir.

1,5 litre (6 tasses)	Haricots jaunes en morceaux de 2 cm (¾ po)
375 ml (1 ½ tasse)	Cassonade
560 ml (2 ¼ tasses)	Vinaigre
85 ml (⅓ tasse)	Moutarde sèche
85 ml (⅓ tasse)	Farine
15 ml (1 c. à soupe)	Curcuma
15 ml (1 c. à soupe)	Graines de céleri
50 ml (3 c. à soupe)	Eau froide

fromages, pains et œufs

BANIQUE

Manicouagan

1 galette	$	15 min	15 min

- Tamiser les ingrédients secs ensemble. Sabler avec le beurre. Ajouter les raisins. Verser le lait tout en remuant, former une boule et la mettre sur une plaque.
- Façonner une galette de 1,25 cm (½ po) d'épaisseur. Cuire au four à 200 °C (400 °F) pendant environ 15 min.

500 ml (2 tasses)	Farine de blé entier
15 ml (1 c. à soupe)	Levure chimique
125 ml (½ tasse)	Sucre
1 pincée	Sel
125 ml (½ tasse)	Beurre non salé
250 ml (1 tasse)	Raisins secs
375 ml (1 ½ tasse)	Lait

BANIQUE AUX BLEUETS (Inuits)

Nouveau-Québec – Baie-James

6	$	20 min	20 min

- Mélanger les ingrédients secs et incorporer le beurre. Ajouter les bleuets et l'eau, et en faire une pâte. Pétrir rapidement, enfariner au besoin.
- Étendre à la main en couches minces. Cuire dans l'huile chaude pendant 20 min environ.

1 litre (4 tasses)	Farine
8 ml (1 ½ c. à thé)	Sel
250 ml (1 tasse)	Beurre
300 ml (1 ¼ tasse)	Bleuets
500 ml (2 tasses)	Eau
	Huile

BANIQUE DE POINTE-BLEUE

Saguenay – Lac-Saint-Jean

1 pain	$	10 min	12 à 15 min

- Tamiser ensemble les ingrédients secs. Émietter le saindoux dans les ingrédients secs. Ajouter l'eau et bien mélanger de manière à obtenir une pâte lisse. Façonner en boule d'environ 450 g (1 lb).
- Étendre la pâte à une épaisseur de 1,25 cm (½ po). Mettre sur une plaque à pâtisserie graissée et cuire au four à 230 °C (450 °F) pendant 12 à 15 min.

375 ml (1 ½ tasse)	Farine
5 ml (1 c. à thé)	Levure chimique
3 ml (½ c. à thé)	Sel
50 ml (3 c. à soupe)	Saindoux
125 ml (½ tasse)	Eau froide

BOULETTES AU FROMAGE

6 · $$ · 10 min · 1 min

Montréal et Laval

160 ml (⅔ tasse)	Cheddar fort râpé
85 ml (⅓ tasse)	Bleu Ciel de Charlevoix ou roquefort
160 ml (⅔ tasse)	Brie ou camembert
	Sel et poivre du moulin au goût
3	Blancs d'œufs
125 ml (½ tasse)	Biscuits soda émiettés
85 ml (⅓ tasse)	Noisettes grillées et hachées finement

- Hacher les fromages deux fois, ajouter le sel et le poivre. Battre les blancs d'œufs en neige ferme et les ajouter aux fromages. Façonner en boulettes de 15 ml (1 c. à soupe). Rouler les boulettes dans les biscuits soda et dans les noisettes.
- Frire à 190 °C (375 °F) pendant 1 min. Égoutter sur du papier absorbant.

FROMAGE MAISON

6 · $ · 30 min · 1 h

Îles-de-la-Madeleine

1 litre (4 tasses)	Lait de beurre
	Sel au goût

- Faire chauffer le lait de beurre à feu très doux jusqu'à ce que le lait soit entièrement caillé, soit pendant environ 1 h. Saler. Laisser égoutter pendant au moins 12 h.

Note : Ce fromage (lait caillé) peut se manger sucré comme dessert ; alors ajouter du sucre ou de la cassonade au goût. Il peut aussi se manger salé en y ajoutant des fines herbes, du poivre ou d'autres assaisonnements à votre choix.

PAILLES AU FROMAGE DE SAINT-JEAN-DE-MATHA

24 · $ · 20 min · 20 min

Lanaudière

250 ml (1 tasse)	Farine
3 ml (½ c. à thé)	Sel
3 ml (½ c. à thé)	Levure chimique
175 ml (¾ tasse)	Cheddar fort râpé
85 ml (⅓ tasse)	Beurre
1	Jaune d'œuf
	Sauce Tabasco au goût
	Poivre de Cayenne au goût
50 ml (3 c. à soupe)	Eau froide

- Tamiser la farine avec le sel et la levure chimique. Ajouter le fromage. Incorporer le beurre ramolli et le jaune d'œuf. Assaisonner avec le Tabasco et le poivre de Cayenne. Mouiller avec l'eau pour obtenir une pâte lisse. Fraiser légèrement.
- Découper en petits bâtonnets de 5 mm x 5 cm (¼ x 2 po). Disposer sur une plaque et cuire au four à 190 °C (375 °F) pendant 20 min environ.

Fromage maison ➤

PETIT FROMAGE MAISON

Mauricie – Bois-Francs

- Mettre le lait et le vinaigre dans un bain-marie et faire chauffer jusqu'à ce que le lait caille (environ 1 h). Passer à l'étamine. Mettre dans un bol et fouetter. Saler, puis ajouter la crème. Laisser refroidir et servir dans des coupes évasées. Garnir de feuilles de menthe.

2 litres (8 tasses)	Lait
50 ml (3 c. à soupe)	Vinaigre
	Sel au goût
50 ml (3 c. à soupe)	Crème 35 %
6	Feuilles de menthe

GALETTES À LA CASSONADE

Îles-de-la-Madeleine

- Fouetter le beurre et incorporer le sucre. Ajouter l'œuf et l'essence de vanille. Tamiser ensemble la farine et la levure chimique. Incorporer graduellement au premier mélange. Bien travailler cette pâte et en faire une abaisse de 5 mm (¼ po) d'épaisseur. Découper un rectangle de 10 x 30 cm (4 x 12 po). Étendre la cassonade sur la pâte, rouler l'abaisse et mouiller les bords afin qu'ils adhèrent bien à la pâte. Couper en tranches de 1,25 cm (½ po) d'épaisseur. Déposer sur une tôle à biscuits graissée. Cuire au four à 180 °C (350 °F) pendant 20 min.

125 ml (½ tasse)	Beurre
175 ml (¾ tasse)	Sucre
1	Œuf
5 ml (1 c. à thé)	Essence de vanille
375 ml (1 ½ tasse)	Farine tout usage
8 ml (1 ½ c. à thé)	Levure chimique
125 ml (½ tasse)	Cassonade

GALETTES À LA CRÈME DU TEMPS JADIS

Québec

- Battre le beurre en crème avec le sucre. Ajouter les œufs. Tamiser les ingrédients secs et les ajouter au mélange en alternant avec la crème. Laisser reposer au réfrigérateur quelques minutes.
- Abaisser la pâte à 1 cm (½ po) d'épaisseur. Détailler à l'aide d'un emporte-pièce de 8 cm (3 po) de diamètre. Disposer sur une plaque à pâtisserie graissée. Cuire au four à 180 °C (350 °F) pendant 15 à 20 min.

175 ml (¾ tasse)	Beurre
500 ml (2 tasses)	Sucre
4	Œufs
1 litre (4 tasses)	Farine
20 ml (4 c. à thé)	Levure chimique
10 ml (2 c. à thé)	Sel
10 ml (2 c. à thé)	Gingembre
250 ml (1 tasse)	Crème 15 %

GALETTES À LA FLEUR DE SARRASIN

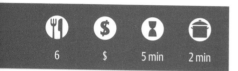

6	$	5 min	2 min

Mauricie – Bois-Francs

500 ml (2 tasses)	Farine de sarrasin
8 ml (1 ½ c. à thé)	Sel
625 ml (2 ½ tasses)	Eau

- Tamiser ensemble les ingrédients secs. Ajouter l'eau par petites quantités. Bien mélanger. Verser le mélange sur une plaque bien chaude non beurrée et l'étendre en une couche mince. Retourner la galette avec une spatule de métal.
- Servir avec du beurre, du sucre d'érable ou de la mélasse. Accompagne agréablement le rôti de porc, la tête fromagée et la saucisse.

GALETTES À LA MÉLASSE

24	$	20 min	10 à 15 min

Chaudière-Appalaches

250 ml (1 tasse)	Beurre non salé
250 ml (1 tasse)	Sucre
2	Œufs
250 ml (1 tasse)	Mélasse
10 ml (2 c. à thé)	Bicarbonate de soude
15 ml (1 c. à soupe)	Eau bouillante
875 ml (3 ½ tasses)	Farine
15 ml (1 c. à soupe)	Levure chimique
3 ml (½ c. à thé)	Sel
250 ml (1 tasse)	Lait concentré
3 ml (½ c. à thé)	Essence de vanille

- Crémer le beurre non salé avec le sucre. Ajouter les œufs et bien mélanger. Ajouter la mélasse. Dissoudre le bicarbonate de soude dans l'eau bouillante et incorporer au mélange. Tamiser les ingrédients secs et les incorporer au mélange en alternant avec le lait concentré. Ajouter l'essence de vanille et bien mélanger.
- Abaisser la pâte jusqu'à ce qu'elle ait 1,25 cm (½ po) d'épaisseur. Détailler à l'aide d'un emporte-pièce de 8 cm (3 po) de diamètre. Disposer sur une plaque graissée.
- Cuire au four à 180 °C (350 °F) pendant 10 à15 min.

GALETTES À MÉMÉ

24	$	15 min	15 à 20 min

Duplessis

175 ml (¾ tasse)	Beurre non salé
85 ml (⅓ tasse)	Sucre blanc
2	Œufs
500 ml (2 tasses)	Farine
1 ml (¼ c. à thé)	Sel
5 ml (1 c. à thé)	Levure chimique
125 ml (½ tasse)	Confiture au choix

- Crémer le beurre avec le sucre. Ajouter les œufs et bien battre. Tamiser les ingrédients secs ensemble et les ajouter au mélange. Bien mélanger.
- Abaisser la moitié de la pâte à une épaisseur de 3 mm (⅛ po). Découper avec un emporte-pièce de 6 cm (2 ¼ po) de diamètre. Disposer sur une plaque à pâtisserie beurrée. Faire une abaisse avec le reste de la pâte. Mettre 5 ml (1 c. à thé) de confiture sur chaque galette. Couvrir de cette abaisse trouée. Cuire au four à 180 °C (350 °F) pendant 15 à 20 min.

GALETTES À LA MORUE

Gaspésie

- Retirer la croûte du pain blanc et couper en petits dés de 2 x 2 cm (¾ x ¾ po). Incorporer la crème. Laisser tremper au moins 1 h.
- Couper en petits dés 300 g (env ½ lb) de morue, puis passer au hachoir (jamais au robot de cuisine) le reste de morue et le pain trempé, les oignons et le persil. Bien mélanger avec les dés de morue et les pommes de terre râpées. Saler et poivrer. Préparer des galettes uniformes. Chauffer le beurre et cuire à feu vif pour commencer et réduire la chaleur pour atteindre 64 °C (149 °F) à cœur.
- Servir avec les pommes de terre rattes cuites à l'eau ainsi que des quartiers de citron.

2	Tranches de pain blanc
160 ml (⅔ tasse)	Crème 35 %
900 g (2 lb)	Filets épais de morue
250 ml (1 tasse)	Oignons espagnols
750 ml (3 tasses)	Persil équeuté
300 ml (1 ¼ tasse)	Pommes de terre râpées
	Sel et poivre du moulin au goût
80 ml (⅓ tasse)	Beurre non salé
	Farine tamisée
625 ml (2 ½ tasses)	Pommes de terre rattes
6	Quartiers de citron

GALETTES AU CHOCOLAT

Montréal

- Battre en crème le beurre non salé et incorporer la cassonade. Ajouter l'œuf et bien mélanger. Tamiser la farine avec le bicarbonate de soude et incorporer graduellement au mélange en alternant avec le lait. Incorporer le chocolat fondu, les noix et l'essence de vanille. Disposer par cuillerée de 25 ml (1 ½ c. à soupe) sur une plaque à pâtisserie beurrée et farinée. Cuire au four à 180 °C (350 °F) pendant environ 15 min.

60 ml (¼ tasse)	Beurre non salé
250 ml (1 tasse)	Cassonade
1	Œuf
375 ml (1 ½ tasse)	Farine tout usage
3 ml (½ c. à thé)	Bicarbonate de soude
125 ml (¼ tasse)	Lait
2 carrés	Chocolat non sucré
250 ml (1 tasse)	Noix hachées
5 ml (1 c. à thé)	Essence de vanille

GALETTES AU GRUAU ET AUX NOIX

Charlevoix

- Ramollir le beurre avec la cassonade. Incorporer le lait et la vanille. Ajouter les ingrédients secs et les noix. Disposer par portion de 15 ml (1 c. à soupe) sur une plaque à pâtisserie beurrée. Bien distancer les portions, car la pâte s'étend en cuisant. Cuire au four à 200 °C (400 °F) pendant 10 à 12 min ou jusqu'à ce que les galettes soient dorées.

85 ml (⅓ tasse)	Beurre
160 ml (⅔ tasse)	Cassonade
15 ml (1 c. à soupe)	Lait
5 ml (1 c. à thé)	Vanille
250 ml (1 tasse)	Farine d'avoine (gruau)
1 pincée	Sel
3 ml (½ c. à thé)	Levure chimique
125 ml (½ tasse)	Noix concassées

24	$$	20 min	10 à 12 min

GALETTES AUX DATTES

Bas-Saint-Laurent

1	Œuf
85 ml (⅓ tasse)	Beurre non salé
85 ml (⅓ tasse)	Sucre
85 ml (⅓ tasse)	Cassonade
3 ml (½ c. à thé)	Essence de vanille naturelle
325 ml (1 ⅓ tasse)	Farine tamisée
3 ml (½ c. à thé)	Bicarbonate de soude
90 ml (6 c. à soupe)	Confiture de dattes

- Bien mélanger tous les ingrédients, sauf la confiture. À l'aide d'un rouleau à pâtisserie, étendre la pâte à 5 mm (½ po) d'épaisseur sur un papier ciré. Étendre la confiture et faire un rouleau en tirant sur le papier ciré. Mettre au réfrigérateur pendant 2 h. Détailler en 24 tranches et disposer sur une plaque légèrement graissée. Cuire au four à 180 °C (350 °F) de 10 à 12 min.

24	$	45 min	10 min

GALETTES BLANCHES

Gaspésie

80 ml (⅓ tasse)	Beurre non salé
80 ml (⅓ tasse)	Sucre
80 ml (⅓ tasse)	Cassonade
1	Œuf
325 ml (1 ⅓ tasse)	Farine
3 ml (½ c. à thé)	Levure chimique
3 ml (½ c. à thé)	Bicarbonate de soude
0,5 ml (⅛ c. à thé)	Sel
85 ml (⅓ tasse)	Lait
3 ml (½ c. à thé)	Essence de vanille
45 ml (3 c. à soupe)	Gelée de fruits

- Ramollir le beurre avec le sucre et la cassonade. Incorporer l'œuf. Ajouter les ingrédients secs, préalablement tamisés ensemble, en alternant avec le lait et la vanille. Pétrir légèrement la pâte.
- Abaisser la pâte à une épaisseur de 0,5 cm (¼ po). Détailler avec un emporte-pièce rond. Cuire au four à 200 °C (400 °F) pendant environ 10 min. Badigeonner de gelée de fruits et coller deux galettes ensemble du côté de la gelée.

24	$$	20 min	12 à 15 min

GALETTES À LA CASSONADE

Mauricie – Bois-Francs

125 ml (½ tasse)	Cassonade
1	Œuf
45 ml (3 c. à soupe)	Sirop de maïs
125 ml (½ tasse)	Beurre
3 ml (½ c. à thé)	Vanille
375 ml (1 ½ tasse)	Farine
5 ml (1 c. à thé)	Bicarbonate de soude

- Mélanger la cassonade, l'œuf et le sirop de maïs. Battre jusqu'à ce que le mélange soit mousseux. Incorporer le beurre et la vanille. Ajouter la farine préalablement tamisée avec le bicarbonate de soude. Disposer en portions de 15 ml (1 c. à soupe) sur une plaque à pâtisserie beurrée et farinée. Cuire au four à 180 °C (350 °F) pendant environ 12 à 15 min.

GALETTES ROULÉES AUX DATTES

24    $$ 25 min   10 à 15 min

Abitibi-Témiscamingue

GARNITURE
- Mélanger tous les ingrédients. Faire cuire jusqu'à ce que les dattes se défassent en purée. Laisser refroidir.

PÂTE
- Battre le beurre en crème avec la cassonade et le sucre. Incorporer l'œuf et l'essence de vanille. Ajouter les ingrédients secs tamisés et l'eau. Bien mélanger.
- Abaisser la pâte sur un papier ciré en un carré de 36 cm (14 po) de côté. Étendre la garniture aux dattes sur la pâte. Rouler et mettre au réfrigérateur pendant 12 h.
- Couper en 24 morceaux de 1,25 cm (½ po) d'épaisseur. Disposer sur une plaque à pâtisserie. Cuire au four à 200 °C (400 °F) de 10 à 15 min.

GARNITURE
250 ml (1 tasse)	Dattes hachées
125 ml (½ tasse)	Sucre
125 ml (½ tasse)	Eau
85 ml (⅓ tasse)	Beurre
5 ml (1 c. à thé)	Essence de vanille

PÂTE
250 ml (1 tasse)	Beurre
125 ml (½ tasse)	Cassonade
125 ml (½ tasse)	Sucre
1	Œuf
3 ml (½ c. à thé)	Essence de vanille
500 ml (2 tasses)	Farine
3 ml (½ c. à thé)	Bicarbonate de soude
1 ml (¼ c. à thé)	Sel
25 ml (1 ½ c. à soupe)	Eau

GALETTES AU SIROP NOIR

24    $ 25 min   15 min

Saguenay – Lac-Saint-Jean

- Battre le beurre en crème. Ajouter le sucre et les œufs battus, puis la mélasse. Battre jusqu'à ce que le mélange soit bien mousseux. Incorporer le café. Ajouter les ingrédients secs et bien travailler la pâte.
- Étendre délicatement à l'aide d'un rouleau à pâtisserie et découper la pâte avec un emporte-pièce de 8 cm (3 po) de diamètre. Disposer sur une plaque à pâtisserie légèrement beurrée et cuire au four à 180 °C (350 °F) pendant 15 min.

125 ml (½ tasse)	Beurre non salé
175 ml (¾ tasse)	Sucre
2	Œufs battus
175 ml (¾ tasse)	Mélasse
125 ml (½ tasse)	Café fort
750 ml (3 tasses)	Farine
3 ml (½ c. à thé)	Sel
15 ml (1 c. à soupe)	Bicarbonate de soude

PAIN DE BLÉ D'INDE CUIT À LA VAPEUR

Québec

PAIN

125 ml (½ tasse)	Mélasse
250 ml (1 tasse)	Lait sur
250 ml (1 tasse)	Farine de maïs
3 ml (½ c. à thé)	Sel
5 ml (1 c. à thé)	Bicarbonate de soude
250 ml (1 tasse)	Farine

SAUCE CARAMEL

175 ml (¾ tasse)	Cassonade
175 ml (¾ tasse)	Sirop de maïs
50 ml (3 c. à soupe)	Beurre
175 ml (¾ tasse)	Crème 35 %

PAIN

- Mélanger tous les ingrédients. Verser dans un moule graissé de 3 litres (12 tasses). Mettre le moule dans un bain-marie. Fermer le bain-marie hermétiquement et cuire au four à 180 °C (350 °F) pendant 2 h. Servir avec une sauce caramel.

SAUCE CARAMEL

- Mélanger la cassonade et le sirop de maïs.
- Porter à ébullition et cuire jusqu'à ce que le thermomètre à bonbons indique 110 °C (250 °F). Retirer du feu et ajouter le beurre et la crème.

PAIN À LA FARINE DE SARRASIN

Charlevoix

60 ml (¼ tasse)	Sucre
250 ml (1 tasse)	Eau tiède
2	Sachets de levure sèche
25 ml (1 ½ c. à soupe)	Beurre
5 ml (1 c. à thé)	Sel
175 ml (¾ tasse)	Farine de sarrasin
400 ml (3 c. à soupe + 1 ½ tasse)	Farine tout usage

- Dissoudre 10 ml (2 c. à thé) de sucre dans l'eau tiède, ajouter la levure, laisser gonfler pendant 10 min et bien mélanger. Faire fondre le beurre avec le sucre restant et le sel. Laisser tiédir. Ajouter au premier mélange. Incorporer au mélange la farine de sarrasin et 50 ml (3 c. à soupe) de farine tout usage. Laisser reposer cette pâte dans un endroit chaud pendant 3 h.
- Incorporer ensuite 375 ml (1 ½ tasse) de farine, bien mélanger et pétrir pendant 8 min. Façonner en forme de pain. Mettre dans un moule à pain légèrement beurré, couvrir d'un linge propre et laisser lever pendant 1 h. Cuire au four à 200 °C (400 °F) pendant 30 min.

PAIN AUX NOIX

Bas-Saint-Laurent

500 ml (2 tasses)	Farine à pâtisserie
3 ml (½ c. à thé)	Sel
10 ml (2 c. à thé)	Levure chimique
125 ml (½ tasse)	Sucre
125 ml (½ tasse)	Noix hachées
1	Œuf
250 ml (1 tasse)	Lait

- Tamiser la farine, ajouter le sel et la levure chimique, le sucre et les noix. Battre l'œuf et ajouter le lait. Incorporer au premier mélange et battre jusqu'à consistance lisse. Verser dans un moule à pain de 1,5 litre (6 tasses) bien beurré. Laisser reposer 30 min.
- Cuire au four à 180 °C (350 °F) de 30 à 35 min. Laisser refroidir avant de couper en tranches.

PAIN AU LARD

Outaouais

250 ml (1 tasse)	Biscuits soda écrasés
250 ml (1 tasse)	Lait
125 g (½ lb)	Bacon
675 g (1 ½ lb)	Porc haché
60 ml (¼ tasse)	Céleri haché finement
125 ml (½ tasse)	Oignons hachés finement
2	Œufs
	Sel et poivre au goût
1	Gousse d'ail écrasée

- Faire tremper les biscuits soda dans le lait. Couvrir le fond d'un moule de tranches de bacon. Réserver. Bien mélanger le porc, les légumes, les biscuits, les œufs, le sel, le poivre et l'ail. Façonner en pain et mettre dans le moule.
- Cuire au four à 180 °C (350 °F) pendant environ 1 h. Dégraisser 2 ou 3 fois pendant la cuisson. Servir chaud.

PAIN AUX BANANES

Laurentides

85 ml (⅓ tasse)	Beurre
175 ml (¾ tasse)	Sucre
2	Œufs
500 ml (2 tasses)	Farine
10 ml (2 c. à thé)	Levure chimique
3 ml (½ c. à thé)	Sel
1 ml (¼ c. à thé)	Bicarbonate de soude
250 ml (1 tasse)	Purée de bananes

- Ramollir le beurre et le mélanger avec le sucre. Ajouter les œufs. Tamiser les ingrédients secs ensemble et les incorporer au mélange en alternant avec la purée de bananes. Bien mélanger le tout.
- Verser dans un moule beurré de 25 x 15 x 5 cm (10 x 6 x 2 po). Laisser reposer pendant 20 min. Cuire au four à 180 °C (350 °F) pendant 1 h.

PAIN AU GRUAU

1 pain	$
25 min	40 min

Mauricie – Bois-Francs

- Mélanger l'eau bouillante, le gruau, le beurre, le miel et le sel dans un grand bol. Laisser tiédir. Faire dissoudre le sucre dans l'eau tiède. Ajouter la levure et laisser reposer 10 min. Bien mélanger. Ajouter au premier mélange la levure délayée, l'œuf, la muscade, la farine de blé entier, le lait écrémé en poudre et la moitié de la farine tout usage. Battre vigoureusement pendant 2 min en raclant souvent les parois du bol. Incorporer le reste de la farine.
- Mettre la pâte dans un moule à pain beurré et fariné de 23 x 13 x 8 cm (9 x 5 x 3 po). Tapoter la surface du pain pour bien l'égaliser. Couvrir d'une serviette humide et laisser lever pendant 1 h 30 ou jusqu'à ce que la pâte lève de 3 cm (1 ¼ po). Faire cuire au four à 190 °C (375 °F) pendant 40 min.

175 ml (¾ tasse)	Eau bouillante
125 ml (½ tasse)	Gruau à cuisson rapide
50 ml (3 c. à soupe)	Beurre non salé
50 ml (3 c. à soupe)	Miel liquide
10 ml (2 c. à thé)	Sel
5 ml (1 c. à thé)	Sucre
85 ml (⅓ tasse)	Eau tiède
10 ml (2 c. à thé)	Levure sèche
1	Œuf
5 ml (1 c. à thé)	Muscade
250 ml (1 tasse)	Farine de blé entier
50 ml (3 c. à soupe)	Lait écrémé en poudre
250 ml (1 tasse)	Farine tout usage

PAIN AU MIEL

32 carrés	$$
15 min	30 à 35 min

Chaudière-Appalaches

- Tamiser les ingrédients secs. Crémer le beurre et le sucre. À ce mélange, incorporer l'œuf et 175 ml (¾ tasse) de miel. Incorporer la farine en alternant avec l'eau. Verser dans 2 moules carrés de 23 cm (9 po), beurrés et farinés. Cuire au four à 180 °C (350 °F) pendant 30 à 35 min. Démouler. Couper en carrés de 6 cm (2 ¼ po).
- Fouetter la crème aux trois quarts. Incorporer 50 ml (3 c. à soupe) de miel et bien mélanger. Décorer les carrés avec ce mélange.

125 ml (½ tasse)	Farine
10 ml (2 c. à thé)	Levure chimique
3 ml (½ c. à thé)	Cannelle
3 ml (½ c. à thé)	Muscade
1 ml (½ c. à thé)	Toute-épice
125 ml (½ tasse)	Beurre
125 ml (½ tasse)	Sucre
1	Œuf
225 ml (¾ tasse + 3 c. à soupe)	Miel
250 ml (1 tasse)	Eau chaude
250 ml (1 tasse)	Crème 35 %

PAIN D'ÉPICE

Montréal et Laval

- Battre l'œuf. Ajouter le sucre, la mélasse et le lait, et bien mélanger. Ajouter le beurre et enfin les ingrédients secs.
- Verser dans un moule graissé et fariné de 25 x 15 x 5 cm (10 x 6 x 2 po). Cuire au four à 180 °C (350 °F) pendant 35 min.

6	$	15 min	35 min

1	Œuf
125 ml (½ tasse)	Sucre
125 ml (½ tasse)	Mélasse
250 ml (1 tasse)	Lait sur
60 ml (¼ tasse)	Beurre non salé fondu
500 ml (2 tasses)	Farine de blé entier
5 ml (1 c. à thé)	Bicarbonate de soude
3 ml (½ c. à thé)	Sel
5 ml (1 c. à thé)	Levure chimique
8 ml (1 ½ c. à thé)	Gingembre en poudre
3 ml (½ c. à thé)	Muscade
5 ml (1 c. à thé)	Cannelle

PAIN PERDU AU FROMAGE

Manicouagan

- Faire tremper le pain émietté dans le lait pendant 15 min. Ajouter les œufs et bien mélanger. Ajouter le beurre fondu et le fromage. Verser dans un moule à pain de 1 litre (4 tasses). Cuire au four à 180 °C (350 °F) pendant 1 h 15.

Note : Pour démouler plus facilement, verser le mélange dans un moule chemisé d'un papier beurré ou d'un papier d'aluminium.

6	$$	15 min	1 h 15

250 ml (1 tasse)	Pain émietté
125 ml (½ tasse)	Lait
3	Œufs
15 ml (1 c. à soupe)	Beurre fondu
500 ml (2 tasses)	Cheddar fort râpé

◄ *Pain perdu au fromage*

12	$$	20 min	40 min

PETITS PAINS AU FROMAGE

Montérégie

10 ml (2 c. à thé)	Levure sèche
125 ml (½ tasse)	Eau tiède
30 ml (2 c. à soupe)	Sucre
250 ml (1 tasse)	Fromage cottage
585 ml (2 ⅓ tasses)	Farine
1	Œuf
125 ml (½ tasse)	Beurre fondu
30 ml (2 c. à soupe)	Graines d'aneth
15 ml (1 c. à soupe)	Oignons séchés
5 ml (1 c. à thé)	Sel
1 ml (¼ c. à thé)	Bicarbonate de soude
60 ml (¼ tasse)	Lait
1	Œuf battu

- Dissoudre la levure dans l'eau tiède avec le sucre pendant 10 min. Chauffer le fromage cottage jusqu'à ce qu'il soit tiède. Mettre la levure dans un bol et ajouter le tiers de la farine. Bien battre. Ajouter le fromage cottage, l'œuf, le beurre, les graines d'aneth, les oignons, le sel et le bicarbonate de soude. Bien mélanger. Incorporer le reste de la farine et pétrir. Laisser lever la pâte pendant environ 1 h, jusqu'à ce que son volume double.
- Pétrir de nouveau et façonner en petits pains de 60 g (2 oz). Laisser lever de nouveau pendant 1 h, jusqu'à ce que le volume double. Badigeonner d'un mélange de lait et d'œuf battu. Cuire au four à 180 °C (350 °F) pendant 30 min. Recouvrir d'un papier d'aluminium et laisser cuire encore quelques minutes.

> L'aneth est très souvent utilisé comme condiment dans les choucroutes, les marinades et les cornichons au vinaigre. Il est excellent dans les salades et avec certains poissons et crustacés. L'aneth peut être déshydraté et doit être conservé à l'abri de la lumière dans une boîte fermée hermétiquement.

24	$$	20 min	25 min

SOUFFLÉ AU PAIN ET AU FROMAGE DE SAINT-JACQUES-DE-MONTCALM

Lanaudière

500 ml (2 tasses)	Lait chaud
30 ml (2 c. à soupe)	Beurre fondu
	Sel au goût
500 ml (2 tasses)	Mie de pain coupée en dés
4	Jaunes d'œufs
250 ml (1 tasse)	Cheddar fort râpé
	Poivre
	Muscade
6	Blancs d'œufs

- Ajouter le lait, le beurre et le sel à la mie de pain. Cuire à feu doux. Retirer du feu et incorporer les jaunes d'œufs et le cheddar. Assaisonner de poivre et de muscade. Laisser refroidir.
- Monter les blancs d'œufs en neige ferme. Incorporer au mélange. Verser dans des moules individuels à muffins et cuire au four à 180 °C (350 °F) pendant 25 min environ.

Petits pains au fromage ➤

BRIOCHES À LA CANNELLE

Laurentides

125 ml (½ tasse)	Lait
255 ml (1 tasse + 1 c. à thé)	Sucre
5 ml (1 c. à thé)	Sel
60 ml (¼ tasse + 1. c à thé)	Beurre non salé
125 ml (½ tasse)	Eau froide
60 ml (¼ tasse)	Eau tiède
10 ml (2 c. à thé)	Levure sèche
2	Œufs battus
1 litre (4 tasses)	Farine
50 ml (3 c. à soupe)	Beurre fondu
10 ml (2 c. à thé)	Cannelle
1	Œuf battu

- Porter le lait à ébullition. Retirer du feu et ajouter 125 ml (½ tasse) de sucre, le sel, 60 ml (¼ tasse) de beurre ramolli et l'eau froide. Laisser tiédir. Mélanger l'eau tiède avec 5 ml (1 c. à thé) de sucre et la levure sèche, laisser gonfler pendant 10 min et remuer ensuite. Ajouter au premier mélange les œufs battus et le mélange de levure. Ajouter la moitié de la farine préalablement tamisée. Bien mélanger pour obtenir une pâte élastique. Incorporer graduellement le reste de la farine et bien pétrir pendant environ 5 min. Mettre la pâte dans un bol, badigeonner de 5 ml (1 c. à thé) de beurre non salé, puis la couvrir et la laisser gonfler au double de son volume.
- Abaisser la pâte en un rectangle de 25 x 60 cm (10 x 24 po). Badigeonner de beurre fondu et saupoudrer du mélange de 125 ml (½ tasse) de sucre et la cannelle. Rouler la pâte et la couper en 24 morceaux. Mettre les brioches sur une plaque à pâtisserie graissée et les laisser gonfler au double de leur volume. Badigeonner d'œuf battu. Cuire au four à 180 °C (350 °F) pendant 15 à 20 min.

BRIOCHES D'AUTOMNE

Saguenay – Lac-Saint-Jean

30 g (1 oz)	Levure fraîche ou 12 ml (2 ½ c. à thé) levure sèche
500 ml (2 tasses)	Lait tiède
160 ml (⅔ tasse)	Sucre
3 ml (½ c. à thé)	Sel
4	Œufs
1,75 litre (7 tasses)	Farine
125 ml (½ tasse)	Beurre non salé
125 ml (½ tasse)	Cassonade
10 ml (2 c. à thé)	Cannelle

GLACE

10 ml (2 c. à thé)	Beurre
375 ml (1 ½ tasse)	Sucre en poudre
25 ml (1 ½ c. à soupe)	Lait
5 ml (1 c. à thé)	Jus de citron
3 ml (½ c. à thé)	Zeste de citron

- Délayer la levure dans le lait tiède. Ajouter le sucre, le sel et 3 œufs et bien mélanger. Incorporer la farine par petites quantités et mélanger jusqu'à ce que la pâte se détache facilement des parois du bol.
- Recouvrir et laisser doubler de volume dans un endroit chaud et humide pendant environ 2 h. Rabattre la pâte et incorporer le beurre. Étendre la pâte avec un rouleau à pâtisserie pour former un rectangle de 40 x 60 cm (16 x 24 po). Badigeonner d'un œuf battu, parsemer de cassonade et de cannelle, puis rouler. Couper en morceaux d'environ 2 cm (¾ po) de largeur. Laisser de nouveau doubler de volume. Cuire au four à 180 °C (350 °F) pendant environ 20 min.

GLACE

- Mélanger tous les ingrédients. Porter à ébullition en remuant constamment. Retirer du feu. Glacer les brioches dès leur sortie du four.

BRIOCHES À LA CRÈME SURE

Gaspésie

🍴 24	💲 $	⏳ 3 h	🍲 15 min

- Porter à ébullition le lait, le sucre, le sel et 40 ml (3 c. à soupe) de beurre. Laisser tiédir. Mélanger l'eau tiède, le sucre et la levure sèche. Laisser gonfler pendant 10 min. Passer au tamis les pommes de terre en purée, froides. Ajouter les jaunes d'œufs et la crème sure. Ajouter ce mélange à la levure, puis incorporer le mélange de lait tiède. Incorporer 600 ml (2 ½ tasses) de farine tamisée et mélanger pour obtenir une pâte lisse. Ajouter 500 ml (2 tasses) de farine tamisée et pétrir la pâte.
- Mettre la pâte dans un bol et badigeonner le dessus de 10 ml (2 c. à thé) de beurre. Laisser lever jusqu'à ce que le volume double. Rabattre la pâte et la pétrir légèrement. Badigeonner de 10 ml (2 c. à thé) de beurre et laisser lever de nouveau jusqu'à ce que le volume double. Rabattre la pâte et l'abaisser en un rectangle de 30 x 50 cm (12 x 20 po). Étendre le beurre sur la pâte, mélanger le sucre et la cannelle et en saupoudrer la pâte. Parsemer de raisins.
- Rouler la pâte à une épaisseur de 2 cm (¾ po) et couper les brioches. Disposer sur une plaque graissée. Badigeonner de dorure (mélange d'œuf et de lait). Cuire au four à 180 °C (350 °F) pendant 15 min.

250 ml (1 tasse)	Lait
85 ml (⅓ tasse)	Sucre
6 ml (1 ¼ c. à thé)	Sel
175 ml (¾ tasse)	Beurre
85 ml (⅓ tasse)	Eau tiède
5 ml (1 c. à thé)	Sucre
6 ml (1 ¼ c. à thé)	Levure sèche
85 ml (⅓ tasse)	Pommes de terre en purée
2	Jaunes d'œufs
85 ml (⅓ tasse)	Crème sure
1,1 litre (4 ½ tasses)	Farine
125 ml (½ tasse)	Sucre
5 ml (1 c. à thé)	Cannelle
125 ml (½ tasse)	Raisins secs Sultana
1	Œuf battu
15 ml (1 c. à soupe)	Lait

BRIOCHES DU VENDREDI SAINT

Mauricie – Bois-Francs

🍴 24	💲 $	⏳ 3 h	🍲 20 min

- Délayer la levure dans le lait tiède. Ajouter tous les autres ingrédients (les raisins secs en dernier). Bien pétrir jusqu'à ce que la pâte devienne élastique (environ 15 min). Laisser doubler de volume.
- Façonner des boules lisses de 30 g (1 oz) chacune et disposer sur une plaque beurrée. Dessiner une croix avec la pointe d'un couteau sur le dessus des brioches. Laisser doubler de volume dans un endroit chaud. Faire cuire au four à 180 °C (350 °F) pendant 20 min.

GLACE AU SUCRE
- Porter à ébullition la cassonade et le lait. Glacer les brioches à l'aide d'un pinceau lorsqu'elles sont cuites.

25 ml (1 ½ c. à soupe)	Levure sèche
250 ml (1 tasse)	Lait
500 ml (2 tasses)	Farine tout usage
60 ml (¼ tasse)	Sucre
12 ml (2 ½ c. à thé)	Sel
	Quatre-épices au goût
	Cannelle au goût
85 ml (⅔ tasse)	Beurre
1	Œuf
125 ml (½ tasse)	Raisins secs

GLACE AU SUCRE

125 ml (½ tasse)	Cassonade
25 ml (1 ½ c. à soupe)	Lait

CRUMPETS

Cantons-de-l'Est

24	$	10 min	15 min

- Mélanger la cassonade, le beurre et l'œuf. Ajouter la farine, les raisins secs, les épices et le bicarbonate de soude dissous dans le lait. Travailler la pâte jusqu'à ce qu'elle soit ferme. Disposer par cuillerées de 25 ml (1 ½ c. à soupe) sur une plaque à pâtisserie beurrée. Cuire au four à 200 °C (400 °F) pendant environ 15 min.

250 ml (1 tasse)	Cassonade
125 ml (½ tasse)	Beurre non salé
1	Œuf
375 ml (1 ½ tasse)	Farine tout usage
250 ml (1 tasse)	Raisins secs, hachés
3 ml (½ c. à thé)	Épices mélangées
3 ml (½ c. à thé)	Bicarbonate de soude
30 ml (2 c. à soupe)	Lait sur

GAUFRES

Îles-de-la-Madeleine

24	$	20 min	2 à 3 min

- Battre les œufs. Ajouter le lait et le beurre. Incorporer les ingrédients secs, tamisés. Laisser reposer pendant l h au réfrigérateur. Cuire pendant 2 à 3 min dans un gaufrier beurré.

2	Œufs
375 ml (1 ½ tasse)	Lait
60 ml (¼ tasse)	Beurre fondu
375 ml (1 ½ tasse)	Farine
15 ml (1 c. à soupe)	Sucre
10 ml (2 c. à thé)	Levure chimique
1 pincée	Sel

QUICHE DE SAINT-MICHEL-DES-SAINTS

Lanaudière

6	$	30 à 35 min	45 min

- Abaisser la pâte sur une plaque enfarinée, à l'aide d'un rouleau à pâtisserie. Foncer un moule à tarte. Réserver.
- Faire revenir le bacon dans une poêle jusqu'à ce qu'il soit croustillant. Éponger. Le couper en petits morceaux et les disposer sur le fond de tarte. Faire cuire les oignons dans le gras du bacon. Parsemer le fond de tarte des oignons égouttés. Battre les œufs et ajouter le lait et la crème. Incorporer les fromages. Saler et poivrer. Verser le mélange sur le fond de tarte. Cuire au four à 180 °C (350 °F) pendant 45 min. Servir chaud.

250 g (½ lb)	Pâte brisée *(voir recettes de base)*
6 tranches	Bacon
85 ml (⅓ tasse)	Oignons hachés
2	Œufs
125 ml (½ tasse)	Lait
125 ml (½ tasse)	Crème 15 %
60 ml (¼ tasse)	Fromage gruyère râpé
25 ml (2 c. à soupe)	Brie crémeux
	Sel et poivre au goût

TARTEAUX DE SARRASIN

Manicouagan

6	$
10 min	2 min

- Faire tiédir le lait et l'eau. Dissoudre la levure, la cassonade et le sel dans le liquide. Ajouter les farines graduellement au mélange. Battre jusqu'à l'obtention d'un mélange mousseux. Couvrir et laisser lever pendant 1 h.
- Graisser la poêle avec le lard salé ou le corps gras. Verser le mélange dans une poêle en portions de 85 ml (⅓ tasse) et cuire comme pour une galette (d'un seul côté).

250 ml (1 tasse)	Lait
375 ml (1 ½ tasse)	Eau
10 ml (2 c. à thé)	Levure sèche
30 ml (2 c. à soupe)	Cassonade
3 ml (½ c. à thé)	Sel
250 ml (1 tasse)	Farine tout usage
500 ml (2 tasses)	Farine de sarrasin
	Lard salé ou corps gras

> *Pour confectionner le pain de ménage, on utilisera toujours du blé — on n'aura qu'à s'en procurer au marché —, mais comme il faut le payer un bon montant, on y mêlera du seigle, de l'avoine ou des pommes de terre. On sait par contre préparer d'excellentes galettes et de bons petits pains avec le « blé noir » ou sarrasin. Souvent, on le cultive pour débarrasser les champs des mauvaises herbes et pour engraisser le sol. Il s'agit d'une céréale très sensible aux conditions atmosphériques, mais tout de même vigoureuse.*

OMELETTE AUX CHAMPIGNONS SAUTÉS

Manicouagan

4	$$$
15 min	5 min

- Dans une poêle en fonte, chauffer le beurre et faire fondre les échalotes doucement 2 à 3 min. Ajouter les champignons et cuire jusqu'à évaporation complète de l'humidité et colorer légèrement. Saler et poivrer, et ajouter la ciboulette.
- Chauffer un peu de beurre dans une poêle à omelette, verser les œufs et mélanger rapidement. Mettre les champignons cuits au centre et rouler l'omelette.
- Servir avec des pommes de terre sautées.

85 ml (⅓ tasse)	Beurre non salé
125 ml (½ tasse)	Échalotes hachées finement
750 ml (3 tasses)	Cèpes lavés, émincés finement et épongés
750 ml (3 tasses)	Chanterelles lavées, émincées finement et épongées
	Sel et poivre du moulin au goût
125 ml (½ tasse)	Ciboulette ciselée
8	Œufs

OMELETTE AUX ÉPINARDS DE SAINT-DONAT

Lanaudière

6	$	25 min	30 à 35 min

300 g (5 tasses)	Épinards
45 ml (3 c. à soupe)	Beurre
125 ml (½ tasse)	Champignons émincés
8	Œufs
85 ml (⅓ tasse)	Gruyère râpé
85 ml (⅓ tasse)	Cheddar fort râpé
	Sel et poivre au goût

• Laver les épinards, les trier et les équeuter. Les faire suer dans 30 ml (2 c. à soupe) de beurre. Les mettre dans un plat à gratin beurré. Faire sauter les champignons dans 15 ml (1 c. à soupe) de beurre. Les disposer sur les épinards. Battre les œufs. Incorporer les fromages. Saler et poivrer au goût. Verser le mélange dans le plat à gratin. Cuire au four à 180 °C (350 °F) pendant environ 30 à 35 min. Servir chaud.

OMELETTE AUX ŒUFS DE POULAMON

Mauricie – Bois-Francs

6	$	20 min	30 min

375 ml (1 ½ tasse)	Œufs de poulamon
15	Œufs de poule
	Sel et poivre au goût
50 ml (3 c. à soupe)	Beurre

• Bien laver les œufs de poulamon à l'eau froide courante, les égoutter et réserver. Battre les œufs de poule, saler et poivrer. Faire fondre le beurre dans une poêle. Verser les œufs (de poulamon et de poule) et cuire. Servir chaud.

OMELETTE BEAUCERONNE

Chaudière-Appalaches

1	$	10 min	15 min

50 ml (3 c. à soupe)	Pommes de terre cuites en petits dés
25 ml (1 ½ c. à soupe)	Beurre
2	Œufs
25 ml (1 ½ c. à soupe)	Lait
	Sel et poivre au goût
4	Tranches de tomate
30 g (1 oz)	Cheddar jaune doux en tranches

• Faire sauter les pommes de terre dans le beurre. Battre les œufs, incorporer le lait, le sel et le poivre. Verser sur les pommes de terre et cuire en omelette. Plier l'omelette en trois.
• Mettre les tranches de tomate sur l'omelette. Couvrir les tomates de fromage. Griller au four.

OMELETTE SOUFFLÉE AU LARD

Outaouais

	6
	$
	15 min
	10 min

- Couper le lard salé en tranches très minces. Si le lard est très salé, blanchir afin de le dessaler avant de le faire rôtir. Faire frire les tranches de lard dans une poêle jusqu'à ce qu'elles soient très croustillantes. Verser, si nécessaire, le surplus de gras. Battre les œufs. Incorporer la farine, le lait et le bicarbonate de soude, et poivrer. Verser la préparation sur les grillades de lard. Mélanger. Cuire au four à 180 °C (350 °F) pendant environ 10 min. Servir chaud.

125 g (¼ lb)	Lard salé entrelardé
8	Œufs
85 ml (⅓ tasse)	Farine
125 ml (½ tasse)	Lait
3 ml (½ c. à thé)	Bicarbonate de soude
	Poivre au goût

ŒUFS DANS LE PURGATOIRE

Mauricie – Bois-Francs

	6
	$
	10 min
	15 min

- Faire dorer les oignons dans le beurre. Ajouter les restes de viande cuite (bœuf, porc, veau ou autre) et les tomates. Laisser mijoter pendant 10 min. Saler, poivrer et ajouter le laurier. Pocher les œufs dans cette sauce ou à part, à feu très doux, de 3 à 4 min. Servir avec des pommes de terre bouillies ou en purée.

Note : Selon la légende, la sauce tomate représente les flammes du purgatoire ; les morceaux de viande, les âmes en pénitence.

125 ml (½ tasse)	Oignons hachés
30 ml (2 c. à soupe)	Beurre
425 g (15 oz)	Restes de viande cuite
750 ml (3 tasses)	Tomates concassées
	Sel et poivre au goût
1	Feuille de laurier
6	Œufs

PATATES AUX ŒUFS

Manicouagan

	6
	$
	10 min
	20 min

- Bien assécher les pommes de terre. Les faire rôtir dans l'huile chaude. Bien les éponger pour enlever l'excès d'huile. Mélanger les œufs, le lait, le sel et le poivre. Verser ce mélange sur les pommes de terre. Cuire au four à 180 °C (350 °F) pendant environ 20 min.

500 ml (2 tasses)	Pommes de terre en cubes
50 ml (3 c. à soupe)	Huile végétale
4	Œufs
175 ml (¾ tasse)	Lait
	Sel et poivre au goût

6	$$	25 min	15 min

ŒUFS DU VENDREDI

Montérégie

3 litres (12 tasses)	Épinards
1 litre (4 tasses)	Eau
	Sel au goût
45 ml (3 c. à soupe)	Beurre
1 ml (¼ c. à thé)	Muscade
1	Gousse d'ail hachée finement
	Sel et poivre au goût
125 ml (½ tasse)	Crème 15 %
6	Œufs durs
5 ml (1 c. à thé)	Ciboulette hachée

- Cuire les épinards dans l'eau bouillante salée, égoutter et hacher au couteau. Dans une casserole, faire fondre 30 ml (2 c. à soupe) de beurre et faire revenir légèrement les épinards. Ajouter la muscade, l'ail, le sel, le poivre et 85 ml (⅓ tasse) de crème. Laisser réduire quelque peu. Retirer du feu et verser dans un plat allant au four.
- Couper les œufs durs en deux sur la longueur. Piler les jaunes avec la crème restante, 15 ml (1 c. à soupe) de beurre et la ciboulette. Saler et poivrer. Farcir les blancs d'œufs. Disposer les œufs sur la purée d'épinards. Mettre au four à 180 °C (350 °F) pour bien chauffer, environ 10 min.

Ce petit bulbe poussant en touffes donne de petites tiges qui parfument merveilleusement omelettes, salades et sauces vertes. Émincées, les tiges de ciboulette mélangées au cerfeuil ou au persil agrémentent un grand nombre de plats.

6	$	30 min	12 min

ŒUFS FARCIS AUX CREVETTES

Gaspésie

4	Œufs
15 ml (1 c. à soupe)	Vinaigre
60 ml (¼ tasse)	Crevettes cuites hachées
15 ml (1 c. à soupe)	Céleri haché
	Poivron vert haché au goût
30 ml (2 c. à soupe)	Mayonnaise
	Sel et poivre au goût
1 pincée	Moutarde sèche
	Poivron vert et jaune en lanières en quantité suffisante
6	Feuilles de laitue Boston

- Mettre les œufs dans l'eau froide, porter à ébullition et cuire de 6 à 8 min. Les laisser refroidir et enlever la coquille. Couper les œufs en 3 quartiers sur la longueur. Écraser les jaunes et réserver les blancs. Mélanger tous les ingrédients, sauf les blancs d'œufs, les lanières de poivron et la laitue. Farcir les blancs d'œufs avec le mélange.
- Décorer chaque portion d'une lanière de poivron, puis disposer chaque portion sur une feuille de laitue. Servir froid.

Œufs du vendredi ➤

conserves confitures marinades desserts boissons potages
gibier à poil et à plume légumes fromages pains œufs con
poissons mollusques crustacés viandes volailles lapins gi
soupes crèmes crudités salades pâtés terrines tourtières p
serves confitures marinades desserts boissons potages sou
er à poil et à plume légumes fromages pains œufs conserve
ssons mollusques crustacés viandes volailles lapins gibier à
pes crèmes crudités salades pâtés terrines tourtières poissons mollusques crus
ves confitures marinades desserts boissons potages soupes crèmes crudités sa
er à poil et à plume légumes fromages pains œufs conserves confitures marina
ssons mollusques crustacés viandes volailles lapins gibier à poil et à plume lég
pes crèmes crudités salades pâtés terrines tourtières poissons mollusques crus
ves confitures marinades desserts boissons potages soupes crèmes crudités sa
er à poil et à plume légumes fromages pains œufs conserves confitures marina
ssons mollusques crustacés viandes volailles lapins gibier à poil et à plume lég
pes crèmes crudités salades pâtés terrines tourtières poissons mollusques crus
ves confitures marinades desserts boissons potages soupes crèmes crudités sa
gumes fromages pains œufs conserves confitures marina
tacés viandes volailles lapins gibier à poil et à plume lég
alades pâtés terrines tourtières poissons mollusques crus
les desserts boissons potages soupes crèmes crudités sa
gumes fromages pains œufs conserves confitures marina
tacés viandes volailles lapins gibier à poil et à plume lég
pes crèmes crudités salades pâtés terrines tourtières poissons mollusques crus
ves confitures marinades desserts boissons potages soupes crèmes crudités sa
er à poil et à plume légumes fromages pains œufs conserves confitures marina
ssons mollusques crustacés viandes volailles lapins gibier à poil et à plume lég
pes crèmes crudités salades pâtés terrines tourtières poissons mollusques crus
ves confitures marinades desserts boissons potages soupes crèmes crudités sa
er à poil et à plume légumes fromages pains œufs conserves confitures marina
ssons mollusques crustacés viandes volailles lapins gibier à poil et à plume lég
pes crèmes crudités salades pâtés terrines tourtières poissons mollusques crus
ves confitures marinades desserts boissons potages soupes crèmes crudités sa
à poil et à plume légumes fromages pains œufs conserves confitures marina

conserves, confitures
et marinades

4-6	$	25 min	ébullition

CORNICHONS À L'ANETH

Cantons-de-l'Est

825 g (1 ¾ lb)	Concombres
¼	Gousse d'ail
0,5 ml (⅛ c. à thé)	Vinaigre
1 pincée	Aneth frais

MÉLANGE CHAUD

375 ml (1 ½ tasse)	Eau
125 ml (½ tasse)	Vinaigre
16 ml (1 c. à soupe)	Gros sel
1 ml (¼ c. à thé)	Alun

- Stériliser des pots de verre. Laver et éponger les concombres. Ne couper que les plus gros sur la longueur. Mettre les concombres dans les pots. Ajouter dans chaque pot l'ail, le vinaigre et l'aneth.

MÉLANGE CHAUD
- Chauffer jusqu'au point d'ébullition tous les ingrédients.
- Verser ce mélange chaud sur les concombres et fermer hermétiquement. Laisser mariner pendant 2 mois.

6	$$	35 min	30 min

GELÉE AUX GRAINES ROUGES
(Airelles vigne d'Ida)

Duplessis

2 kg (4 ½ lb)	Airelles vigne d'Ida (lingonnes)
6	Pommes
	Sucre
	Paraffine

- Trier, équeuter et laver les fruits. Laver et couper les pommes en quartiers. Mettre les pommes et les graines rouges dans une marmite. Couvrir d'eau à égalité. Faire chauffer lentement et écraser les fruits. Cuire pendant environ 15 à 20 min. Filtrer le jus en le laissant égoutter pendant 12 h à travers un tissu très fin (ne pas presser). Jeter la pulpe qui reste.
- Mesurer le liquide obtenu. Ajouter de 750 g à 1 kg (1 ½ à 2 ¼ lb) de sucre par litre (4 tasses) de jus. Faire cuire le sirop à découvert en écumant souvent jusqu'à 105 °C (220 °F). Verser dans des pots stérilisés. Couvrir avec de la paraffine.

Ces graines rouges, ce sont les airelles, ces petites baies sauvages qui poussent en abondance sur la Côte-Nord et que l'on récolte vers la fin de l'automne. Ce sont des fruits délicieux qui se marient fort bien à la saveur des pommes. Leur fleur ressemble à celle du pommier et, pour cette raison, les gens de la région les désignent du nom de «pommes de terre»!

HERBES SALÉES DES FERMIÈRES

Gaspésie

4	$	30 min	—

- Bien mélanger tous les ingrédients, sauf le gros sel. Disposer dans une jarre le mélange par couches successives avec un peu de gros sel. Terminer par du gros sel. Laisser dégorger au frais pendant 2 semaines.
- Égoutter. Mettre les herbes dans des pots.

   Note : On peut ajouter au mélange des oignons, du céleri, des carottes, du cerfeuil et de la ciboulette, hachés.

750 ml (3 tasses)	Poireaux hachés finement
500 ml (2 tasses)	Oignons verts hachés finement
250 ml (1 tasse)	Persil haché finement
60 ml (¼ tasse)	Sarriette fraîche hachée finement
	Gros sel en quantité suffisante

KETCHUP

Laurentides

6-8	$	20 min	1 h

- Mettre tous les ingrédients dans une grande casserole. Laisser mijoter pendant l h. Laisser refroidir et verser dans des bocaux stérilisés.

Les ketchups se préparent sans peine dans l'âtre. Les ingrédients doivent mijoter longtemps ensemble dans une marmite, peu importe que cette dernière soit pendue à la crémaillère ou posée à plat sur un rond de poêle. C'est également le cas pour les soupes, bouillis et ragoûts de tous genres.

500 ml (2 tasses)	Pommes rouges émondées, épépinées et coupées en dés
1,2 litre (5 tasses)	Tomates rouges émondées, épépinées, en dés
1 litre (4 tasses)	Céleri haché
425 ml (1 ¾ tasse)	Oignons hachés
375 ml (1 ½ tasse)	Sucre
250 ml (1 tasse)	Vinaigre
20 ml (4 c. à thé)	Sel
8 ml (1 ½ c. à thé)	Épices pour marinades
3 ml (½ c. à thé)	Cannelle

KETCHUP À LA RHUBARBE

Manicouagan

1,5 litre (6 tasses)	$$	20 min	2 h 30

- Faire bouillir le vinaigre, la cassonade, les épices et le sel. Ajouter la rhubarbe et les oignons. Faire cuire pendant 1 h 30 ou jusqu'à ce qu'il ne reste plus de liquide à la surface. Verser cette préparation chaude dans des bocaux chauds et fermer.

375 ml (1 ½ tasse)	Vinaigre blanc
750 ml (3 tasses)	Cassonade
8 ml (1 ½ c. à thé)	Épices pour marinades
	Sel au goût
1,5 litre (6 tasses)	Rhubarbe en cubes
560 ml (2 ¼ tasses)	Oignons hachés

6-8 $$ 1 h   20 à 30 min

KETCHUP AUX CAROTTES D'EMMA

Outaouais

500 ml (2 tasses)	Concombres épépinés, hachés
1,5 litre (6 tasses)	Eau
45 ml (3 c. à soupe)	Sel
500 ml (2 tasses)	Carottes hachées
250 ml (1 tasse)	Oignons hachés
60 ml (¼ tasse)	Farine
500 ml (2 tasses)	Vinaigre
500 ml (2 tasses)	Cassonade
60 ml (¼ tasse)	Moutarde sèche
8 ml (1 ½ c. à thé)	Curcuma
	Sel et poivre au goût

- Faire tremper les concombres dans 500 ml (2 tasses) d'eau salée pendant au moins 12 h. Faire chauffer les concombres et l'eau salée, puis les porter au point de frémissement ; ne pas faire bouillir. Égoutter les concombres et réserver. Faire cuire séparément les carottes et les oignons dans 500 à 750 ml (2 à 3 tasses) d'eau. Égoutter et réserver avec les concombres. Mélanger la farine et 250 ml (1 tasse) d'eau dans une casserole. Ajouter le vinaigre, la cassonade, la moutarde et le curcuma. Saler et poivrer. Bien mélanger.
- Mettre sur le feu et faire cuire pendant 10 à 15 min. Ajouter les légumes et laisser mijoter pendant 10 à 15 min. Verser dans des bocaux stérilisés.

6-8 $$$ 30 min   1 h

KETCHUP AUX FRUITS DE GRAND-MAMAN

Mauricie – Bois-Francs

325 ml (1 ⅓ tasse)	Pommes en dés
410 ml (1 ⅔ tasse)	Pêches en dés
250 ml (1 tasse)	Poires en dés
625 ml (2 ½ tasses)	Tomates en dés
500 ml (2 tasses)	Oignons en dés
175 ml (¾ tasse)	Céleri en dés
15 ml (1 c. à soupe)	Sel
8 ml (1 ½ c. à thé)	Moutarde en poudre
8 ml (1 ½ c. à thé)	Cannelle
3 ml (½ c. à thé)	Clou de girofle
300 ml (1 ¼ tasse)	Vinaigre

- Mettre les fruits et les légumes dans une casserole avec les épices et le vinaigre. Faire mijoter pendant 1 h. Laisser refroidir avant de verser dans des pots stérilisés.

L'emploi de la pâte condimentaire obtenue en broyant ses graines dans un verjus ou un moût de raisin se répandit vers le XIIIe siècle. Le mot « moutarde » est apparu pour la première fois en 1288. Il vient de mostarde, *qui signifie « moût ardent ou brûlant ».*

KETCHUP VERT

Cantons-de-l'Est

1,5 litre (6 tasses) $$ 30 min   35 min

- Couper les légumes en dés, couvrir de gros sel et faire dégorger pendant une nuit. Égoutter les légumes et les mettre dans une marmite.
- Envelopper dans une mousseline (coton à fromage) le vinaigre, le sucre, les épices pour marinades et le poivre. Ajouter aux légumes et faire cuire pendant environ 35 min. Verser dans des pots stérilisés et laisser refroidir.

1 kg (2 ¼ lb)	Tomates vertes
325 g (¾ lb)	Oignons
½ pied	Céleri
60 ml (¼ tasse)	Gros sel
325 ml (1 ⅓ tasse)	Vinaigre
500 ml (2 tasses)	Sucre
20 ml (4 c. à thé)	Épices pour marinades
1 ml (¼ c. à thé)	Poivre en grains

MARMELADE DE RHUBARBE

Montréal et Laval

1,5 litre (6 tasses) $$ 20 min   45 min

- Bien mélanger tous les ingrédients dans une casserole. Couvrir et laisser reposer pendant 30 min. Faire mijoter pendant 45 min en remuant fréquemment. Laisser refroidir et mettre en pots.

* *Si vous utilisez de la rhubarbe fraîche, bien la nettoyer et la peler avant de la couper en dés.*

2,2 litres (9 tasses)	Rhubarbe* en dés
1,3 litre (5 ¼ tasses)	Sucre
85 ml (⅓ tasse)	Jus d'orange
35 ml (2 c. à soupe)	Jus de citron
85 ml (⅓ tasse)	Noix de Grenoble hachées
3 ml (½ c. à thé)	Zeste de citron

Ce sont les pétioles ou bâtons de la rhubarbe qui, pelés et coupés en dés, servent à la préparation de la marmelade. En plus de sa saveur très appréciée, la rhubarbe possède aussi des propriétés apéritives, toniques et purgatives. Les anxieux l'éviteront, car elle augmenterait l'acidité dans leur estomac.

RELISH AU CHOU ET AUX TOMATES

1,5 litre (6 tasses) $$ 45 min   2 h

Montréal et Laval

- Passer les légumes au hachoir. Ajouter le gros sel et l'eau. Laisser reposer toute une nuit. Bien égoutter les légumes.

ASSAISONNEMENTS
- Mélanger tous les ingrédients. Ajouter aux légumes et cuire pendant 2 h. Laisser refroidir et mettre en pots.

10	Tomates vertes
1	Petit chou
2	Poivrons rouges
2	Poivrons verts
9	Oignons
85 ml (⅓ tasse)	Gros sel
1,5 litre (6 tasses)	Eau

Pour bien réussir cette relish, il faut que tous les ingrédients mijotent ensemble pendant deux longues heures. Jadis, c'est dans l'âtre des foyers que se faisait la cuisson.

ASSAISONNEMENTS

110 ml (env. 4 oz)	Graines de moutarde
25 ml (1 ½ c. à soupe)	Graines de céleri
25 ml (1 ½ c. à soupe)	Gros sel
11 ml (2 ¼ c. à thé)	Curcuma
1,5 litre (6 tasses)	Vinaigre de vin blanc
1,5 litre (6 tasses)	Sucre

RELISH AUX POIVRONS

1,5 litre (6 tasses) $$ 20 min   20 min

Montréal et Laval

- Nettoyer les poivrons et les passer au hachoir avec les oignons. Les ébouillanter et laisser reposer pendant 10 min. Bien égoutter les légumes dans une mousseline. Les mettre dans une casserole avec les autres ingrédients et cuire pendant 20 min à feu moyen. Laisser refroidir et mettre en pots.

2 litres (8 tasses)	Poivrons verts hachés, sans la peau de préférence
2 litres (8 tasses)	Poivrons rouges hachés, sans la peau de préférence
2 litres (8 tasses)	Oignons hachés
500 ml (2 tasses)	Vinaigre blanc
500 ml (2 tasses)	Sucre
15 ml (1 c. à soupe)	Sel

boissons et desserts

FRIPETTE*

Îles-de-la-Madeleine

- Faire bouillir la mélasse pendant 5 min. Laisser refroidir. Battre les œufs dans un bol et les ajouter à la mélasse refroidie. Cuire de nouveau pendant 2 min, tout en remuant constamment.

* *Servir en tartinade sur du pain frais ou grillé.*

1 litre (4 tasses)	Mélasse
4	Œufs

BEIGNES AUX PATATES

Manicouagan

- Faire cuire les pommes de terre dans l'eau. Égoutter et réduire en purée. Ajouter le sucre et le beurre. Tamiser la farine avec la levure chimique. Incorporer le lait en alternant avec la farine. Mettre assez de farine pour obtenir une pâte facile à étendre. Laisser reposer cette pâte pendant 30 min.
- Façonner des beignes et les faire frire dans l'huile. Éponger les beignes sur un papier absorbant ou sur un linge propre avant de les servir.

250 ml (1 tasse)	Pommes de terre
250 ml (1 tasse)	Sucre
10 ml (2 c. à thé)	Beurre
375 ml (1 ½ tasse)	Farine
15 ml (1 c. à soupe)	Levure chimique
85 ml (⅓ tasse)	Lait
	Huile à frire (arachide)

BEIGNES DE STORNOWAY

Cantons-de-l'Est

- Ajouter alternativement le sucre et les œufs battus au beurre fondu. Tamiser les ingrédients secs et les incorporer au mélange, en alternant avec le lait, auquel on aura ajouté l'essence de vanille et la muscade. La pâte doit rester assez molle. Mettre au réfrigérateur pendant 4 h.
- Étendre la pâte à l'aide d'un rouleau à pâtisserie à une épaisseur de 1,25 cm (½ po), puis découper les beignes avec un emporte-pièce. Cuire dans l'huile à 180-190 °C (350-375 °F). Bien égoutter et saupoudrer de sucre en poudre.

175 ml (¾ tasse)	Sucre
3	Œufs battus
40 ml (3 c. à soupe)	Beurre fondu
750 ml (3 tasses)	Farine tout usage
15 ml (1 c. à soupe)	Levure chimique
3 ml (½ c. à thé)	Sel
160 ml (⅔ tasse)	Lait
5 ml (1 c. à thé)	Essence de vanille
5 ml (1 c. à thé)	Muscade
	Huile
	Sucre en poudre

◀ *Beignes aux patates*

BEIGNETS AUX POMMES*

Montréal et Laval

500 ml (2 tasses)	Farine tout usage
20 ml (4 c. à thé)	Levure chimique
3 ml (½ c. à thé)	Sel
3 ml (½ c. à thé)	Cannelle
1 ml (¼ c. à thé)	Muscade
125 ml (½ tasse)	Sucre
2	Œufs
375 ml (1 ½ tasse)	Lait
10 ml (2 c. à thé)	Beurre non salé fondu
4	Pommes

- Mélanger d'abord la farine, la levure chimique, le sel, la cannelle et la muscade. Ajouter les autres ingrédients, sauf les pommes. Peler les pommes, retirer le cœur et les couper en tranches de 6 mm (¼ po) d'épaisseur.
- Tremper les tranches de pomme dans la pâte. Faire frire les beignets à 185 °C (365 °F), jusqu'à ce qu'ils soient d'un beau brun doré, soit environ 1 ½ min de chaque côté.

* *Se mangent chauds, de préférence.*

BISCUITS À LA CITROUILLE

Chaudière-Appalaches

40 ml (3 c. à soupe)	Beurre ramolli
125 ml (½ tasse)	Cassonade
1	Œuf
125 ml (½ tasse)	Purée de citrouille
1 ml (¼ c. à thé)	Vanille
375 ml (1 ½ tasse)	Farine tamisée
4 ml (¾ c. à thé)	Levure chimique
1 ml (¼ c. à thé)	Gingembre
1 ml (¼ c. à thé)	Muscade
1 ml (¼ c. à thé)	Sel
1 ml (¼ c. à thé)	Cannelle
85 ml (⅓ tasse)	Dattes hachées

- Crémer le beurre avec la cassonade. Ajouter l'œuf et la purée de citrouille. Aromatiser avec la vanille. Tamiser les ingrédients secs et les ajouter à la purée de citrouille. Ajouter les dattes au mélange.
- Abaisser la pâte jusqu'à ce qu'elle ait 6 mm (½ po) d'épaisseur. Détailler à l'aide d'un emporte-pièce de 8 cm (2 ½ po) de diamètre. Disposer sur une plaque graissée. Cuire au four à 180 °C (350 °F) pendant 10 à 15 min.

BISCUITS À LA COMPOTE DE POMMES DE RAWDON

Lanaudière

85 ml (⅓ tasse)	Beurre non salé
160 ml (⅔ tasse)	Sucre
160 ml (⅔ tasse)	Compote de pommes
325 ml (1 ⅓ tasse)	Farine tamisée
3 ml (½ c. à thé)	Bicarbonate de soude
3 ml (½ c. à thé)	Cannelle moulue
3 ml (½ c. à thé)	Clou de girofle moulu
3 ml (½ c. à thé)	Sel
85 ml (⅓ tasse)	Noix
85 ml (⅓ tasse)	Raisins secs

- Travailler le beurre et le sucre en crème. Ajouter la compote de pommes. Ajouter les ingrédients secs, puis les noix et les raisins secs.
- Disposer à la cuillère sur une plaque à pâtisserie. Cuire au four à 190 °C (375 °F) pendant 15 min environ.

BISCUITS À LA CRÈME SURE

Cantons-de-l'Est

625 ml (2 ½ tasses)	Farine tout usage
3 ml (½ c. à thé)	Bicarbonate de soude
60 ml (¼ tasse)	Beurre
60 ml (¼ tasse)	Beurre non salé
250 ml (1 tasse)	Sucre
3	Œufs battus
3 ml (½ c. à thé)	Essence de vanille
125 ml (½ tasse)	Crème sure

- Tamiser ensemble la farine et le bicarbonate de soude. Battre en crème le beurre et le beurre non salé. Incorporer graduellement le sucre et battre jusqu'à ce que le mélange soit crémeux.
- Ajouter les œufs battus et l'essence de vanille. Incorporer la farine en alternant avec la crème sure. Disposer par cuillerées sur une plaque beurrée. Cuire au four à 220 °C (425 °F) pendant 10 min.

BISCUITS À L'ANIS

Chaudière-Appalaches

125 ml (½ tasse)	Beurre non salé
125 ml (½ tasse)	Sucre
1	Œuf
50 ml (3 c. à soupe)	Lait
375 ml (1 ½ tasse)	Farine
5 ml (1 c. à thé)	Levure chimique
15 ml (1 c. à soupe)	Anis

- Crémer le beurre avec le sucre. Ajouter l'œuf. Ajouter le lait en alternant avec la farine et la levure chimique, préalablement tamisées ensemble.
- Ajouter l'anis. Abaisser la pâte jusqu'à ce qu'elle ait 6 mm (½ po) d'épaisseur. Détailler à l'aide d'un emporte-pièce de 7 cm (2 ¾ po) de diamètre. Déposer sur une plaque graissée. Cuire au four à 180 °C (350 °F) pendant 10 à 15 min.

BISCUITS « APRÈS L'ÉCOLE »

24	$	20 min	12 à 15 min

Saguenay – Lac-Saint-Jean

- Battre en crème le beurre et incorporer la cassonade, tout en continuant de battre. Ajouter l'œuf bien battu, la farine, le sel et la cannelle. Délayer le bicarbonate de soude dans l'eau chaude et ajouter au mélange. Incorporer les noix et les raisins.
- Disposer par petites cuillerées sur une plaque à pâtisserie bien graissée. Cuire au four à 190 °C (375 °F) de 12 à 15 min.

125 ml (½ tasse)	Beurre non salé
125 ml (½ tasse)	Cassonade
1	Œuf battu
175 ml (¾ tasse)	Farine
1 ml (¼ c. à thé)	Sel
3 ml (½ c. à thé)	Cannelle
3 ml (½ c. à thé)	Bicarbonate de soude
50 ml (3 c. à soupe)	Eau chaude
50 ml (3 c. à soupe)	Noix
125 ml (½ tasse)	Raisins secs

BISCUITS AU GRUAU ET AUX CAROTTES

24	$	15 min	12 à 15 min

Gaspésie

- Ramollir le beurre avec le sucre. Incorporer l'œuf et la mélasse. Tamiser les ingrédients secs ensemble et les ajouter à la farine d'avoine. Ajouter au premier mélange les carottes, le zeste d'orange et les raisins. Incorporer les ingrédients secs tamisés. Laisser tomber le mélange par portion de 25 ml (1 ½ c. à soupe) sur une plaque à pâtisserie légèrement graissée et cuire au four à 180 °C (350 °F) pendant 12 à 15 min.

90 ml (6 c. à soupe)	Beurre non salé
90 ml (6 c. à soupe)	Sucre
1	Œuf
125 ml (½ tasse)	Mélasse
250 ml (1 tasse)	Farine tout usage
3 ml (½ c. à thé)	Épices mélangées
3 ml (½ c. à thé)	Sel
1 ml (¼ c. à thé)	Muscade
1 ml (¼ c. à thé)	Clou de girofle
1 ml (¼ c. à thé)	Bicarbonate de soude
5 ml (1 c. à thé)	Levure chimique
375 ml (1 ½ tasse)	Farine d'avoine
250 ml (1 tasse)	Carottes râpées
5 ml (1 c. à thé)	Zeste d'orange
125 ml (½ tasse)	Raisins secs Sultana

BISCUITS AU MIEL

Manicouagan

24	$	20 min	10 à 12 min

125 ml (½ tasse)	Miel
15 ml (1 c. à soupe)	Beurre
5 ml (1 c. à thé)	Jus de citron
3 ml (½ c. à thé)	Zeste de citron
1	Œuf battu
250 ml (1 tasse)	Farine
	Sel au goût
1 ml (¼ c. à thé)	Bicarbonate de soude

- Chauffer le miel à feu doux, ne pas le faire bouillir. Ajouter le beurre, le jus et le zeste de citron. Laisser refroidir. Ajouter l'œuf légèrement battu. Tamiser les ingrédients secs ensemble et les mélanger à la première préparation.
- Disposer sur une plaque à pâtisserie déjà beurrée en portions de 5 ml (1 c. à thé). Cuire au four à 190 °C (375 °F) pendant environ 10 à 12 min.

BISCUITS AUX PATATES

Mauricie – Bois-Francs

24	$	20 min	20 min

375 ml (1 ½ tasse)	Farine
20 ml (4 c. à thé)	Levure chimique
3 ml (½ c. à thé)	Sel
45 ml (3 c. à soupe)	Beurre non salé
250 ml (1 tasse)	Purée de pommes de terre froide
125 ml (½ tasse)	Lait

- Tamiser les ingrédients secs. Incorporer le beurre non salé et la purée de pommes de terre. Ajouter le lait. Mettre au réfrigérateur pendant 1 h.
- Étendre la pâte à une épaisseur de 1,25 cm (½ po) et la détailler à l'aide d'un emporte-pièce. Faire cuire au four à 190 °C (375 °F), pendant 20 min, sur une plaque à pâtisserie graissée.

BISCUITS AUX POMMES DE TERRE ET AUX CAROTTES

Outaouais

24	$	1 h	15 à 17 min

375 ml (1 ½ tasse)	Pommes de terre en dés
500 ml (2 tasses)	Eau froide
300 ml (1 ¼ tasse)	Beurre
500 ml (2 tasses)	Sucre
2	Œufs battus
5 ml (1 c. à thé)	Vanille
15 ml (1 c. à soupe)	Zeste d'orange râpé
500 ml (2 tasses)	Carottes râpées
625 ml (2 ½ tasses)	Farine
3 ml (½ c. à thé)	Sel
15 ml (1 c. à soupe)	Levure chimique

- Cuire les pommes de terre dans l'eau. Égoutter. Réduire en purée. Laisser refroidir. Ramollir le beurre avec le sucre. Incorporer les œufs battus, la vanille, le zeste et les carottes. Ajouter ensuite la purée de pommes de terre refroidie. Ajouter les ingrédients secs. Bien mélanger.
- À l'aide d'une cuillère de 15 ml (1 c. à soupe), disposer en petites boules sur une plaque à pâtisserie beurrée. Cuire au four à 200 °C (400 °F) pendant 15 à 17 min.

BISCUITS AUX RAISINS ET AU GRUAU

Manicouagan

	24
	$$
	15 min
	15 min

- Ramollir le beurre. Ajouter la cassonade et bien mélanger. Ajouter l'œuf et le lait. Mélanger de nouveau. Incorporer la farine, le gruau, le bicarbonate de soude, la levure chimique et les raisins secs.
- Disposer à la cuillère sur une plaque à pâtisserie. Cuire au four à 180 °C (350 °F) pendant environ 15 min.

125 ml (½ tasse)	Beurre non salé
125 ml (½ tasse)	Cassonade
1	Œuf
85 ml (⅓ tasse)	Lait
250 ml (1 tasse)	Farine
250 ml (1 tasse)	Gruau
1 ml (¼ c. à thé)	Bicarbonate de soude
5 ml (1 c. à thé)	Levure chimique
300 ml (1 ¼ tasse)	Raisins secs

BISCUITS DU VIEUX TEMPS

Gaspésie

	24
	$
	20 min
	7 à 10 min

- Mélanger le beurre et la cassonade jusqu'à ce que le mélange devienne blanc. Battre l'œuf et ajouter du lait pour obtenir un volume de 85 ml (⅓ tasse). Incorporer le mélange œuf et lait au mélange beurre et cassonade en alternant avec les ingrédients secs, préalablement tamisés.
- Abaisser la pâte à une épaisseur de 0,5 cm (¼ po). Détailler avec un emporte-pièce rond. Décorer le centre de chaque biscuit d'un raisin sec. Cuire au four à 190 °C (375 °F) pendant environ 7 à 10 min ou jusqu'à ce que les biscuits soient légèrement dorés.

85 ml (⅓ tasse)	Beurre non salé
160 ml (⅔ tasse)	Cassonade
1	Œuf
	Lait en quantité suffisante
325 ml (1 ⅓ tasse)	Farine
1 ml (¼ c. à thé)	Crème de tartre
3 ml (½ c. à thé)	Bicarbonate de soude
0,5 ml (⅛ c. à thé)	Sel
	Raisins secs au goût

BOUCHÉES AU CHOCOLAT

24 | $$ | 15 min | 2 min

Montérégie

- Mélanger la farine d'avoine, la noix de coco et le cacao. Dans une casserole, mettre le sucre, le lait, la vanille, le beurre et faire bouillir pendant 2 min. Verser sur le premier mélange. Bien mélanger.
- Disposer par bouchées individuelles sur un papier ciré à l'aide d'une cuillère de 15 ml (1 c. à soupe). Réfrigérer.

375 ml (1 ½ tasse)	Farine d'avoine
125 ml (½ tasse)	Noix de coco râpée
45 ml (3 c. à soupe)	Cacao
250 ml (1 tasse)	Sucre granulé
60 ml (¼ tasse)	Lait
3 ml (½ c. à thé)	Vanille
60 ml (¼ tasse)	Beurre

GABINE AUX GROSEILLES

6 | $ | 15 min | 20 min

Gaspésie

- Abaisser la pâte et former un rectangle le plus régulier possible. Disposer la pâte sur une plaque à pâtisserie. Badigeonner d'œuf battu le pourtour du rectangle de pâte sur 1 cm (⅓ po) de largeur. Réserver le reste de l'œuf. Disposer les groseilles sur une moitié du rectangle. Parsemer de sucre. Verser la crème. Rabattre l'autre moitié de pâte et bien sceller la bordure.
- À l'aide de la pointe d'un couteau, pratiquer de petites incisions sur la pâte afin de laisser s'échapper la vapeur. Badigeonner la surface d'œuf battu. Cuire dans le bas du four à 200 °C (400 °F) pendant environ 10 min, puis à 180 °C (350 °F) pendant encore 10 min. Servir chaud ou froid avec de la crème 35 %, si désiré.

300 g (10 oz)	Pâte brisée *(voir recettes de base)*
1	Œuf battu
500 ml (2 tasses)	Groseilles en conserve ou congelées
375 ml (1 ½ tasse)	Sucre
60 ml (¼ tasse)	Crème 35 %

BOUCHÉES DES FÊTES

Outaouais

24	Dattes dénoyautées
25 ml (1 ½ c. à soupe)	Fromage à la crème
1	Blanc d'œuf
60 ml (¼ tasse)	Sucre
15 ml (1 c. à soupe)	Noix de coco râpée

- Ouvrir les dattes en deux. Introduire environ 1 ml (¼ c. à thé) de fromage dans chaque datte et refermer. Monter le blanc d'œuf et le sucre au bain-marie jusqu'à l'obtention d'un ruban. Enrober les dattes farcies de meringue.
- Disposer les dattes sur une plaque à pâtisserie beurrée. Parsemer chaque datte d'un peu de noix de coco. Faire dorer au four à 120 °C (250 °F) pendant 10 min.

CARRÉS AU GRUAU

Bas-Saint-Laurent

500 ml (2 tasses)	Gruau
250 ml (1 tasse)	Cassonade
125 ml (½ tasse)	Beurre fondu
3 ml (½ c. à thé)	Essence de vanille

- Mélanger le gruau et la cassonade. Ajouter le beurre fondu et l'essence de vanille. Bien mélanger. Verser le mélange dans deux moules carrés de 20 cm (8 po) non beurrés. Bien tasser le mélange. Cuire au four à 190 °C (375 °F) de 10 à 12 min, jusqu'à ce que le mélange soit doré. Laisser tiédir pendant environ 5 min avant de détailler en carrés. Détacher les bords avec un couteau et laisser refroidir avant de démouler, car les carrés durcissent en refroidissant.

CARRÉS « CHEMIN KILDARE » DE RAWDON

Lanaudière

125 ml (½ tasse)	Beurre
125 ml (½ tasse)	Cassonade
2	Jaunes d'œufs
300 ml (1 ¼ tasse)	Farine
2	Blancs d'œufs
1 pincée	Sel
250 ml (1 tasse)	Cassonade
5 ml (1 c. à thé)	Essence de vanille
4 ml (¾ c. à thé)	Crème de tartre
250 ml (1 tasse)	Noix hachées

- Travailler le beurre et la cassonade en crème. Ajouter les jaunes d'œufs. Bien mélanger. Incorporer la farine et bien mélanger. Étendre dans un moule carré de 20 cm (8 po).
- Monter les blancs d'œufs en neige avec le sel. Incorporer la cassonade et l'essence de vanille, tout en fouettant. Battre pendant 10 min environ avec le mélangeur à main à grande vitesse, de façon à former des pics (meringue). Ajouter la crème de tartre pour assécher la meringue. Incorporer les noix à la spatule. Verser le mélange dans le moule. Cuire au four à 180 °C (350 °F) pendant 25 min environ.

CARRÉS AU CHOCOLAT

Outaouais

24 | $$$ | 20 min | 20 min

- Bien mélanger les sept premiers ingrédients. Étendre dans un moule beurré de 23 x 30 cm (9 x 12 po). Cuire au four à 180 °C (350 °F) pendant 20 min. Retirer du four et réserver.

SUCRE À LA CRÈME
- Mélanger la cassonade, le sucre, la crème, le lait et le sirop de maïs. Cuire à feu moyen jusqu'à 110 °C (230 °F) au thermomètre à bonbons. Retirer du feu. Ajouter le beurre, la vanille et les noix. Remuer sans cesse en refroidissant. Lorsque le sucre commence à prendre, l'étendre sur la première préparation cuite. Couper en carrés avant le refroidissement complet.

160 ml (⅔ tasse)	Biscuits Graham écrasés
175 ml (¾ tasse)	Cassonade
45 ml (3 c. à soupe)	Cacao
90 ml (6 c. à soupe)	Farine tout usage
3 ml (½ c. à thé)	Bicarbonate de soude
100 ml (7 c. à soupe)	Beurre fondu
1	Œuf battu

SUCRE À LA CRÈME

375 ml (1 ½ tasse)	Cassonade
375 ml (1 ½ tasse)	Sucre
175 ml (¾ tasse)	Crème 15 %
175 ml (¾ tasse)	Lait
12 ml (2 ½ c. à thé)	Sirop de maïs
45 ml (3 c. à soupe)	Beurre
4 ml (¾ c. à thé)	Vanille
85 ml (⅓ tasse)	Noix hachées

CARRÉS DE RÊVE

Charlevoix

6 | $$ | 25 min | 30 min

- Ramollir le beurre, ajouter 125 ml (½ tasse) de cassonade, la vanille et 250 ml (1 tasse) de farine préalablement tamisée. Presser ce mélange dans un moule carré de 20 cm (8 po). Cuire au four à 180 °C (350 °F) pendant 10 min.
- Fouetter les œufs, puis incorporer 250 ml (1 tasse) de cassonade, 15 ml (1 c. à soupe) de farine et le reste des ingrédients. Bien mélanger. Étendre cette préparation sur la première et continuer la cuisson au four pendant 20 min. Refroidir et couper en carrés.

125 ml (½ tasse)	Beurre
375 ml (1 ½ tasse)	Cassonade
3 ml (½ c. à thé)	Vanille
265 ml (1 tasse + 1 c. à soupe)	Farine tout usage
2	Œufs
3 ml (½ c. à thé)	Levure chimique
1 ml (¼ c. à thé)	Sel
250 ml (1 tasse)	Noix hachées
125 ml (½ tasse)	Cerises confites, coupées en quatre
125 ml (½ tasse)	Noix de coco râpée

6	$$	30 min	10 min

CARRÉS AUX BLEUETS

Manicouagan

60 ml (¼ tasse)	Beurre non salé
125 ml (½ tasse)	Farine
175 ml (¾ tasse)	Cassonade
250 ml (1 tasse)	Bleuets
30 ml (2 c. à soupe)	Eau
125 ml (½ tasse)	Sucre
10 ml (2 c. à thé)	Fécule de maïs
1 ou 2	Blancs d'œufs
60 ml (¼ tasse)	Sucre
	Noix de coco râpée au goût

- Mélanger le beurre, la farine et la cassonade. Mettre dans un moule beurré. Cuire au four à 180 °C (350 °F) pendant environ 15 min. Laisser refroidir. Faire mijoter les bleuets avec l'eau et le sucre. Lier avec la fécule de maïs et laisser mijoter jusqu'à la consistance désirée.
- Monter les blancs d'œufs en neige à demi, ajouter le sucre graduellement et continuer de battre jusqu'à l'obtention d'une meringue. Verser les bleuets sur le fond de pâte. Ajouter la meringue. Parsemer de noix de coco. Faire dorer au four quelques minutes.

6	$$	40 min	35 min

CHOUX À LA CRÈME LA GRANDE COULÉE

Bas-Saint-Laurent

250 ml (1 tasse)	Eau
60 ml (¼ tasse)	Beurre non salé
3 ml (½ c. à thé)	Sel
250 ml (1 tasse)	Farine tamisée
4-5	Œufs
10 ml (2 c. à thé)	Beurre
1	Œuf battu

GARNITURE

375 ml (1 ½ tasse)	Crème 35 %
175 ml (¾ tasse)	Sucre d'érable râpé finement

SAUCE

90 ml (6 c. à soupe)	Beurre d'érable
45 ml (3 c. à soupe)	Eau

- Faire chauffer l'eau, le beurre et le sel jusqu'à ce que le beurre soit complètement fondu. Retirer la casserole du feu et ajouter la farine d'un seul coup. Bien mélanger. Remettre sur le feu. Mélanger jusqu'à ce que la pâte se détache de la spatule et de la casserole. Retirer du feu. Laisser tiédir.
- Ajouter les œufs un à un, tout en remuant. La pâte doit être plus ferme que molle. Laisser reposer I h au frais (la pâte gonflera mieux). Beurrer une plaque à pâtisserie. À l'aide d'une poche munie d'une douille unie de I cm (½ po) d'ouverture, disposer 6 boules sur la tôle graissée, en prenant soin de les distancer les unes des autres. Badigeonner la surface des choux avec l'œuf battu. Cuire à 220 °C (425 °F) pendant 10 min, puis à 190 °C (375 °F) pendant 25 min. Retirer du four et couper horizontalement un petit chapeau sur chaque chou. Laisser reposer pendant 10 min dans le four éteint.

GARNITURE
- Fouetter la crème. Incorporer le sucre d'érable. Farcir les choux et les garder au réfrigérateur.

SAUCE
- Chauffer le beurre d'érable et l'eau. Au moment de servir, napper les choux de sauce.

Carrés aux bleuets ➤

DÉLICES À LA GUIMAUVE

8 à 12	$$$	30 min	—

Outaouais

1,5 litre (6 tasses)	Grosses guimauves de couleur
25 ml (1 ½ c. à soupe)	Beurre
6	Morceaux de chocolat non sucré
375 ml (1 ½ tasse)	Sucre glace
2	Œufs
8 ml (1 ½ c. à thé)	Vanille
375 ml (1 ½ tasse)	Noix hachées
375 ml (1 ½ tasse)	Noix de coco râpée

- Couper les guimauves en quatre. Faire fondre le beurre et le chocolat au bain-marie. Ajouter le sucre glace au chocolat fondu. Ajouter les œufs à ce mélange. Parfumer avec la vanille. Mélanger les morceaux de guimauve, les noix et le mélange au chocolat. Étendre la noix de coco sur deux épaisseurs de papier ciré de 45 x 30 cm (18 x 12 po). Étendre le mélange sur la noix de coco et rouler de façon à former un rouleau de 5 cm (2 po) de diamètre. Réfrigérer. Retirer le papier. Couper en tranches de 1,25 cm (½ po) d'épaisseur.

MOUSSE À L'ÉRABLE DE SAINT-DONAT

6	$$	20 min	10 min

Lanaudière

2	Blancs d'œufs
1 pincée	Sel
250 ml (1 tasse)	Sirop d'érable
3 ml (½ c. à thé)	Crème de tartre
175 ml (¾ tasse)	Crème 35 %

- Monter les blancs d'œufs en neige ferme avec le sel. Chauffer le sirop d'érable jusqu'à 120 °C (250 °F) ou jusqu'à ce que le sirop forme un fil au bout d'une cuillère. Verser lentement sur les blancs d'œufs montés en neige. Ajouter la crème de tartre. Fouetter à grande vitesse pendant 10 min environ.
- Fouetter la crème 35 %. Ajouter délicatement au premier mélange. Servir dans des coupes avec un biscuit cuillère.

MARMITONES DE SAINT-CALIXTE

24	$	15 min	15 min

Lanaudière

1	Œuf
85 ml (⅓ tasse)	Beurre fondu
160 ml (⅔ tasse)	Sucre
500 ml (2 tasses)	Farine
20 ml (4 c. à thé)	Bicarbonate de soude
1 pincée	Sel
15 ml (1 c. à soupe)	Crème de tartre
85 ml (⅓ tasse)	Lait
	Essence de citron
	Essence de vanille

- Battre l'œuf. Ajouter le beurre fondu et le sucre. Tamiser les ingrédients secs. Ajouter au premier mélange en alternant avec le lait. Ajouter les essences au goût. Garder au réfrigérateur pendant 30 min.
- Abaisser la pâte de façon qu'elle soit très mince. Découper les marmitones et cuire au four chaud à 180 °C (350 °F) pendant 15 min environ.

Délices à la guimauve ➤

DÉLICES AUX FRAMBOISES

Gaspésie

🍴	💲	⏳ 🍲
12	$$	50 min 15 à 20 min

- Ramollir 175 ml (¾ tasse) de beurre avec la cassonade. Incorporer un œuf et la vanille. Ajouter 375 ml (1 ½ tasse) de farine et bien mélanger. Diviser la pâte en 12 parties égales. Foncer 12 moules à tartelettes avec la pâte en la pressant avec les doigts. Répartir la confiture dans le fond des tartelettes. Réserver.
- Battre le beurre restant et le sucre jusqu'à ce que le mélange blanchisse. Incorporer l'œuf restant. Ajouter le jus et le zeste de citron. Ajouter la farine restante et la levure chimique préalablement tamisées ensemble. Répartir ce mélange dans les tartelettes. Cuire au four à 180 °C (350 °F) pendant 15 à 20 min. Servir ces tartelettes tièdes ou froides.

250 ml (1 tasse)	Beurre
125 ml (½ tasse)	Cassonade
2	Œufs
5 ml (1 c. à thé)	Essence de vanille
500 ml (2 tasses)	Farine
60 ml (¼ tasse)	Confiture de framboises
60 ml (¼ tasse)	Sucre
10 ml (2 c. à thé)	Jus de citron
3 ml (½ c. à thé)	Zeste de citron râpé
3 ml (½ c. à thé)	Levure chimique

MUFFINS AUX CAROTTES

Outaouais

🍴	💲	⏳ 🍲
24	$	15 min 30 min

- Ramollir le beurre avec le sucre. Ajouter les œufs et bien mélanger. Incorporer les carottes, les pommes et les raisins. Tamiser les ingrédients secs et les ajouter au mélange. Bien mélanger.
- Verser dans des moules à muffins, à raison de 50 ml (3 c. à soupe) par muffin. Cuire au four à 180 °C (350 °F) pendant 30 min.

100 ml (7 c. à soupe)	Beurre non salé
325 ml (1 ⅓ tasse)	Sucre
3	Œufs
325 ml (1 ⅓ tasse)	Carottes râpées
325 ml (1 ⅓ tasse)	Pommes râpées
325 ml (1 ⅓ tasse)	Raisins secs
500 ml (2 tasses)	Farine tout usage
20 ml (4 c. à thé)	Bicarbonate de soude
15 ml (1 c. à soupe)	Levure chimique
3 ml (½ c. à thé)	Sel

FARFADETS AU CHOCOLAT

Abitibi-Témiscamingue

125 ml (½ tasse)	Beurre
250 ml (1 tasse)	Cassonade
2	Œufs
5 ml (1 c. à thé)	Essence de vanille
250 ml (1 tasse)	Farine tout usage
30 ml (2 c. à soupe)	Cacao
1 ml (¼ c. à thé)	Sel
175 ml (¾ tasse)	Noisettes entières
30 ml (2 c. à soupe)	Noisettes concassées

GLACE

250 ml (1 tasse)	Sucre glace
15 ml (1 c. à soupe)	Cacao
15 ml (1 c. à soupe)	Beurre fondu
30 ml (2 c. à soupe)	Eau bouillante
1 ml (¼ c. à thé)	Essence de vanille

- Battre le beurre en crème avec la cassonade. Ajouter les œufs, un à un, puis l'essence de vanille. Ajouter les ingrédients secs tamisés et les noisettes entières. Étendre la pâte dans un moule à gâteau d'une capacité de 1 litre (4 tasses), beurré. Cuire au four à 180 °C (350 °F) de 35 à 40 min. Laisser refroidir.
- Glacer le gâteau. Parsemer de noisettes concassées.

GLACE
- Tamiser les ingrédients secs. Ajouter le beurre fondu, l'eau bouillante et la vanille. Bien mélanger.

GÂTEAU À LA CITROUILLE

Gaspésie

125 ml (½ tasse)	Beurre non salé
125 ml (½ tasse)	Sucre
85 ml (½ tasse)	Mélasse
2	Œufs
250 ml (1 tasse)	Purée de citrouille
500 ml (2 tasses)	Farine à pâtisserie
10 ml (2 c. à thé)	Levure chimique
3 ml (½ c. à thé)	Bicarbonate de soude
3 ml (½ c. à thé)	Sel
5 ml (1 c. à thé)	Muscade
3 ml (½ c. à thé)	Clou de girofle moulu
1 ml (¼ c. à thé)	Gingembre
85 ml (⅓ tasse)	Lait

- Ramollir le beurre avec le sucre et la mélasse. Ajouter les œufs. Incorporer la purée de citrouille. Tamiser les ingrédients secs ensemble et les ajouter à la préparation en alternant avec le lait. Bien mélanger. Verser dans un moule graissé et fariné. Cuire au four à 190 °C (375 °F) pendant 40 min.

PETITS GÂTEAUX À LA CRÈME SURE

Bas-Saint-Laurent

🍴 1 gâteau	💲 $
⏳ 15 min	🍲 45 min

- Mélanger la crème sure et le bicarbonate de soude. Ajouter la cassonade et l'œuf battu. Bien mélanger. Tamiser ensemble la farine, la levure chimique et le sel. Incorporer au mélange en alternant avec le lait.
- Dans un moule bien beurré de 22 x 30 x 8 cm (9 x 12 x 3 po), ou dans un moule à muffins (*voir photo*), verser le tout. Cuire au four à 180 °C (350 °F) de 40 à 45 min.

250 ml (1 tasse)	Crème sure
3 ml (½ c. à thé)	Bicarbonate de soude
500 ml (2 tasses)	Cassonade
1	Œuf
750 ml (3 tasses)	Farine tout usage
15 ml (1 c. à soupe)	Levure chimique
1 pincée	Sel
75 ml (1 ½ tasse)	Lait

GÂTEAU À LA MÉLASSE DE DISRAELI

Cantons-de-l'Est

🍴 1 gâteau	💲 $
⏳ 30 min	🍲 30 min

- Ajouter le bicarbonate de soude à la mélasse. Mélanger l'eau chaude, le beurre fondu et le sucre, et incorporer ce mélange à la mélasse. Tamiser ensemble les ingrédients secs et les ajouter au premier mélange. Ajouter les essences de vanille et d'érable et bien mélanger.
- Verser la préparation dans un moule beurré et fariné de 25 x 15 x 5 cm (10 x 6 x 2 po) et cuire au four à 180 °C (350 °F) pendant 30 min.

3 ml (½ c. à thé)	Bicarbonate de soude
125 ml (½ tasse)	Mélasse
175 ml (¾ tasse)	Eau chaude
25 ml (1 ½ c. à soupe)	Beurre non salé
60 ml (¼ tasse)	Sucre
5 ml (1 c. à thé)	Levure chimique
500 ml (2 tasses)	Farine tout usage
8 ml (1 ½ c. à thé)	Cacao
1 pincée	Sel
3 ml (½ c. à thé)	Essence de vanille
3 ml (½ c. à thé)	Essence d'érable

GÂTEAU À LA SALADE DE FRUITS

1 gâteau	$$	20 min	1 h 30

Duplessis

500 ml (2 tasses)	Farine
375 ml (1 ½ tasse)	Sucre blanc
20 ml (4 c. à thé)	Bicarbonate de soude
3 ml (½ c. à thé)	Sel
1	Œuf
500 ml (2 tasses)	Salade de fruits

SAUCE CARAMEL

250 ml (1 tasse)	Cassonade
175 ml (¾ tasse)	Lait concentré
60 ml (¼ tasse)	Beurre

- Tamiser la farine et la mélanger avec le sucre, le bicarbonate de soude et le sel. Ajouter l'œuf, incorporer la salade de fruits avec son jus. Beurrer un moule et le fariner. Verser le mélange dans le moule et cuire au bain-marie, au four, à 180 °C (350 °F), pendant 1 h 15. Laisser refroidir avant de démouler.

SAUCE CARAMEL
- Faire chauffer la cassonade et le lait. Ajouter le beurre et laisser cuire jusqu'à la consistance d'un caramel blond. Servir la sauce chaude avec le gâteau.

GÂTEAU AU CHOCOLAT ET AUX FRAISES

1 gâteau	$$$	1 h	12 min

Québec

4	Œufs
175 ml (¾ tasse)	Sucre
5 ml (1 c. à thé)	Vanille
125 ml (½ tasse)	Farine tout usage
90 ml (6 c. à soupe)	Cacao en poudre
3 ml (½ c. à thé)	Levure chimique
30 ml (2 c. à soupe)	Lait chaud
250 ml (1 tasse)	Crème 35 %
125 ml (½ tasse)	Sucre glace
300 ml (1 ¼ tasse)	Fraises fraîches

- Battre les œufs dans un batteur sur socle jusqu'à ce qu'ils soient mousseux (bien gonflés) et de couleur blanchâtre. Ajouter le sucre graduellement en continuant de battre. Aromatiser avec la vanille.
- Tamiser les ingrédients secs et les ajouter aux œufs en soulevant la pâte (ne pas se servir du batteur sur socle) et en alternant avec le lait. Couvrir de papier ciré le fond de trois moules ronds de 20 cm (8 po) de diamètre. Diviser la pâte et la verser dans les trois moules.
- Cuire au four à 200 °C (400 °F) pendant environ 12 min.
- Fouetter la crème et ajouter le sucre glace. Laver les fraises, mettre de côté les six plus belles fraises et couper les autres en quatre. Garnir le premier gâteau du tiers de la crème fouettée et de la moitié des fraises en quartiers. Mettre sur le dessus le deuxième gâteau, puis le garnir du tiers de la crème fouettée et du reste des fraises en quartiers. Répéter l'opération pour le troisième gâteau. Garnir du reste de la crème fouettée et des six plus belles fraises.

GÂTEAU AU MIEL

Bas-Saint-Laurent

🍴 1 gâteau	💲 $$
⏱ 25 min	🍲 45 min

- Mélanger le miel et le bicarbonate de soude. Ajouter les épices et le beurre. Bien mélanger. Incorporer le lait en alternant avec la farine. Verser dans un moule de 25 x 15 x 5 cm (10 x 6 x 2 po), graissé et fariné. Cuire au four à 180 °C (350 °F) pendant 30 min. Servir chaud et accompagner de la sauce.

SAUCE
- Mélanger tous les ingrédients et cuire au bain-marie pendant 15 min tout en remuant.

250 ml (1 tasse)	Miel
10 ml (2 c. à thé)	Bicarbonate de soude
10 ml (2 c. à thé)	Cannelle
5 ml (1 c. à thé)	Gingembre
5 ml (1 c. à thé)	Clou de girofle
125 ml (½ tasse)	Beurre non salé
250 ml (1 tasse)	Lait
500 ml (2 tasses)	Farine tout usage

SAUCE

500 ml (2 tasses)	Lait
90 ml (6 c. à soupe)	Miel
2	Œufs
10 ml (2 c. à thé)	Fécule de maïs

GÂTEAU AU SIROP NOIR

Manicouagan

🍴 1 gâteau	💲 $
⏱ 20 min	🍲 50 min

- Faire fondre le beurre et laisser tiédir. Chauffer l'eau, ajouter le bicarbonate de soude. Incorporer au beurre fondu. Verser dans la mélasse le mélange d'eau et de bicarbonate de soude. Ajouter l'œuf légèrement battu au mélange de mélasse, d'eau et de beurre. Ajouter la farine et le sel. Mélanger.
- Beurrer un moule à pain de 1 litre (4 tasses) et verser le mélange. Cuire au four à 180 °C (350 °F) pendant 50 min ou jusqu'à ce que la pointe d'un couteau enfoncée dans la pâte n'adhère plus au gâteau.

125 ml (½ tasse)	Beurre non salé
125 ml (½ tasse)	Eau
5 ml (1 c. à thé)	Bicarbonate de soude
125 ml (½ tasse)	Mélasse
1	Œuf battu
300 ml (1 ¼ tasse)	Farine tout usage
1 pincée	Sel

PETITS GÂTEAUX AU SON ET AUX POMMES

Mauricie – Bois-Francs

125 ml (½ tasse)	Beurre non salé
250 ml (1 tasse)	Sucre
1	Œuf battu
125 ml (½ tasse)	Farine de son
250 ml (1 tasse)	Pommes râpées
375 ml (1 ½ tasse)	Farine tout usage
1 ml (¼ c. à thé)	Bicarbonate de soude
10 ml (2 c. à thé)	Levure chimique
5 ml (1 c. à thé)	Sel
3 ml (½ c. à thé)	Cannelle
3 ml (½ c. à thé)	Clou de girofle
125 ml (½ tasse)	Café froid
5 ml (1 c. à thé)	Essence de vanille

GLACE AU SUCRE

15 ml (1 c. à soupe)	Beurre
125 ml (½ tasse)	Sucre en poudre
3 ml (½ c. à thé)	Cannelle

- Mélanger le beurre et le sucre. Ajouter l'œuf et bien mélanger. Incorporer la farine de son et les pommes. Tamiser ensemble les ingrédients secs et les ajouter au mélange, en alternant avec le café et l'essence de vanille.
- Disposer par cuillerées dans des moules à muffins beurrés (ne remplir qu'aux trois quarts). Faire cuire au four à 180 °C (350 °F) de 30 à 40 min.

GLACE AU SUCRE
- Mélanger le beurre, le sucre et la cannelle. En glacer les petits gâteaux 5 min avant la fin de la cuisson.

GÂTEAU AUX CAROTTES

Montréal et Laval

2	Œufs
175 ml (¾ tasse)	Sucre
60 ml (¼ tasse)	Huile de canola
250 ml (1 tasse)	Farine tout usage
5 ml (1 c. à thé)	Levure chimique
4 ml (¾ c. à thé)	Bicarbonate de soude
3 ml (½ c. à thé)	Cannelle
1 ml (¼ c. à thé)	Sel
125 ml (½ tasse)	Ananas broyés
250 ml (1 tasse)	Carottes râpées
125 ml (½ tasse)	Noix hachées

- Battre les œufs jusqu'à ce qu'ils soient mousseux et ajouter le sucre graduellement. Ajouter l'huile en mince filet, tout en battant. Tamiser ensemble les ingrédients secs et les incorporer au mélange. Bien égoutter les ananas, puis les ajouter au mélange avec les carottes et les noix légèrement farinées.
- Verser le mélange dans un moule tubulaire beurré de 20 x 7 cm (8 x 2 ¾ po). Cuire au four à 180 °C (350 °F) pendant 35 min.

GÂTEAU AUX ÉPICES ET AUX RAISINS

1 gâteau | $$ | 30 min | 1 h

Outaouais

- Laver les raisins. Les faire mijoter dans l'eau bouillante pendant environ 15 min. Bien égoutter, laisser refroidir et réserver 125 ml (½ tasse) du liquide de cuisson. Tamiser la farine à pâtisserie à deux reprises avec la levure chimique, le bicarbonate de soude, le sel, la cannelle et les épices. Ramollir le beurre et incorporer la cassonade. Ajouter les œufs en battant bien. Mélanger les 125 ml (½ tasse) de liquide réservé avec la vanille. Ajouter les ingrédients secs, tamisés, à la préparation crémeuse, en alternant avec le liquide. Incorporer délicatement les raisins et les pacanes.
- Graisser un moule carré de 20 cm (8 po) et garnir le fond d'un papier ciré, graissé. Verser le mélange dans le moule. Cuire au four à 180 °C (350 °F) pendant environ 50 min. Refroidir complètement avant de masquer avec une glace au beurre et à la cannelle.

250 ml (1 tasse)	Raisins secs
500 ml (2 tasses)	Eau bouillante
500 ml (2 tasses)	Farine à pâtisserie
10 ml (2 c. à thé)	Levure chimique
1 ml (¼ c. à thé)	Bicarbonate de soude
1 ml (¼ c. à thé)	Sel
1 ml (¼ c. à thé)	Cannelle moulue
1 ml (¼ c. à thé)	Épices mélangées, moulues
125 ml (½ tasse)	Beurre doux
250 ml (1 tasse)	Cassonade légèrement tassée
2	Œufs battus
5 ml (1 c. à thé)	Vanille
125 ml (½ tasse)	Pacanes hachées et enfarinées

GÂTEAU AUX ÉPICES, SAUCE CARAMEL

1 gâteau | $$ | 20 min | 1 h

Charlevoix

- Ramollir le beurre. Ajouter le sucre et les œufs, et bien mélanger jusqu'à ce que le tout devienne mousseux. Tamiser ensemble la farine, la levure chimique et les épices. Mélanger la mélasse et le lait. Ajouter au premier mélange le liquide en alternant avec les ingrédients secs, bien mélanger. Verser dans un moule carré de 23 cm (9 po). Cuire au four à 190 °C (375 °F) pendant environ 1 h. Glacer avec la sauce caramel.
- Si désiré, décorer chaque portion de gâteau avec une demi-pêche au sirop, de la crème fouettée et une demi-cerise.

250 ml (1 tasse)	Beurre
500 ml (2 tasses)	Sucre
4	Œufs
750 ml (3 tasses)	Farine
15 ml (1 c. à soupe)	Levure chimique
1 pincée	Cannelle
1 pincée	Clou de girofle
1 pincée	Muscade
125 ml (½ tasse)	Mélasse
125 ml (½ tasse)	Lait
6 portions	Sauce caramel tiède *(voir recettes de base)*

FACULTATIF

3	Pêches pochées au sirop
175 ml (¾ tasse)	Crème fouettée
3	Cerises confites

GÂTEAU AUX DATTES

Îles-de-la-Madeleine

250 ml (1 tasse)	Eau bouillante
125 ml (½ tasse)	Cassonade
15 ml (1 c. à soupe)	Fécule de maïs
500 ml (2 tasses)	Dattes
1 ml (¼ c. à thé)	Essence de citron
12	Biscuits Graham

GLACE MOKA

125 ml (½ tasse)	Beurre
10 ml (2 c. à thé)	Café instantané
1 ml (¼ c. à thé)	Sel
5 ml (1 c. à thé)	Essence de vanille
1 litre (4 tasses)	Sucre à glacer
1	Œuf
85 ml (⅓ tasse)	Lait
125 ml (½ tasse)	Cacao

- Faire bouillir l'eau avec la cassonade. Ajouter la fécule de maïs, les dattes et l'essence de citron. Cuire pendant quelques minutes en remuant constamment. Laisser refroidir et étendre sur des biscuits Graham une couche de dattes en alternant avec une couche de biscuits Graham. Terminer par les biscuits.

GLACE MOKA
- Mélanger tous les ingrédients de la glace et l'étendre sur le gâteau.

GÂTEAU AUX FRAMBOISES

Manicouagan

10 ml (2 c. à thé)	Beurre
175 ml (¾ tasse)	Cassonade
1	Œuf
160 ml (⅔ tasse)	Lait sur
3 ml (½ c. à thé)	Bicarbonate de soude
375 ml (1 ½ tasse)	Farine
3 ml (½ c. à thé)	Cannelle
3 ml (½ c. à thé)	Muscade
125 ml (½ tasse)	Framboises

- Ramollir le beurre. Ajouter la cassonade, l'œuf et le lait sur dans lequel on aura préalablement dissous le bicarbonate de soude. Tamiser les ingrédients secs ensemble et les incorporer au premier mélange. Ajouter les framboises. Mélanger légèrement et verser dans un moule beurré de 2 litres (8 tasses). Cuire au four à 180 °C (350 °F) pendant environ 45 min.

Au Québec, nous connaissons le framboisier rouge, le framboisier noir, la ronce odorante, la catherinette. Le framboisier noir peut être cultivé ou sauvage ; la saveur de ses fruits est plus prononcée et plus délicate.

GÂTEAU DU DIABLE

1 gâteau   \$\$ 30 min   25 min

Mauricie – Bois-Francs

- Battre le beurre en crème avec le sucre. Ajouter un à un les œufs sans cesser de battre le mélange. Tamiser la farine et la levure chimique. Incorporer au mélange en alternant avec le lait caillé. Terminer par la farine. Verser le café bouillant sur le chocolat fondu et ajouter le bicarbonate de soude. Laisser refroidir quelque peu, puis ajouter au premier mélange. Parfumer avec l'essence de vanille. Verser dans un moule rond ou rectangulaire. Cuire au four à 190 °C (375 °F) pendant 25 min.

50 ml (3 c. à soupe)	Beurre non salé
250 ml (1 tasse)	Sucre
2	Œufs battus
300 ml (1 ¼ tasse)	Farine tout usage
5 ml (1 c. à thé)	Levure chimique
85 ml (⅔ tasse)	Lait caillé
125 ml (½ tasse)	Café noir bouillant
125 ml (½ tasse)	Chocolat mi-sucré fondu
5 ml (1 c. à thé)	Bicarbonate de soude
5 ml (1 c. à thé)	Essence de vanille

GÂTEAU GERMAINE

1 gâteau   \$\$ 30 min   2 h

Saguenay – Lac-Saint-Jean

- Battre le beurre en crème. Ajouter graduellement la cassonade et les œufs, un à la fois. Bien mélanger. Ajouter la farine, la levure chimique et l'eau graduellement, tout en remuant, puis ajouter les dattes, les cerises et les amandes. Bien mélanger et verser dans un moule beurré de 25 x 12 x 8 cm (10 x 4 ¾ x 3 po). Cuire au four à 150 °C (300 °F) pendant 2 h.

125 ml (½ tasse)	Beurre
250 ml (1 tasse)	Cassonade
2	Œufs
375 ml (1 ½ tasse)	Farine
8 ml (1 ½ c. à thé)	Levure chimique
125 ml (½ tasse)	Eau tiède
125 ml (½ tasse)	Dattes dénoyautées hachées
125 ml (½ tasse)	Cerises coupées en deux
60 ml (¼ tasse)	Amandes hachées

Les griottes sont des cerises à queue courte, à chair molle et très acidulée, à jus coloré. Cette petite cerise, que nous trouvons maintenant au Québec, est excellente en cuisine. Elle entre d'ailleurs dans la confection d'un mets classique : le canard Montmorency.

◄ *Gâteau du diable*

GÂTEAU REINE-ÉLISABETH

Cantons-de-l'Est

250 ml (1 tasse)	Dattes hachées
250 ml (1 tasse)	Eau
375 ml (1 ½ tasse)	Farine tout usage
5 ml (1 c. à thé)	Bicarbonate de soude
5 ml (1 c. à thé)	Levure chimique
1 ml (¼ c. à thé)	Sel
60 ml (¼ tasse)	Beurre
250 ml (1 tasse)	Sucre
1	Œuf battu
5 ml (1 c. à thé)	Essence de vanille
125 ml (½ tasse)	Noix hachées

GLACE

125 ml (½ tasse)	Cassonade
85 ml (⅓ tasse)	Beurre
30 ml (2 c. à soupe)	Crème 15 % ou lait concentré
175 ml (¾ tasse)	Noix de coco râpée

- Faire bouillir les dattes pendant 3 min, laisser refroidir, égoutter et hacher au couteau. Tamiser ensemble les ingrédients secs. Battre en crème le beurre et le sucre, et ajouter l'œuf battu. Ajouter alternativement à ce mélange les ingrédients secs tamisés et les dattes. Ajouter la vanille et les noix farinées.
- Verser le tout dans un plat beurré allant au four et cuire à 180 °C (350 °F) pendant 45 à 55 min.

GLACE
- Mélanger tous les ingrédients de la glace dans une casserole et faire cuire à feu modéré pendant 3 à 5 min. Étendre la glace sur le gâteau chaud et remettre au four à 220 °C (425 °F) pendant 3 à 5 min.

GÂTEAU FRUITÉ AUX POMMES

Laurentides

85 ml (⅓ tasse)	Beurre
175 ml (¾ tasse)	Sucre
225 ml (1 tasse)	Pommes crues râpées
375 ml (1 ½ tasse)	Farine
5 ml (1 c. à thé)	Cannelle
3 ml (½ c. à thé)	Muscade
8 ml (1 ½ c. à thé)	Bicarbonate de soude
85 ml (⅓ tasse)	Eau
3 ml (½ c. à thé)	Essence de vanille
85 ml (⅓ tasse)	Dattes hachées
85 ml (⅓ tasse)	Raisins Sultana

- Battre le beurre en crème et ajouter le sucre. Ajouter les pommes et bien mélanger. Tamiser ensemble la farine, la cannelle, la muscade et le bicarbonate de soude. Ajouter au premier mélange les ingrédients secs en alternant avec l'eau et la vanille. Ajouter les dattes et les raisins légèrement enfarinés.
- Verser dans un moule beurré et fariné de 1 litre (4 tasses). Cuire au four à 180 °C (350 °F) pendant 45 min.

LES PERVENCHES

Saguenay – Lac-Saint-Jean

24	$$	15 min	35 min

- Battre en crème le beurre et incorporer graduellement le sucre jusqu'à consistance crémeuse. Incorporer les œufs battus et bien battre le mélange. Tamiser ensemble les ingrédients secs et les incorporer au mélange. Ajouter les bleuets en alternant avec le lait.
- Remplir aux trois quarts des moules à muffins graissés et farinés. Cuire au four à 180 °C (350 °F) pendant 35 min.

500 ml (2 tasses)	Beurre non salé
300 ml (1 ¼ tasse)	Sucre
3	Œufs battus
500 ml (2 tasses)	Farine à pâtisserie
5 ml (1 c. à thé)	Muscade
5 ml (1 c. à thé)	Cannelle
5 ml (1 c. à thé)	Sel
5 ml (1 c. à thé)	Bicarbonate de soude
500 ml (2 tasses)	Bleuets frais ou congelés
175 ml (¾ tasse)	Lait

PLUM-PUDDING DES LOYALISTES

Cantons-de-l'Est

6	$	25 min	3 h

- Bien mélanger tous les ingrédients. Verser dans un moule beurré de 30 x 15 x 5 cm (12 x 6 x 2 po). Couvrir d'un papier ciré et d'un linge propre et humide. Ficeler. Cuire au four, au bain-marie, à 180 °C (350 °F), pendant 3 h. Accompagner de sauce au citron ou au caramel.

Note : Il est préférable de faire ce pouding quelques semaines à l'avance et de le réchauffer 1 h avant de le servir.

250 ml (1 tasse)	Lard non salé haché ou beurre non salé
125 ml (½ tasse)	Pommes hachées (non pelées)
250 ml (1 tasse)	Raisins secs
125 ml (½ tasse)	Mélasse
125 ml (½ tasse)	Jus de pomme
375 ml (1 ½ tasse)	Farine tout usage
1 ml (¼ c. à thé)	Sel
3 ml (½ c. à thé)	Bicarbonate de soude
1 ml (¼ c. à thé)	Cannelle
1 ml (¼ c. à thé)	Clou de girofle

GRANDS-PÈRES AUX FRAMBOISES

Bas-Saint-Laurent

SIROP

500 ml (2 tasses)	Sucre
410 ml (1 ⅔ tasse)	Framboises
60 ml (¼ tasse)	Eau

GRANDS-PÈRES

250 ml (1 tasse)	Farine tout usage
10 ml (2 c. à thé)	Levure chimique
1	Œuf
125 ml (½ tasse)	Lait

SIROP
- Dans une casserole à fond épais, mélanger le sucre, les framboises et l'eau. Porter à ébullition et faire mijoter de 7 à 8 min.

GRANDS-PÈRES
- Tamiser la farine avec la levure chimique. Incorporer l'œuf, puis le lait. Laisser tomber par cuillerées de 50 ml (3 c. à soupe) dans le sirop bouillant. Cuire à couvert pendant environ 10 min, en retournant délicatement les grands-pères de temps en temps. Servir chaud.

GRANDS-PÈRES DE GRAND-MÈRE

Mauricie – Bois-Francs

500 ml (2 tasses)	Sirop d'érable
500 ml (2 tasses)	Eau
500 ml (2 tasses)	Farine tout usage
20 ml (4 c. à thé)	Levure chimique
5 ml (1 c. à thé)	Sel
30 ml (2 c. à soupe)	Beurre
250 ml (1 tasse)	Lait
	Crème

- Verser le sirop d'érable et l'eau dans une casserole. Couvrir et porter à ébullition. Mélanger la farine, la levure chimique, le sel et le beurre, délayer dans le lait. Laisser tomber par cuillerées dans le sirop bouillant et cuire à couvert. Servir avec de la crème.

POMMES À LA NEIGE

Duplessis

2	Blancs d'œufs
125 ml (½ tasse)	Sucre
3	Pommes
20 ml (4 c. à thé)	Jus de citron

- Battre les blancs d'œufs en neige. Lorsqu'ils sont presque fermes, ajouter graduellement le sucre et continuer de battre jusqu'à ce qu'ils soient très fermes. Peler et râper 2 pommes. Ajouter le jus de citron et bien mélanger.
- Incorporer les pommes citronnées aux blancs d'œufs. Dresser cette crème dans un plat de service et décorer avec des quartiers de pommes, si désiré. Servir froid.

Note : Cette crème doit être consommée peu de temps après sa préparation.

MACARONS BLANCS

Îles-de-la-Madeleine

	24 $$ 20 min 12 à 15 min

- Battre les blancs d'œufs en neige. Ajouter graduellement le sucre en mélangeant avec le batteur à main. Chauffer ce mélange dans un bain-marie et ajouter la fécule de maïs. Bien mélanger et ajouter la noix de coco.
- Graisser une plaque à pâtisserie et disposer la préparation en petites portions. Si désiré, mettre des petits morceaux de cerises rouges ou vertes sur les macarons, en guise de décoration. Faire dorer légèrement au four à 180 °C (350 °F) de 8 à 15 min.

3	Blancs d'œufs
375 ml (1 ½ tasse)	Sucre
30 ml (2 c. à soupe)	Fécule de maïs
1,3 litre (5 ¼ tasses)	Noix de coco râpée
	Cerises rouges ou vertes, en morceaux, au goût (facultatif)

PANNEQUETS AVEC BLEUETS

Laurentides

	6 $$ 15 min 2 à 3 min

- Tamiser ensemble tous les ingrédients secs. Dans un bol, battre les œufs avec le lait et le beurre. Ajouter les ingrédients secs d'un seul coup et mélanger légèrement.
- Utiliser 60 ml (¼ tasse) de pâte par crêpe. Cuire dans une poêle, de préférence en fonte.
- Mettre les crêpes au fond de chaque assiette, parsemer uniformément les bleuets sur chaque pannequet et arroser généreusement de sirop d'érable.

375 ml (1 ½ tasse)	Farine
15 ml (1 c. à soupe)	Levure chimique
5 ml (1 c. à thé)	Sel
50 ml (3 c. à soupe)	Sucre
2	Œufs
325 ml (1 ⅓ tasse)	Lait
40 ml (3 c. à soupe)	Beurre non salé fondu
250 ml (1 tasse)	Bleuets frais
	Sirop d'érable

PANNEQUETS DU VIEUX FORT

Abitibi-Témiscamingue

	18 $ 10 min 2 à 3 min

- Battre les œufs et l'huile. Tamiser la farine avec la levure chimique, le sel et le sucre. Ajouter au premier mélange en alternant avec le lait. Laisser reposer pendant 1 h.
- Cuire dans une poêle ou une poêle à crêpes beurrée en versant 50 ml (3 c. à soupe) du mélange par pannequet.

2	Œufs
60 ml (¼ tasse)	Huile
500 ml (2 tasses)	Farine
13 ml (2 ½ c. à thé)	Levure chimique
1 ml (¼ c. à thé)	Sel
50 ml (3 c. à soupe)	Sucre
500 ml (2 tasses)	Lait

◄ *Macarons blancs*

POUDING À LA RHUBARBE

Montréal et Laval

1 litre (4 tasses)	Rhubarbe en dés
175 ml (¾ tasse)	Cassonade
30 ml (2 c. à soupe)	Beurre
125 ml (½ tasse)	Gruau
3 ml (½ c. à thé)	Cannelle

- Faire cuire la rhubarbe avec 125 ml (½ tasse) de cassonade jusqu'à ce qu'elle soit tendre, soit environ 10 min. Battre le beurre en crème, incorporer 60 ml (¼ tasse) de cassonade et le gruau. Ajouter la cannelle et bien mélanger.
- Verser la rhubarbe cuite dans un moule de 25 x 15 x 5 cm (10 x 6 x 2 po). Recouvrir du mélange de gruau. Cuire au four à 180 °C (350 °F) pendant environ 30 min, jusqu'à ce que le dessus du pouding soit doré.

POUDING À LA RHUBARBE ET AUX POMMES

Chaudière-Appalaches

300 ml (1 ¼ tasse)	Rhubarbe en morceaux
500 ml (2 tasses)	Pommes pelées et en morceaux
125 ml (½ tasse)	Sucre

MÉLANGE AU GRUAU

85 ml (⅓ tasse)	Farine tout usage
125 ml (½ tasse)	Gruau
125 ml (½ tasse)	Cassonade
5 ml (1 c. à thé)	Cannelle
125 ml (½ tasse)	Beurre

- Mélanger la rhubarbe, les pommes et le sucre, et verser dans un moule beurré de 1 litre (4 tasses).

MÉLANGE AU GRUAU
- Mélanger la farine, le gruau, la cassonade et la cannelle. Ajouter le beurre et bien mélanger. Disposer ce mélange sur la rhubarbe et les pommes en l'émiettant. Cuire au four à 180 °C (350 °F) pendant 30 min.

POUDING AU PAIN AU CHOCOLAT

Duplessis

375 ml (1 ½ tasse)	Lait
250 ml (1 tasse)	Mie de pain rassis émiettée
5 ml (1 c. à thé)	Vanille
15 ml (1 c. à soupe)	Beurre
15 ml (1 c. à soupe)	Cacao en poudre
100 ml (⅓ tasse + 1 c. à soupe)	Sucre
3	Jaunes d'œufs
3	Blancs d'œufs
160 ml (⅔ tasse)	Crème 15 %

- Chauffer le lait et le pain sans laisser bouillir. Ajouter la vanille, le beurre, le cacao et le sucre. Mélanger le tout et retirer du feu. Battre les jaunes d'œufs et les ajouter au mélange légèrement refroidi. Mélanger de nouveau. Monter les blancs d'œufs en neige ferme. Les incorporer au mélange. Mettre le tout dans un moule beurré.
- Cuire au four à 180 °C (350 °F) pendant environ 35 à 40 min ou jusqu'à ce que la pointe d'un couteau ressorte propre du pouding. Servir avec de la crème.

POUDING AU PAIN ET AUX POMMES

Bas-Saint-Laurent

12	$	20 min	40 à 50 min

- Peler les pommes et les couper en tranches assez minces. Couvrir le fond d'un moule légèrement beurré de 25 x 20 x 5 cm (10 x 8 x 2 po) avec la moitié des pommes. Ajouter la moitié du pain ainsi que le beurre coupé en cubes. Étendre la moitié de la confiture de fraises. Répéter l'opération.
- Battre l'œuf avec le sucre et le lait. Verser sur le pouding. Cuire au four à 180 °C (350 °F) de 40 à 50 min, jusqu'à ce que le dessus soit doré.

3	Pommes Cortland
750 ml (3 tasses)	Pain en cubes
30 ml (2 c. à soupe)	Beurre
125 ml (½ tasse)	Confiture de fraises
1	Œuf
125 ml (½ tasse)	Sucre
250 ml (1 tasse)	Lait

POUDING AU PAIN, SAUCE CARAMEL

Îles-de-la-Madeleine

18	$$	15 min	30 min

- Faire tremper les dés de pain dans le lait chaud. Ajouter tous les autres ingrédients et bien mélanger. Cuire au four, au bain-marie, à 160 °C (325 °F) pendant 30 min. Servir accompagné de sauce caramel.

SAUCE CARAMEL
- Mélanger la cassonade, la fécule de maïs et le sel. Incorporer le jus de pomme et bien mélanger. Cuire jusqu'à épaississement. Retirer du feu. Ajouter le beurre, l'essence de vanille et mélanger. Verser sur le pouding au pain.

1,25 litre (5 tasses)	Pain en dés
325 ml (1 ⅓ tasse)	Lait chaud
125 ml (½ tasse)	Sucre
85 ml (⅓ tasse)	Raisins secs
500 ml (2 tasses)	Pommes en tranches avec la pelure
2	Œufs battus
3 ml (½ c. à thé)	Essence de vanille
3 ml (½ c. à thé)	Cannelle
35 ml (2 c. à soupe)	Beurre

SAUCE CARAMEL

165 ml (⅔ tasse)	Cassonade
40 ml (3 c. à soupe)	Fécule de maïs
0,5 ml (⅛ c. à thé)	Sel
400 ml (14 oz)	Jus de pomme
30 ml (2 c. à soupe)	Beurre doux
3 ml (½ c. à thé)	Essence de vanille

6	$	30 min	30 à 40 min

POUDING AU RIZ

Îles-de-la-Madeleine

250 ml (1 tasse)	Riz
750 ml (3 tasses)	Eau
85 ml (⅓ tasse)	Beurre
3	Œufs
300 ml (1 ¼ tasse)	Sucre
5 ml (1 c. à thé)	Essence de vanille
750 ml (3 tasses)	Lait
3 ml (½ c. à thé)	Sel
250 ml (1 tasse)	Raisins secs

• Faire cuire le riz dans l'eau pendant 12 à 15 min. Égoutter. Faire fondre le beurre dans un plat allant au four. Dans un bol, mélanger les œufs, le sucre, l'essence de vanille, le lait, le sel et les raisins secs. Ajouter cette préparation au riz et bien mélanger. Verser le mélange dans le plat beurré. Faire cuire au four à 200 °C (400 °F) pendant environ 20 à 25 min. Garnir de meringue, si désiré.

6	$$	35 min	2 h

POUDING AUX BLEUETS À LA VAPEUR

Saguenay – Lac-Saint-Jean

250 ml (1 tasse)	Farine
8 ml (1 ½ c. à thé)	Levure chimique
3 ml (½ c. à thé)	Sel
125 ml (½ tasse)	Beurre
125 ml (½ tasse)	Chapelure
125 ml (½ tasse)	Sucre
375 ml (1 ½ tasse)	Bleuets frais ou congelés
1	Œuf
175 ml (¾ tasse)	Lait

SAUCE AUX BLEUETS

160 ml (⅔ tasse)	Eau
50 ml (3 c. à soupe)	Sucre
250 ml (1 tasse)	Bleuets frais
5 ml (1 c. à thé)	Crème de myrtilles (bleuets)
10 ml (2 c. à thé)	Jus d'orange
15 ml (1 c. à soupe)	Fécule de maïs

• Tamiser les ingrédients secs. Sabler avec le beurre. Ajouter la chapelure et sucre. Ajouter les bleuets, l'œuf et le lait. Verser dans un moule graissé. Couvrir d'un papier d'aluminium.
• Mettre dans un bain-marie et cuire au four à 200 °C (400 °F) pendant 2 h.

SAUCE AUX BLEUETS
• Mélanger tous les ingrédients, sauf la fécule, et porter à ébullition. Cuire pendant 10 min. Délayer la fécule dans un peu d'eau froide et ajouter au mélange en ébullition. Dès qu'il recommence à bouillir, retirer du feu. Passer la sauce au moulin à légumes (grille très fine).
• Couper de belles tranches de pouding et napper de sauce aux bleuets.

Notre bleuet est un joli canadianisme qui désigne en France la baie de l'airelle, ou myrtille (Vaccinium myrtillus). La « myrtille d'Amérique » se distingue cependant de la myrtille européenne par sa plus haute taille et par la grosseur de ses fruits. Cela dit, les baies des deux espèces sont nettement plus savoureuses à l'état sauvage.

POUDING AUX CAMARINES NOIRES

Nouveau-Québec – Baie-James

6	$	40 min	2 h 30

- Crémer le beurre et la cassonade. Ajouter la vanille, la mélasse et l'œuf. Bien mélanger le tout. Mélanger les ingrédients secs. Ajouter au premier mélange, en alternant avec le lait et les camarines noires. Mélanger pour obtenir une pâte.
- Mettre la pâte dans une mousseline (coton à fromage) graissée, l'attacher dans le haut en ne prenant pas tout l'espace, parce que le pouding gonfle en cuisant. Mettre le tout sur une marguerite. Disposer la marguerite dans une marmite et ajouter juste assez d'eau, environ 500 ml (2 tasses), pour que le pouding cuise à la vapeur. Couvrir et cuire pendant 2 h 30 environ, à feu doux. Ajouter de l'eau au besoin. Laisser refroidir et servir avec une sauce au choix.

85 ml (⅓ tasse)	Beurre non salé
60 ml (¼ tasse)	Cassonade
1 ml (¼ c. à thé)	Essence de vanille
60 ml (¼ tasse)	Mélasse
1	Œuf
375 ml (1 ½ tasse)	Farine
15 ml (1 c. à soupe)	Levure chimique
3 ml (½ c. à thé)	Sel
125 ml (½ tasse)	Lait
125 ml (½ tasse)	Camarines noires ou, à défaut, canneberges

Le petit atoca est un arbuste nain, plus petit mais plus fréquent que le gros atoca. On appelle parfois le petit atoca « airelle canneberge »; et le gros atoca, « airelle à gros fruits ». Les fruits du petit et du gros atoca se ressemblent beaucoup; d'ailleurs on les utilise de la même façon.

POUDING AUX CAROTTES

Bas-Saint-Laurent

6	$	30 min	1 h 30 à 2 h

- Battre en crème le beurre avec la cassonade. Incorporer l'œuf, les carottes et les raisins secs. Tamiser tous les ingrédients secs et les ajouter au premier mélange en alternant avec l'eau froide. Verser dans un moule beurré et cuire à la vapeur à 180 °C (350 °F) pendant I h 30 à 2 h, en couvrant d'un papier d'aluminium. Laisser refroidir quelques instants et démouler. Envelopper dans un papier ciré, recouvrir d'un linge propre et ficeler.

125 ml (½ tasse)	Beurre non salé
250 ml (1 tasse)	Cassonade
1	Œuf
175 ml (¾ tasse)	Carottes râpées
125 ml (½ tasse)	Raisins secs
175 ml (¾ tasse)	Farine
3 ml (½ c. à thé)	Bicarbonate de soude
3 ml (½ c. à thé)	Sel
3 ml (½ c. à thé)	Levure chimique
	Cannelle et muscade au goût
35 ml (2 c. à soupe)	Eau froide

POUDING AUX CANNEBERGES À LA VAPEUR

Gaspésie

325 ml (1 ⅓ tasse)	Farine tout usage
3 ml (½ c. à thé)	Sel
1 ml (¼ c. à thé)	Épices mélangées
10 ml (2 c. à thé)	Bicarbonate de soude
500 ml (2 tasses)	Canneberges
	Zeste d'orange
125 ml (½ tasse)	Miel
90 ml (6 c. à soupe)	Eau chaude
15 ml (1 c. à soupe)	Beurre fondu

SAUCE CARAMEL

375 ml (1 ½ tasse)	Cassonade
375 ml (1 ½ tasse)	Eau
50 ml (3 c. à soupe)	Fécule de maïs
125 ml (½ tasse)	Lait
25 ml (1 ½ c. à soupe)	Beurre

- Tamiser les ingrédients secs ensemble. Ajouter les canneberges et le zeste d'orange. Mélanger le miel, l'eau chaude et le beurre fondu. Incorporer au premier mélange. Verser dans un moule de 1,5 litre (6 tasses), graissé et fariné. Cuire à la vapeur au four à 180 °C (350 °F) pendant 1 h 30. Servir avec une sauce caramel.

SAUCE CARAMEL
- Ajouter la cassonade à l'eau et porter à ébullition. Diluer la fécule de maïs dans le lait et l'ajouter au sirop afin de l'épaissir. Ajouter le beurre. Servir tiède.

POUDING AUX FRUITS

Bas-Saint-Laurent

160 ml (⅔ tasse)	Farine tout usage
125 ml (½ tasse)	Sucre
10 ml (2 c. à thé)	Levure chimique
1 pincée	Sel
1	Œuf
40 ml (3 c. à soupe)	Beurre non salé
125 ml (½ tasse)	Eau
325 ml (1 ⅓ tasse)	Salade de fruits égouttée et épongée
160 ml (⅔ tasse)	Cassonade

- Mélanger la farine, le sucre, la levure chimique et le sel. Battre l'œuf avec le beurre et l'eau. Ajouter au mélange.
- Verser la salade de fruits dans un moule légèrement beurré de 25 x 20 x 5 cm (10 x 8 x 2 po). Saupoudrer de cassonade. Verser uniformément la pâte. Cuire au four à 180 °C (350 °F) de 30 à 35 min.

POUDING AUX POMMES ET AU TAPIOCA

Montérégie

6	$	20 min	1 h

- Cuire le tapioca avec le lait et le sel. Incorporer le sucre. Verser graduellement sur les œufs battus. Ajouter l'essence de vanille.
- Disposer les quartiers de pomme dans un moule graissé de 25 x 15 x 5 cm (10 x 6 x 2 po). Saupoudrer de cassonade. Verser le mélange entre les quartiers de pomme. Cuire au four à 190 °C (375 °F) pendant environ 1 h.

50 ml (3 c. à soupe)	Tapioca minute
500 ml (2 tasses)	Lait
1 ml (¼ c. à thé)	Sel
85 ml (⅓ tasse)	Sucre
2	Œufs battus
1 ml (¼ c. à thé)	Essence de vanille
675 ml (2 ¾ tasses)	Pommes en quartiers
50 ml (3 c. à soupe)	Cassonade

POUDING AUX RAISINS À LA VAPEUR, SAUCE À LA VANILLE

Charlevoix

6	$$	15 min	2 h 10

- Ramollir le beurre. Ajouter d'abord le sucre, puis les œufs. Tamiser ensemble les ingrédients secs. Ajouter les ingrédients secs en alternant avec le lait. Cuire les raisins dans de l'eau pendant 10 min et égoutter. Ajouter les raisins au mélange. Mettre la préparation dans un moule beurré de 2 litres (8 tasses) et recouvrir de papier d'aluminium. Cuire au four au bain-marie à 180 °C (350 °F) pendant 2 h. Servir avec une sauce à la vanille.

175 ml (¾ tasse)	Beurre
30 ml (2 c. à soupe)	Sucre
2	Œufs
500 ml (2 tasses)	Farine
1 ml (¼ c. à thé)	Sel
15 ml (1 c. à soupe)	Levure chimique
250 ml (1 tasse)	Lait
250 ml (1 tasse)	Raisins secs Sultana
500 ml (2 tasses)	Sauce à la vanille
	(voir recettes de base)

POUDING DU CHÔMEUR DE SAINT-MICHEL-DES-SAINTS

Lanaudière

6	$	15 min	40 min

- Mélanger l'huile et le sucre. Incorporer l'œuf. Ajouter le lait, en alternant avec la farine et la levure chimique préalablement tamisées. Mettre la préparation dans un moule beurré.
- Dissoudre la cassonade dans l'eau. Ajouter le beurre et verser sur la préparation. Cuire au four à 180 °C (350 °F) pendant 40 min environ.

60 ml (¼ tasse)	Huile
250 ml (1 tasse)	Sucre
1	Œuf
250 ml (1 tasse)	Lait
410 ml (1 ⅔ tasse)	Farine
15 ml (1 c. à soupe)	Levure chimique
500 ml (2 tasses)	Cassonade
500 ml (2 tasses)	Eau chaude
45 ml (3 c. à soupe)	Beurre

◀ *Pouding aux pommes et au tapioca*

PRUNEAUX À L'ÉRABLE

Québec

700 ml (2 ¾ tasses)	Eau
125 ml (½ tasse)	Sirop d'érable
2	Gousses de vanille
36	Pruneaux secs
60 ml (¼ tasse)	Alcool d'érable ou Sortilège*
30 ml (2 c. à soupe)	Noix hachées
85 ml (⅓ tasse)	Crème 35 %

- Faire chauffer l'eau et le sirop d'érable, ajouter les gousses de vanille. Laisser tiédir le mélange, puis ajouter les pruneaux et les laisser gonfler 1 ou 2 h. Cuire jusqu'à ce que l'on puisse enfoncer facilement une pointe de couteau, ajouter l'alcool d'érable ou le Sortilège. Laisser refroidir. Servir en coupe, garnir de noix et de crème que l'on aura préalablement fouettée.

* *Liqueur élaborée par la SAQ.*

RENVERSÉ AUX FRAMBOISES

Charlevoix

3	Jaunes d'œufs
425 ml (1 ¾ tasse)	Sucre
1 ml (¼ c. à thé)	Sel
125 ml (½ tasse)	Beurre fondu
175 ml (¾ tasse)	Lait
15 ml (1 c. à soupe)	Jus de citron
425 ml (1 ¾ tasse)	Farine
12 ml (2 ½ c. à thé)	Levure chimique
2	Blancs d'œufs
500 ml (2 tasses)	Framboises congelées*

- Battre les jaunes d'œufs, ajouter d'abord 175 ml (¾ tasse) de sucre et le sel, puis le beurre fondu. Ajouter ensuite le lait et le jus de citron en alternant avec les ingrédients secs, préalablement tamisés ensemble. Battre les blancs d'œufs en neige et les incorporer délicatement au mélange.
- Dans un moule de 25 x 15 x 5 cm (10 x 6 x 2 po), disposer les framboises et les saupoudrer avec le sucre restant. Couvrir avec la pâte. Cuire au four à 220 °C (425 °F) pendant 30 min. Refroidir. Renverser dans un plat de service.

* *On peut remplacer les framboises par des bleuets.*

Pruneaux à l'érable ➤

ROULADES À LA MÉLASSE

6   $ 20 min   35 à 40 min

Manicouagan

- Tamiser les ingrédients secs ensemble. Ajouter le beurre et sabler. Détremper le mélange avec le lait. Abaisser à la main et badigeonner de beurre fondu. Étendre 60 ml (¼ tasse) de raisins secs sur l'abaisse et faire un rouleau. Couper en rondelles de 3 cm (1 ¼ po). Mettre 125 ml (½ tasse) de raisins dans un moule carré et disposer les roulés.
- Mélanger l'eau et la mélasse et verser ce sirop sur les roulés. Cuire au four à 200 °C (400 °F) pendant 35 à 40 min.

250 ml (1 tasse)	Farine
10 ml (2 c. à thé)	Levure chimique
5 ml (1 c. à thé)	Sel
30 ml (2 c. à soupe)	Beurre non salé
175 ml (¾ tasse)	Lait
15 ml (1 c. à soupe)	Beurre fondu
175 ml (¾ tasse)	Raisins secs
60 ml (¼ tasse)	Eau
125 ml (½ tasse)	Mélasse

ROULEAU À LA RHUBARBE

6   $ 30 min   30 à 40 min

Manicouagan

PÂTE

- Faire chauffer le lait. Incorporer le beurre au lait tiède. Tamiser les ingrédients secs ensemble et détremper avec le lait. Faire une abaisse rectangulaire.
- Étendre la rhubarbe sur l'abaisse de pâte. Saupoudrer de sucre. Faire un rouleau. Cuire au four à 220 °C (425 °F) pendant 30 à 40 min.

SIROP

- Mélanger l'eau avec la cassonade et le sucre et faire un sirop. Verser ce sirop sur le rouleau.

PÂTE

125 ml (½ tasse)	Lait
125 ml (½ tasse)	Beurre non salé
250 ml (1 tasse)	Farine
10 ml (2 c. à thé)	Levure chimique
	Sel au goût
500 ml (2 tasses)	Rhubarbe hachée finement
60 ml (¼ tasse)	Sucre

SIROP

250 ml (1 tasse)	Eau
125 ml (½ tasse)	Cassonade
125 ml (½ tasse)	Sucre

1 kg (2 ¼ lb)	$$$	10 min	au thermomètre

750 ml (3 tasses)	Sirop d'érable
250 ml (1 tasse)	Sucre
375 ml (1 ½ tasse)	Crème 35 %

6	$$	30 min	40 min

85 ml (⅓ tasse)	Cassonade
85 ml (⅓ tasse)	Sucre
5 ml (1 c. à thé)	Cannelle
6 ml (1 ¼ c. à thé)	Fécule de maïs
3 ml (½ c. à thé)	Gingembre
3 ml (½ c. à thé)	Sel
450 g (1 lb)	Pulpe de citrouille
3	Œufs
250 ml (1 tasse)	Lait chaud
15 ml (1 c. à soupe)	Mélasse
250 g (½ lb)	Pâte brisée
	(voir recettes de base)
250 ml (1 tasse)	Crème fouettée

6	$$	15 min	30 à 35 min

500 g (1 lb)	Pâte brisée
	(voir recettes de base)
250 ml (1 tasse)	Sirop d'érable
125 ml (½ tasse)	Eau
50 ml (3 c. à soupe)	Fécule de maïs
250 ml (1 tasse)	Raisins Sultana ou autres
1	Œuf battu
5 ml (1 c. à thé)	Eau

SUCRE À LA CRÈME D'HERMANCE

Montérégie

- Bien mélanger les ingrédients. Cuire à feu moyen jusqu'à l'obtention d'une boule molle dans l'eau froide, c'est-à-dire quand le thermomètre à bonbons atteint 115,5 °C (240 °F). Retirer du feu et mettre la casserole dans l'eau froide de 5 à 7 min. Battre le mélange jusqu'à ce qu'il cristallise. Verser dans un plat beurré.

  Note : Ne pas utiliser de casserole en fonte émaillée.

TARTE À LA CITROUILLE

Montréal et Laval

- Mélanger les ingrédients secs. Incorporer la pulpe de citrouille aux ingrédients secs. Mélanger les œufs, le lait chaud et la mélasse. Ajouter à la pulpe de citrouille. Ne pas trop remuer le mélange.
- Garnir de pâte brisée un moule de 25 cm (10 po) de diamètre. Verser le mélange. Cuire au four à 230 °C (450 °F) pendant 7 min, puis à 180 °C (350 °F) pendant encore 30 min ou jusqu'à ce que la citrouille soit dorée et la croûte, bien cuite. Laisser refroidir et garnir de crème fouettée.

TARTE À LA FERLOUCHE

Charlevoix

- Foncer une assiette à tarte de 20 cm (8 po) d'une abaisse de pâte brisée. Bien mélanger tous les ingrédients et porter à ébullition, tout en remuant, jusqu'à consistance épaisse. Laisser refroidir complètement. Verser cette préparation dans l'abaisse et recouvrir d'une autre abaisse. Badigeonner de dorure et bien sceller la pâte. Cuire au four à 200 °C (400 °F) pendant 30 à 35 min.

TARTE À LA FERLOUCHE

Mauricie – Bois-Francs

6	$	20 min	10 min

125 ml (½ tasse)	Mélasse
125 ml (½ tasse)	Cassonade
125 ml (½ tasse)	Lait
125 ml (½ tasse)	Raisins secs
2	Œufs
15 ml (1 c. à soupe)	Beurre fondu
8 ml (1 ½ c. à thé)	Jus de citron
15 ml (1 c. à soupe)	Fécule de maïs
250 g (½ lb)	Pâte brisée
	(voir recettes de base)

• Mélanger la mélasse, la cassonade, le lait et les raisins secs puis faire chauffer jusqu'au point d'ébullition. Battre les œufs et les ajouter graduellement au mélange. Ajouter le beurre et le jus de citron. Ajouter la fécule de maïs diluée dans un peu d'eau. Bien mélanger et laisser cuire environ 10 min. Garnir du mélange une abaisse déjà cuite.

TARTE À LA MÉLASSE

Montréal et Laval

6	$	30 min	30 min

15 ml (1 c. à soupe)	Farine tout usage
60 ml (¼ tasse)	Chapelure
125 ml (½ tasse)	Lait
15 ml (1 c. à soupe)	Beurre fondu
125 ml (½ tasse)	Mélasse
2	Jaunes d'œufs
125 ml (½ tasse)	Sucre
2	Blancs d'œufs
	Pâte brisée
	(voir recettes de base)

• Mélanger la farine et la chapelure. Incorporer le lait au mélange. Ajouter le beurre fondu et la mélasse, et bien mélanger. Ajouter les jaunes d'œufs battus avec le sucre et mélanger de nouveau. Incorporer enfin les blancs d'œufs montés en neige.
• Foncer un moule de 20 cm (8 po) de diamètre de pâte brisée et verser le mélange. Cuire au four à 230 °C (450 °F) pendant 5 min, réduire la chaleur à 180 °C (350 °F) et poursuivre la cuisson pendant environ 25 min.

TARTE À LA RHUBARBE

Bas-Saint-Laurent

6	$	20 min	55 min

375 ml (1 ½ tasse)	Rhubarbe fraîche en dés
125 ml (½ tasse)	Sucre
7 ml (1 ½ c. à thé)	Farine
15 ml (1 c. à soupe)	Tapioca minute
7 ml (1 ½ c. à thé)	Zeste d'orange
2	Abaisses de pâte brisée
	(voir recettes de base)
7 ml (1 ½ c. à thé)	Jus de citron
7 ml (1 ½ c. à thé)	Beurre fondu
	Lait en quantité suffisante

• Mélanger la rhubarbe, le sucre, la farine, le tapioca et le zeste d'orange. Verser dans un moule de 22 cm (8 ½ po) de diamètre, foncé de pâte brisée. Arroser de jus de citron et du beurre fondu.
• Couvrir d'une abaisse et faire une petite incision au centre. Bien sceller les bords et badigeonner de lait. Cuire au four à 200 °C (400 °F) pendant 15 min, puis à 180 °C (350 °F) de 35 à 40 min.

TARTE AU SUCRE ÉCONOMIQUE

Abitibi-Témiscamingue

- Mélanger la cassonade avec la farine. Mouiller avec le lait. Bien mélanger. Verser dans une abaisse de pâte brisée. Cuire au four à 180 °C (350 °F) pendant 30 min.

375 ml (1 ½ tasse)	Cassonade
45 ml (3 c. à soupe)	Farine
175 ml (¾ tasse)	Lait
1	Abaisse de pâte brisée de 22 cm (8 ½ po) *(voir recettes de base)*

TARTE AUX BLEUETS

Nouveau-Québec – Baie-James

- Faire mijoter les bleuets dans l'eau pendant 10 min. Refroidir. Ajouter le jus de citron, le sucre et la fécule de maïs. Bien mélanger.
- Verser le mélange dans une abaisse de pâte de 22 cm (8 ½ po). Ajouter une noix de beurre. Couvrir d'une seconde abaisse de pâte de 22 cm (8 ½ po). Bien souder les deux abaisses ensemble. Faire une incision sur le dessus. Cuire au four à 230 °C (450 °F) pendant 10 min. Réduire la chaleur à 180 °C (350 °F) et cuire pendant 30 min.

1 litre (4 tasses)	Bleuets frais
60 ml (¼ tasse)	Eau
30 ml (2 c. à soupe)	Jus de citron
175 ml (¾ tasse)	Sucre
30 ml (2 c. à soupe)	Fécule de maïs
500 g (1 lb)	Pâte brisée *(voir recettes de base)*
15 ml (1 c. à soupe)	Beurre

TARTE AUX FRAISES LAURENTIENNES

Laurentides

PÂTE

- Tamiser ensemble la farine, la levure chimique et le sel. Ajouter le beurre et sabler. Incorporer le lait et bien mélanger. Abaisser la pâte en un cercle de 30 cm (12 po) de diamètre. Mettre l'abaisse dans une assiette à tarte.

GARNITURE

- Recouvrir le fond avec la confiture de fraises. Ajouter les fraises fraîches. Saupoudrer de sucre glace. Rabattre la pâte sur les fraises et la badigeonner d'œuf battu. Cuire au four à 230 °C (450 °F) pendant 10 min. Réduire la chaleur à 200 °C (400 °F) et poursuivre la cuisson pendant encore 10 min.

PÂTE

250 ml (1 tasse)	Farine
10 ml (2 c. à thé)	Levure chimique
1 ml (½ c. à thé)	Sel
85 ml (⅓ tasse)	Beurre non salé
85 ml (⅓ tasse)	Lait

GARNITURE

125 ml (½ tasse)	Confiture de fraises
500 ml (2 tasses)	Fraises fraîches
	Sucre glace
1	Œuf battu

363

TARTE AUX PACANES DES PAUVRES

Lanaudière

6	$$	20 min	45 min

- Abaisser la pâte et en couvrir le fond d'un moule à tarte. Mélanger le sirop de maïs, le sucre blanc, la farine, la margarine, les œufs et les noix.
- Verser le mélange dans l'abaisse. Couvrir de pacanes. Cuire à 200 °C (400 °F) pendant 45 min environ.

250 g (½ lb)	Pâte brisée *(voir recettes de base)*
250 ml (1 tasse)	Sirop de maïs
250 ml (1 tasse)	Sucre blanc
250 ml (1 tasse)	Farine d'avoine
125 ml (½ tasse)	Margarine molle
2	Œufs battus
125 ml (½ tasse)	Noix en morceaux
	Pacanes en garniture

TARTE AUX PETITES FRAISES DES CHAMPS

Gaspésie

6	$$$	20 min	25 à 30 min

- Foncer un moule à tarte d'une abaisse de pâte brisée. Piquer l'abaisse et la cuire au four à 220 °C (425 °F) pendant environ 15 min. Remplir la croûte cuite de fraises, mais en réserver quelques-unes pour la garniture.
- Mélanger 175 ml (¾ tasse) de sucre, la fécule de maïs, le sel et l'eau. Faire mijoter. Cuire lentement en remuant, à feu doux, pendant environ 10 à 15 min, jusqu'à l'obtention d'un sirop épais et uniforme. Verser ce sirop tiédi sur les fraises. Laisser refroidir.
- Fouetter la crème et le sucre restant. Au moment de servir, couvrir de crème fouettée et de fraises entières, réservées. Servir la tarte froide.

250 g (9 oz)	Pâte brisée *(voir recettes de base)*
875 ml (3 ½ tasses)	Fraises fraîches, équeutées
250 ml (1 tasse)	Sucre
45 ml (3 c. à soupe)	Fécule de maïs
1 pincée	Sel
250 ml (1 tasse)	Eau
175 ml (¾ tasse)	Crème 35 %

TARTE AUX POMMES ET AUX CAROTTES

Québec

6	$	15 min	45 min

- Cuire les carottes quelques minutes dans l'eau, à feu doux. Mélanger tous les ingrédients et ajouter les carottes cuites avec leur jus. Verser la préparation dans un moule à tarte de 22 cm (8 ½ po) de diamètre qui aura été foncé de pâte brisée. Cuire au four à 230 °C (450 °F) pendant 15 min, puis à 180 °C (350 °F) pendant 30 min. Servir tiède.

250 ml (1 tasse)	Carottes râpées
125 ml (½ tasse)	Eau
250 ml (1 tasse)	Pommes râpées
250 ml (1 tasse)	Raisins secs
3 ml (½ c. à thé)	Sel
1 ml (¼ c. à thé)	Cannelle
175 ml (¾ tasse)	Cassonade
8 ml (1 ½ c. à thé)	Farine
1	Abaisse de pâte brisée *(voir recettes de base)*

TARTE AUX POMMES ET AUX PACANES

Laurentides

85 ml (⅓ tasse)	Sucre
3 ml (½ c. à thé)	Cannelle
3 ml (½ c. à thé)	Muscade
1 ml (¼ c. à thé)	Sel
1 abaisse	Pâte brisée
	(voir recettes de base)
1 litre (4 tasses)	Pommes en tranches
125 ml (½ tasse)	Farine
85 ml (⅓ tasse)	Cassonade
125 ml (½ tasse)	Pacanes hachées
85 ml (⅓ tasse)	Beurre

- Mélanger le sucre, la cannelle, la muscade et le sel. Verser la moitié de ce mélange dans une abaisse de pâte de 22 cm (8 ½ po) non cuite. Disposer la moitié des pommes en tranches sur ce mélange. Saupoudrer les pommes du reste du mélange de sucre et ajouter le reste des pommes.
- Combiner ensemble la farine, la cassonade, les pacanes et le beurre. Parsemer les pommes de ce mélange. Cuire au four à 180 °C (350 °F) pendant 30 min.

TARTE CHIFFON À L'ÉRABLE

Mauricie – Bois-Francs

8 ml (1 ½ c. à thé)	Gélatine neutre
30 ml (2 c. à soupe)	Eau
2	Jaunes d'œufs
60 ml (¼ tasse)	Lait
125 ml (½ tasse)	Sirop d'érable
0,5 ml (⅛ c. à thé)	Sel
2	Blancs d'œufs
60 ml (¼ tasse)	Sucre
250 g (½ lb)	Pâte brisée
	(voir recettes de base)
15 ml (1 c. à soupe)	Noix hachées

- Faire gonfler la gélatine dans l'eau froide. Battre les jaunes d'œufs avec le lait et le sirop d'érable. Faire cuire au bain-marie en remuant constamment à l'aide d'une cuillère en bois, jusqu'à ce que le mélange épaississe (environ 10 min). Il est prêt lorsque, en passant le doigt sur la cuillère en bois, celui-ci y laisse une trace bien nette. Retirer du feu et y incorporer la gélatine. Mettre cette préparation au réfrigérateur jusqu'à ce qu'elle commence à prendre.
- Ajouter le sel aux blancs d'œufs. Battre ceux-ci en neige ferme et incorporer graduellement le sucre, sans cesser de battre. Réunir les deux préparations et bien mélanger. Verser le mélange dans l'abaisse déjà cuite et mettre au réfrigérateur. Garnir de noix.

TARTE COSTARDE À L'ÉRABLE

Laurentides

2	Œufs
60 ml (¼ tasse)	Sirop d'érable
250 ml (1 tasse)	Lait chaud
1 pincée	Sel
1 abaisse	Pâte brisée
	(voir recettes de base)

- Battre les œufs. Ajouter le sirop d'érable, le lait chaud et le sel. Verser dans une abaisse de 22 cm (8 ½ po). Cuire au four à 180 °C (350 °F) pendant 30 min.

TARTE DU PRINTEMPS

Montréal et Laval

6	$$	30 min	50 min

- Faire macérer les fruits avec le sucre. Égoutter les fruits et faire chauffer le jus recueilli. Délayer la fécule de maïs dans l'eau froide. Verser dans le jus et cuire pendant environ 5 min. Ajouter délicatement les fruits. Laisser refroidir.
- Verser la préparation dans un moule de 20 cm (8 po) de diamètre foncé de pâte brisée et cuire au four à 190 °C (375 °F) pendant environ 45 min.

250 ml (1 tasse)	Rhubarbe congelée en dés
250 ml (1 tasse)	Fraises en morceaux
125 ml (½ tasse)	Ananas en cubes
250 ml (1 tasse)	Sucre
175 ml (¾ tasse)	Jus des fruits
30 ml (2 c. à soupe)	Fécule de maïs
50 ml (3 c. à soupe)	Eau froide
1 abaisse	Pâte brisée *(voir recettes de base)*

TIRE À LA MÉLASSE

Îles-de-la-Madeleine

1,5 kg (3 ¼ lb)	$	10 min	au thermomètre

- Mettre le sucre, la mélasse et l'eau dans une casserole. Ajouter le bicarbonate de soude. Cuire à feu doux jusqu'à ce que le sucre soit complètement fondu. Ajouter le beurre en graissant le contour supérieur de la casserole, ce qui empêche la tire de renverser. Laisser bouillir sans remuer jusqu'à ce qu'une goutte du mélange forme une boule dure dans l'eau froide, c'est-à-dire jusqu'à 260 °C (500 °F) au thermomètre à bonbons. Ajouter l'essence de vanille.
- Verser dans un moule carré, beurré. Laisser refroidir. Étirer avec les mains beurrées ou farinées jusqu'à ce que la préparation blanchisse. Couper en portions de 2 cm (¾ po) et envelopper chaque portion dans un papier ciré.

1,4 litre (5 ½ tasses)	Sucre
500 ml (2 tasses)	Mélasse
500 ml (2 tasses)	Eau
3 ml (½ c. à thé)	Bicarbonate de soude
60 ml (¼ tasse)	Beurre
10 ml (2 c. à thé)	Essence de vanille

TIRE AU SIROP DE BLÉ D'INDE

Charlevoix

1 kg (2 ¼ lb)	$	5 min	au thermomètre

- Mélanger tous les ingrédients dans une casserole, sauf la vanille. Porter à ébullition et chauffer jusqu'à 125 °C (260 °F), au thermomètre à bonbons. Verser alors dans un moule beurré. Aromatiser de vanille. Refroidir sans laisser durcir. Étirer le plus tôt possible et couper en portions individuelles. Les envelopper séparément.

500 ml (2 tasses)	Sirop de maïs (sirop de blé d'Inde) ou de miel
500 ml (2 tasses)	Sucre blanc
500 ml (2 tasses)	Cassonade
5 ml (1 c. à thé)	Essence de vanille

TARTELETTES AU SUCRE D'ÉRABLE

Outaouais

1 litre (4 tasses)	Sucre d'érable râpé
750 ml (3 tasses)	Eau
375 ml (1 ½ tasse)	Farine tout usage
575 ml (2 ⅓ tasses)	Eau froide
48	Abaisses de pâte brisée de 10 cm (4 po) de diamètre, 2 abaisses par tartelette *(voir recettes de base)*

- Mélanger le sucre d'érable et 750 ml (3 tasses) d'eau. Diluer la farine dans 575 ml (2 ⅓ tasses) d'eau froide et l'ajouter au premier mélange. Cuire jusqu'à épaississement, soit pendant 8 à 10 min. Foncer les moules à tartelettes d'une abaisse de pâte. Verser dans chaque tartelette 50 ml (3 c. à soupe) de l'appareil. Couvrir les tartelettes d'une autre abaisse. Sceller la pâte avec un peu d'eau et faire une incision sur le dessus. Cuire au four à 230 °C (450 °F) pendant 8 min. Réduire la chaleur du four à 180 °C (350 °F) et poursuivre la cuisson pendant 30 min.

BOISSON À LA RHUBARBE

Bas-Saint-Laurent

500 ml (2 tasses)	Rhubarbe en dés
175 ml (¾ tasse)	Eau
85 ml (⅓ tasse)	Sucre
45 ml (3 c. à soupe)	Jus d'orange
15 ml (1 c. à soupe)	Jus d'ananas
30 ml (2 c. à soupe)	Jus de citron
675 ml (2 ¾ tasses)	Eau glacée

- Mettre la rhubarbe et l'eau dans une marmite. Porter à ébullition et faire mijoter pendant 25 min. Passer au tamis, bien égoutter. Remettre sur le feu. Ajouter le sucre et bien remuer pour le faire fondre. Retirer du feu. Ajouter les jus d'orange, d'ananas et de citron et laisser refroidir. Ajouter l'eau glacée et mettre au réfrigérateur.

PUNCH DE SAINT-ÉMILE

Outaouais

1	Bâtonnet de cannelle
2	Clous de girofle
1 pincée	Quatre-épices
250 ml (1 tasse)	Eau
500 ml (2 tasses)	Jus de pomme
250 ml (1 tasse)	Jus de canneberge
60 ml (¼ tasse)	Cassonade
75 ml (¾ tasse)	Cognac

- Faire infuser les épices dans l'eau et les jus pendant environ 5 min. Ajouter la cassonade.
- Servir dans des tasses en ajoutant 30 ml (2 c. à soupe) de cognac dans chaque tasse.

Note : Les quantités de cassonade, d'épices et de cognac peuvent varier, au goût.

Tartelettes au sucre d'érable ➤

PUNCH À LA RHUBARBE ET AUX BLEUETS

Saguenay – Lac-Saint-Jean

4	$$	15 min	30 min

- Couper le pamplemousse en quartiers. Ajouter la rhubarbe, l'eau et le sucre. Porter à ébullition et cuire pendant 30 min. Passer et laisser refroidir. Ajouter des cubes de glace, le soda au gingembre et la liqueur de bleuet.

* *La quantité de sucre peut être augmentée au goût.*

1	Pamplemousse
1,5 litre (6 tasses)	Rhubarbe congelée en dés
750 ml (3 tasses)	Eau
175 ml (¾ tasse)	Sucre*
300 ml (1 ¼ tasse)	Soda au gingembre (Ginger Ale)
40 ml (3 c. à soupe)	Liqueur de bleuet

PUNCH GLACÉ

Abitibi-Témiscamingue

6-8	$$	5 min	—

- Mélanger tous les ingrédients. Fouetter à l'aide d'un mélangeur. Verser dans des verres. Servir.

50 ml (3 c. à soupe)	Mélasse
1 ml (¼ c. à thé)	Cannelle
650 ml (2 ½ tasses)	Lait froid
810 ml (3 ¼ tasses)	Crème glacée à la vanille

VIN DE BETTERAVE DE SAINT-JEAN-DE-MATHA

Lanaudière

10 l (2 ¼ gal)	$	30 min	1 à 2 h

- Laver les betteraves non pelées, coupées en dés. Faire cuire dans l'eau à couvert, dans une marmite, à feu doux, jusqu'à cuisson complète. Ajouter le sucre et faire mijoter pendant 20 min. Égoutter. Laisser tiédir, ajouter les raisins secs et la levure.
- Couvrir d'un carton et laisser fermenter 5 jours en remuant une fois par jour, à 18 °C (64 °F). Passer et presser pour extraire le jus. Verser dans une cruche. Boucher l'ouverture avec de la ouate. Garder à une température de 20 °C (65 °F) pendant 30 jours. Siphonner, passer dans une étamine (coton à fromage) et mettre en bouteilles pendant 6 mois environ avant de consommer.

2 kg (4 ½ lb)	Betteraves
5 litres (1 gallon)	Eau
2,2 litres (9 tasses)	Sucre
650 ml (2 ¾ tasses)	Raisins secs
15 ml (1 c. à soupe)	Levure sèche

RECETTES DE BASE

FOND BRUN DE GIBIER À POIL

- Les fonds de gibier sont la base essentielle à la réussite de bonnes sauces pour accompagner les gibiers.

100 ml (3 ½ oz)	Huile de tournesol ou gras de cuisson
3 kg (6 ¾ lb)	Os coupés en petits morceaux (gibier choisi)
1 kg (2 ½ lb)	Parures
200 g (7 oz)	Oignons coupés en dés
200 g (7 oz)	Carottes coupées en morceaux
100 g (3 oz)	Branche de céleri coupée en morceaux
	Bouquet garni : quelques tiges de persil, 1 branche de thym, 1 feuille de laurier
200 g (7 oz)	Champignons
10	Baies de genièvre

- Dans une plaque au four, bien chauffer l'huile (230 °C ou 450 °F), puis déposer les os et les laisser colorer jusqu'à ce qu'ils deviennent dorés.
- Enlever les os et les déposer dans une grande marmite.
- Répéter l'opération avec les parures. Ajouter tous les éléments aromatiques et couvrir d'eau. Laisser cuire 3 ou 4 h en écumant fréquemment.
- Passer au chinois et réduire de moitié.

> **NOTE :** Si l'on veut faire une base de fond plus économique, ne pas réduire le fond et le lier avec du roux blanc cuit.

FOND BLANC DE VOLAILLE *

2 kg (4 ½ lb)	Os de volaille
300 g (10 oz)	Carottes en mirepoix moyenne
200 g (7 oz)	Oignons en mirepoix moyenne
100 g (3 oz)	Blanc de poireau en mirepoix moyenne
100 g (3 oz)	Céleri en mirepoix moyenne
3	Gousses d'ail hachées
1	Clou de girofle
	Poivre noir au goût
	Bouquet garni : 20 tiges de persil, 1 branche de thym, ½ feuille de laurier

* Pour un fond blanc de bœuf ou de veau, suivre cette même recette en utilisant les os appropriés. Laisser cuire de 4 à 5 h.

- Faire dégorger les os de volaille sous un filet d'eau froide.
- Mettre les légumes, l'ail, le clou de girofle et le poivre dans une marmite avec les os dégorgés. Couvrir d'eau et amener à ébullition. Écumer si nécessaire. Ajouter le bouquet garni. Laisser cuire pendant 45 min. Passer au chinois étamine ou dans une passoire à mailles fines et réduire si le goût n'est pas suffisamment prononcé.

> **NOTE :** Vous pouvez utiliser différentes volailles. Si on utilise la poule ou le coq, faire bouillir les volailles entières, car, comme la cuisson est longue, on ira chercher les saveurs plus spécifiquement. Si on utilise des os de poulet, bien les faire dégorger pour enlever les impuretés (sang).

FOND BRUN DE VOLAILLE OU DE GIBIER À PLUME

2 kg (4 ½ lb)	Os de volaille ou de gibier à plume
150 ml (⅔ tasse)	Huile végétale
300 g (10 oz)	Carottes en mirepoix moyenne
200 g (7 oz)	Oignons en mirepoix moyenne
100 g (3 oz)	Blanc de poireau en mirepoix moyenne
100 g (3 oz)	Céleri en mirepoix moyenne
3	Gousses d'ail hachées
1	Clou de girofle
	Poivre noir au goût
1	Bouquet garni : 20 tiges de persil, 1 branche de thym, ½ feuille de laurier
	Concentré de tomate

- Avec un couperet, bien concasser les os, les faire revenir au four dans une plaque avec 70 ml (⅓ tasse) d'huile, jusqu'à ce qu'ils dorent (si les os ont une belle coloration, ceux-ci donneront une coloration au liquide). Parallèlement, faire suer les légumes dans le reste de l'huile, puis mettre les deux éléments ensemble, avec les assaisonnements, dans une marmite.
- Couvrir d'eau et cuire de 45 à 60 min. Si le fond n'est pas assez coloré, ajouter un peu de concentré de tomate, passer ensuite au chinois étamine ou dans une passoire à mailles fines.

> **NOTE :** Certaines recettes requièrent un fond brun de volaille. Les ingrédients sont les mêmes que pour le fond blanc de volaille, mais la méthode est légèrement différente.

FOND BRUN DE VEAU

10 kg (22 lb)*	Os de veau (de préférence les genoux, coupés en petits dés par le boucher)
	Graisse végétale
1 kg (2 ¼ lb)	Oignons en grosse mirepoix
1 kg (2 ¼ lb)	Carottes en grosse mirepoix
500 g (1 lb)	Branches de céleri coupées en morceaux de 5 cm (2 po)
	Graisse végétale
2 têtes	Ail en chemise
1	Feuille de laurier
2 pincées	Brindilles de thym
200 g (7 oz)	Persil
25	Grains de poivre noir
200 g (7 oz)	Pâte de tomate cuite

- Faire chauffer la graisse végétale dans une plaque à rôtir, au four à 200 °C (400 °F). Lorsqu'elle est bien chaude, déposer les os de veau et les laisser rôtir jusqu'à ce qu'ils dorent de tous côtés, étape très importante, car ce sont ces sucs rôtis qui donneront une belle coloration au fond de veau.
- Parallèlement, dans une casserole suffisamment grande, faire suer tous les légumes dans de l'huile végétale chaude, ajouter l'ail, les assaisonnements et la pâte de tomate, puis faire cuire le tout.
- Lorsque ces deux opérations seront terminées, réunir les deux éléments dans une marmite assez grande ; les couvrir d'eau complètement et laisser mijoter pendant au moins 6 h.
- Ce fond de veau n'est pas lié. Avec du roux blanc, on obtient un fond brun lié.
- Vous pouvez faire des fonds brun de lapin, de caribou, de chevreuil, d'orignal, de sanglier, de lièvre et d'agneau avec la même technique.

> **NOTE :** *Ne jamais saler un fond, car, si on désire le réduire, il sera trop salé. Au cours de la cuisson, écumer régulièrement ; s'il y a trop d'évaporation, ajouter de l'eau. Après la cuisson, passer au chinois étamine ou passoire à mailles fines, laisser refroidir dans un lieu frais, puis remplir de petits contenants à congeler. Les fonds peuvent être faits l'hiver et congelés pour être utilisés plus tard. Lorsqu'ils cuisent, ils dégagent de très bonnes odeurs et procurent de l'humidité dans la maison. Pour accélérer le refroidissement, verser le fond dans un récipient, le déposer dans l'évier, et faire couler un filet d'eau froide autour. Si le fond produit de la graisse, dégraisser régulièrement en cours de cuisson.*

---

* Ce poids est idéal, mais si vous n'avez pas la marmite adéquate, diviser les quantités.

LES GLACES

- Les glaces sont des concentrations de saveurs, qui servent à bonifier les sauces. C'est par réduction d'un fond à 95 % que l'on obtiendra des glaces, que ce soit de volaille, de veau ou de poisson. Par exemple, si l'on utilise un fond de volaille en quantité de 5 litres (20 tasses), on devra le cuire de 40 à 60 min, le passer au chinois étamine ou passoire à mailles fines, puis le réduire de 90 à 95 %. Il ne nous restera donc que 500 à 250 ml (2 à 1 tasse) de liquide, ce qui donne une glace très concentrée. Si on réduit moins et qu'on garde par exemple 1 litre (4 tasses) de liquide, la glace aura moins de saveur. Une fois la réduction faite, déposer cette réduction dans des bacs à glaçons, puis congeler. Démouler et conserver dans un petit sac. Lorsqu'une sauce manque de saveur, ajouter un petit cube de glace.

MARINADE CRUE

1 litre (4 tasses)	Vin rouge tannique
150 ml (⅔ tasse)	Vinaigre de vin
150 ml (⅔ tasse)	Huile de pépins de raisin
3	Échalotes émincées finement
1	Oignon émincé finement
6	Baies de genièvre
12	Grains de poivre noir
8	Carottes coupées en rondelles très fines
1	Branche de céleri émincée finement
½	Gousse d'ail
2	Feuilles de laurier
10	Queues de persil
1 c. à café	Thym (ou une branche de thym frais)
	Sel et poivre au goût

- Mélanger ensemble tous les ingrédients. Laisser reposer 5 ou 6 h sur le comptoir, puis verser sur la viande à mariner.

> **ATTENTION :** *Le liquide ne doit jamais dépasser le tiers de la viande. Conserver dans un emplacement ni trop chaud ni trop froid. Deux fois par jour, retourner la pièce de viande. Fermer avec une pellicule plastique ou un couvercle.*

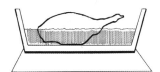

MARINADE CUITE

- Les ingrédients et la préparation sont les mêmes que pour la marinade crue. Il suffit de faire bouillir le tout pendant 10 min, puis de laisser refroidir et de verser sur la viande.

FUMET DE POISSON

25 ml (1 ½ c. à soupe)	Beurre
800 g (1 ¾ lb)	Arêtes et parures de poissons (de préférence de poissons plats)
75 g (2 ½ oz)	Oignon émincé
125 g (4 oz)	Poireau émincé
125 g (4 oz)	Céleri émincé
30 g (6 c. à soupe)	Échalotes
150 g (5 oz)	Champignons émincés
100 ml (3 ½ oz)	Vin blanc sec
20 ml (4 c. à thé)	Jus de citron
1 litre (4 tasses)	Eau froide
1 pincée	Thym
½	Feuille de laurier
10	Grains de poivre

- Faire chauffer le beurre dans une casserole, ajouter les arêtes, les parures de poisson et tous les légumes, puis faire suer le tout pendant 4 à 5 min. Mouiller avec le vin, le jus de citron et l'eau froide, ajouter le thym, le laurier et le poivre. Amener à ébullition et laisser mijoter pendant 25 min. Passer à l'étamine, laisser refroidir et réserver pour un usage ultérieur.

NOTE : Ce fumet se conserve au congélateur pendant une durée maximale de 2 à 3 mois, éviter d'utiliser des carottes dans la préparation du fumet de poisson, car elles donnent généralement un goût sucré au bouillon. Ne jamais saler un fumet de poisson, car on doit quelquefois le faire réduire pour obtenir un «concentré» de poisson.

COURT-BOUILLON

2,5 litres (10 tasses)	Eau
125 ml (½ tasse)	Vin blanc sec
125 ml (½ tasse)	Vinaigre blanc de qualité
30 g (1 oz)	Gros sel
300 g (10 oz)	Oignons blancs en fines rondelles
300 g (10 oz)	Carottes en fines rondelles
1	Bouquet garni
10	Grains de poivre noir

- Réunir tous les ingrédients et cuire jusqu'à tendreté des carottes et des oignons. Si on utilise le court-bouillon immédiatement, laisser les légumes, qui serviront de garniture aux poissons, mollusques ou crustacés. Si on le prépare pour une utilisation ultérieure, le passer au chinois étamine ou à la passoire à mailles fines.

MOUSSE DE BASE AU POISSON

1 kg (2 ¼ lb)	Brochet, plie ou goberge (chair dénervée)
4-5	Blancs d'œufs
	Sel et poivre frais moulu, au goût
	Muscade au goût
1 litre (4 tasses)	Crème 35 %
375 g (2 tasses)	Beurre doux

- Piler la chair de poisson au mortier. Ajouter les blancs d'œufs durant l'opération ainsi que les assaisonnements. Passer au tamis fin et sangler en sauteuse sur glace. Laisser reposer pendant environ 2 h.
- Diluer progressivement cette farce avec la crème et le beurre, en la travaillant délicatement à la spatule de bois, sur glace. Laisser reposer une nuit au froid avant usage.

MÉTHODE DE CONSERVATION DES POISSONS FRAIS : Après avoir vérifié la fraîcheur du poisson lors de l'achat, il importe de bien le conserver. Même s'il a été sanglé dans les meilleures conditions, le poisson restera frais, au plus, de 4 à 5 jours à une température constante entre 0 °C et 4 °C. À défaut d'un réfrigérateur comportant un tiroir conçu pour la conservation des poissons, il faut sangler ceux-ci. Cette méthode consiste à disposer une grille recouverte d'un linge dans un bac en plastique (ou autre), à y déposer les poissons frais, à les recouvrir d'un autre linge, puis à déposer sur le tout de la glace broyée ou en cubes. Les poissons ne doivent pas entrer en contact avec la glace, car celle-ci risque de brûler les chairs, ni tremper dans l'eau provenant de la fonte de la glace. Vider l'eau régulièrement et rajouter de la glace au besoin.

PANADE POUR POISSONS

125 g (1 tasse)	Farine
4	Jaunes d'œufs
90 g (½ tasse)	Beurre fondu
	Sel, poivre et muscade, au goût
250 ml (1 tasse)	Lait

- Travailler dans une casserole la farine et les jaunes d'œufs, ajouter le beurre fondu, sel, poivre et muscade. Délayer petit à petit avec le lait bouillant. Laisser épaissir sur le feu pendant 6 à 8 min avec un fouet. Lorsque l'appareil est assez épais, débarrasser et faire refroidir.

FARCE POUR QUENELLES (garniture)

1 kg (2 ¼ lb)	Chair de brochet dénervée
5	Blancs d'œufs
	Sel et poivre du moulin, au goût
2 ml (½ c. à thé)	Muscade râpée
400 g (14 oz)	Pâte à choux
1 litre (4 tasses)	Crème 35 %
225 g (½ lb)	Beurre doux
2 litres (8 tasses)	Fumet de poisson
	(voir recette dans ce chapitre)

- Choisir une chair parfaitement dénervée et pelée. La couper en petits morceaux et la réduire en purée au robot culinaire, avec les blancs d'œufs et les assaisonnements.
- Mettre le mélange chair de brochet-blancs d'œufs dans un bol, ajouter la pâte à choux et bien mélanger. Passer au tamis fin. Recueillir la farce dans le bol du malaxeur et la travailler avec la spatule plate à petite vitesse. Incorporer graduellement la crème et le beurre en pommade. Augmenter la vitesse et fouetter pendant environ 1 min pour obtenir une farce bien lisse et moelleuse. Laisser reposer une nuit au réfrigérateur. Mouler les quenelles en forme de gros œuf (environ 90 g ou 3 oz) à l'aide de 2 cuillères humides et les déposer dans un plat beurré.
- Les couvrir délicatement du fumet de poisson et cuire pendant environ 10 min à four doux (environ 150 °C ou 300 °F) en arrosant de temps à autre. Égoutter les quenelles et recommencer l'opération jusqu'à épuisement de la farce.

VELOUTÉ DE POISSON

500 ml (2 tasses)	Fumet de poisson
quantité suffisante	Roux blanc *(voir recette dans ce chapitre)*
60 g (¼ tasse)	Beurre
150 ml (env. ⅔ tasse)	Crème à 35 %
quantité suffisante	Sel et poivre

- Faire chauffer le fumet de poisson. Ajouter le roux blanc froid petit à petit et cuire 10 min jusqu'à la consistance désirée. Ajouter le beurre, puis la crème, saler et poivrer.
- Passer au chinois étamine ou passoire à mailles fines.

BISQUE DE HOMARD

30 g (¼ tasse)	Carotte en cubes
30 g (¼ tasse)	Oignon en cubes
30 g (¼ tasse)	Céleri en cubes
45 g (½ tasse)	Poireau en cubes
90 g (env. ⅓ tasse)	Beurre
20 ml (4 c. à thé)	Cognac
55 ml (env. ¼ tasse)	Vin blanc
40 g (2 c. à soupe)	Tomate concentrée
200 g (⅓ tasse)	Tomate fraîche en cubes
800 g (1 ¾ lb)	Carcasses de homard
750 ml (3 tasses)	Fumet de poisson
750 ml (3 tasses)	Fond blanc de volaille
	(voir recette dans ce chapitre)
quantité suffisante	Sel et poivre en grains
quantité suffisante	Poivre de Cayenne
100 g (env. 3 oz)	Chair de homard
quantité suffisante	Farine de riz
75 ml (env. ⅓ tasse)	Crème à 35 %

- Faire fondre la mirepoix dans le beurre. Déglacer avec le cognac et le vin blanc. Ajouter la tomate concentrée et la tomate fraîche. Ajouter les carcasses de homard. Mouiller avec le fumet de poisson et le fond blanc. Assaisonner. Faire mijoter 1 h.
- Passer au chinois étamine ou passoire à mailles fines. Tout en cuisant délicatement la chair de homard, mélanger la farine de riz avec la crème et lier au goût. Repasser au chinois étamine et ajouter la chair de homard coupée en petits dés.

FARCE POUR LE POISSON

650 ml (2 ¾ tasses)	Biscuits soda émiettés
60 ml (¼ tasse)	Oignons hachés
160 ml (⅔ tasse)	Beurre fondu
160 ml (⅔ tasse)	Eau bouillante
3 ml (½ c. à thé)	Fines herbes
15 ml (1 c. à soupe)	Persil haché

- Mélanger tous les ingrédients. Utiliser pour farcir un poisson.

ESSENCES DE LÉGUMES

- Les essences de légumes sont des concentrations de saveurs extraites d'un ou de plusieurs éléments. On peut faire, par exemple, de l'essence de céleri. On peut aussi faire des essences de légumes variés. Il suffit de cuire l'élément de base dans de l'eau, puis, après cuisson, de laisser réduire le liquide afin de concentrer les saveurs.

ROUX BLANC ET BRUN

100 g (⅔ tasse)	Beurre
100 g (⅔ tasse)	Farine

- Faire fondre le beurre au four micro-ondes pendant 20 secondes, puis ajouter la farine. Cuire par séquences de 20 secondes et bien mélanger entre chaque séquence. Le roux est cuit lorsqu'il commence à mousser.
- L'utilisation du roux est beaucoup plus appropriée que celle des fécules, car le gluten de la farine fait tenir beaucoup mieux les sauces.

ROUX BRUN : Procéder comme pour le roux blanc, puis continuer la cuisson jusqu'à ce que la préparation devienne brune.

SUBSTITUTS DE ROUX

- On trouve dans le commerce des substituts de liaison pour les fonds et les sauces ; il y a d'abord la fécule de maïs, la plus utilisée chez nous. Si on fait la liaison avec la fécule de maïs, il faut servir la sauce immédiatement, sinon, après une vingtaine de minutes, elle relâchera. Ces conditions valent pour toutes les fécules (pomme de terre, riz, arrow-root, châtaigne, etc.). L'avantage des liaisons avec les fécules de riz ou de pomme de terre, c'est qu'elles ne laissent aucune saveur secondaire.
- On trouve aussi, dans le commerce, une variété de produits appelés veloutine et autres.

SAUCE HOLLANDAISE (méthode rapide)

175 g (1 tasse)	Beurre doux clarifié
4	Jaunes d'œufs
40 ml (3 c. à soupe)	Vin blanc
	Sel et poivre au goût
½	Citron (jus)

- Faire fondre le beurre. Dans un récipient de forme ronde (cul-de-poule ou autre) qu'on peut mettre au chaud, bien mélanger au fouet les jaunes d'œufs, le vin blanc, le sel et le poivre.
- Au bain-marie tiède, émulsionner ce mélange jusqu'à ce qu'il fasse le ruban (comme une crème fouettée). Cette opération est très importante, car c'est l'émulsion des jaunes d'œufs combinée à l'acide du vin blanc au bain-marie qui assure la réussite de cette sauce.
- Lorsque cette opération est terminée, incorporer petit à petit le beurre fondu. Le mélange doit être onctueux. Au besoin, ajouter le jus de citron.

> **NOTE :** On utilise toujours du beurre doux en raison de sa plus grande densité en gras.

SAUCE HOLLANDAISE (méthode classique)

175 g (1 tasse)	Beurre doux clarifié
100 ml (3 ½ oz)	Vin blanc
35 g (1 oz)	Échalotes hachées
10 ml (2 c. à thé)	Vinaigre de vin blanc ou vinaigre de cidre
4	Jaunes d'œufs
	Sel et poivre blanc au goût
½	Citron (jus)

- Faire fondre le beurre. Réduire le vin blanc, les échalotes et le vinaigre des %₀. Laisser refroidir cette réduction. Passer la réduction au chinois étamine en pressant pour extraire le maximum de jus, puis ajouter les jaunes d'œufs.
- Dans un récipient de forme ronde (cul-de-poule ou autre) qu'on peut mettre au chaud, bien mélanger au fouet le mélange de jaunes d'œufs et de vin blanc, puis ajouter le sel et le poivre.
- Au bain-marie tiède, émulsionner ce mélange jusqu'à ce qu'il fasse le ruban (comme une crème fouettée). Cette opération est très importante, car c'est l'émulsion des jaunes d'œufs combinée à l'acide du vin blanc au bain-marie qui assure la réussite de cette sauce. Lorsque cette opération est terminée, incorporer petit à petit le beurre fondu. Le mélange doit être onctueux. Au besoin, ajouter le jus de citron.

> **NOTE :** On peut laisser la réduction d'échalote dans la sauce.

SAUCE BÉARNAISE

300 g (1 ¼ tasse)	Beurre doux clarifié
40 ml (2 ½ c. à soupe)	Vinaigre de vin rouge
100 ml (3 ½ oz)	Vin blanc
5 g (1 c. à thé)	Poivre en grains, écrasé (mignonnette)
15 g (1 c. à soupe)	Estragon frais, haché
30 g (4 c. à soupe)	Échalote hachée finement
3	Jaunes d'œufs
	Sel et poivre au goût
15 g (1 c. à soupe)	Estragon haché finement (en garniture)
5 g (1 c. à soupe)	Persil haché finement
5 g (2 c. à soupe)	Ciboulette ciselée finement

- Clarifier le beurre doux au bain-marie. Réserver.
- Verser le vinaigre et le vin dans une casserole et ajouter le poivre, l'estragon et l'échalote. Faire réduire de moitié et laisser refroidir. Ajouter la réduction de vinaigre et de vin aux jaunes d'œufs, puis émulsionner au bain-marie jusqu'à l'obtention d'un mélange crémeux et onctueux. Incorporer délicatement le beurre clarifié à ce mélange en s'assurant que le beurre n'est pas trop chaud.
- Passer la sauce au chinois étamine et rectifier l'assaisonnement. Si la sauce est trop épaisse, ajouter un peu d'eau tiède pour la liquéfier légèrement. Ajouter la garniture d'estragon, de persil et de ciboulette, puis servir.
- Au goût, on peut laisser les échalotes dans la réduction.

SAUCE BÉARNAISE (autre méthode)

- La sauce béarnaise est une sauce hollandaise faite selon la méthode classique, à laquelle on doit ajouter de la ciboulette et de l'estragon hachés. On ne passe pas la sauce au chinois étamine ni dans une passoire à mailles fines.

DÉRIVÉS DE LA SAUCE BÉARNAISE

SAUCE CHORON: Béarnaise à laquelle on ajoute une fondue de tomates réduites, hachées ou mixées (pas d'estragon ni de cerfeuil en finition).

SAUCE PALOISE: Béarnaise dans laquelle les feuilles de menthe hachées remplacent l'estragon.

SAUCE VALOIS OU FOYOT: Béarnaise et glace de viande ou de gibier.

SAUCE BÉCHAMEL

Temps de préparation : 15 min
Cuisson : 30 min
Portion : 1 litre (4 tasses)

75 ml (env. ⅓ tasse)	Beurre fondu
150 ml (env. ⅔ tasse)	Farine
1 litre (4 tasses)	Lait
1	Oignon piqué
5 ml (1 c. à thé)	Sel

- Préparer un roux avec le beurre fondu et la farine. Laisser refroidir. Faire chauffer le lait jusqu'à ébullition. Verser le lait bouillant graduellement sur le roux froid en remuant au fouet. Ajouter l'oignon piqué avec le sel. Cuire à feu doux pendant 20 à 25 min. Passer au tamis. Réserver pour usage ultérieur.

SAUCE AUX AIRELLES OU AUX ATOCAS (canneberges)

200 g (1 tasse)	Beurre doux
4	Échalotes sèches hachées
200 ml (7 oz)	Vin rouge tannique
125 ml (½ tasse)	Jus d'airelle
250 ml (1 tasse)	Fond brun de gibier
120 g (4 oz)	Airelles
	Sel et poivre au goût

- Faire chauffer la moitié du beurre et fondre les échalotes. Ajouter le vin rouge et le jus d'airelle et réduire des ⁹⁄₁₀. Ajouter le fond de gibier, mijoter pendant une dizaine de minutes puis passer au chinois et réserver.
- Pendant la cuisson, faire sauter les airelles dans le reste du beurre jusqu'à ce qu'elles éclatent, puis les déposer sur un papier essuie-tout. Quelques minutes avant de servir, ajouter les airelles à la sauce et rectifier l'assaisonnement.
- On peut faire la même recette en remplaçant les airelles par des bleuets ou des plaquebières.

> **NOTE :** *Si la sauce manque de liaison, ajouter du roux blanc ou une liaison à la base de fécule. On peut aussi ajouter, au dernier moment, quelques gouttes d'alcool des mêmes fruits.*

SAUCE AU THÉ DU LABRADOR OU THÉ DES BOIS

30 g (½ tasse)	Thé du Labrador ou thé des bois sec
200 ml (7 oz)	Vin blanc
200 ml (7 oz)	Eau
200 g (1 ¼ tasse)	Beurre
6	Échalotes hachées finement
250 ml (1 tasse)	Fond brun de gibier, lié
	Sel et poivre au goût

- La veille de l'utilisation, réhydrater le thé du Labrador ou le thé des bois dans le vin et l'eau. Le lendemain, passer au chinois.
- Dans 100 g (⅔ tasse) de beurre, fondre les échalotes hachées, ajouter le liquide de macération et réduire des ⁹⁄₁₀. Ajouter le fond de gibier, cuire une dizaine de minutes, passer au chinois, rectifier l'assaisonnement et finir avec le reste du beurre.

SAUCE GRAND VENEUR

- La véritable sauce grand veneur se fait avec du sang de gibier. En voici une adaptation. Si toutefois vous avez un gibier tué par balles, ses muscles contiendront inévitablement du sang. Celui-ci, à la cuisson, aura une incidence sur la sauce.

400 ml (14 oz)	Marinade crue ou cuite, avec ses légumes (*voir recette dans ce chapitre*)
300 ml (10 oz)	Fond brun de gibier, lié
100 g (⅔ tasse)	Beurre
10 g (2 c. à soupe)	Gelée de groseilles
100 ml (3 ½ oz)	Cognac ou armagnac

- Faire réduire des 9/10 la marinade avec ses légumes, puis ajouter le fond de gibier. Cuire une dizaine de minutes et passer au chinois. Finir avec le beurre, la gelée de groseilles et le cognac ou l'armagnac.

> *Le célèbre cuisinier Auguste Escoffier ajoutait de la crème à cette sauce.*

SAUCE POIVRADE

300 g (10 oz)	Parures de gibier
100 ml (3 ½ oz)	Huile de tournesol
50 ml (3 c. à soupe)	Vinaigre de vin
100 ml (3 ½ oz)	Vin blanc
200 ml (7 oz)	Marinade de gibier
2	Échalotes hachées
1	Carotte en fine mirepoix
300 ml (10 oz)	Fond brun de gibier, lié
6	Grains de poivre écrasés
	Sel et poivre au goût
100 g (⅔ tasse)	Beurre
50 ml (3 c. à soupe)	Armagnac ou cognac

- Faire revenir les parures de gibier dans l'huile bien chaude, les enlever et réserver.
- Déglacer la poêle avec le vinaigre, le vin blanc et la marinade, et faire réduire des 9/10. Ajouter les parures, les échalotes, la carotte et le fond de gibier. Cuire à feu doux pendant 1 h.
- Écumer, puis ajouter les grains de poivre. Cuire de nouveau pendant 10 min et passer au chinois étamine en pressant bien les éléments.
- Rectifier l'assaisonnement et monter la sauce au beurre, en y ajoutant l'armagnac et le cognac.

SAUCE CHEVREUIL

100 g (⅔ tasse)	Beurre doux
2	Échalotes hachées
400 g (14 oz)	Parures de gibier
750 ml (3 tasses)	Vin rouge
800 ml (env. 3 ¼ tasses)	Sauce poivrade
	Sel et poivre au goût

- Chauffer le beurre, ajouter les échalotes et les fondre doucement. Mettre les parures de gibier. Raidir les parures et ajouter le vin rouge. Réduire des 9/10. Ajouter la sauce poivrade. Cuire pendant 20 à 30 min et passer au chinois. Rectifier l'assaisonnement.
- On peut ajouter 15 ml (1 c. à soupe) de gelée de groseilles et 40 ml (2 ½ c. à soupe) de porto.

SAUCE AUX GRIOTTES

2	Échalotes hachées finement
500 ml (2 tasses)	Vin rouge
200 ml (¾ tasse)	Jus de cerise
1 pointe de couteau	Cannelle en poudre
200 ml (7 oz)	Fond brun de gibier, lié
	Sel et poivre au goût
70 g (6 c. à soupe)	Beurre
100 g (⅔ tasse)	Mie de pain blanc frais, hachée
200 g (7 oz)	Griottes dénoyautées (en boîte)
12 g (2 c. à soupe)	Zeste de citron haché

- Dans une casserole, mettre les échalotes, le vin rouge, le jus de cerise, ainsi que la cannelle. Réduire des 9/10. Ajouter le fond de gibier. Rectifier l'assaisonnement et passer au chinois étamine.
- Au moment de servir, monter la sauce au beurre. Ajouter la mie de pain, les griottes et le zeste de citron.

> **NOTE :** *Les cerises griottes sont petites, rouges, de chair molle et très acidulées. Au Canada, on les cultive dans la vallée du Niagara. On peut les remplacer par de petites cerises sauvages.*

SAUCE AUX PIGNONS

100 g (3 oz)	Pignons de pin
30 g (2 ½ c. à soupe)	Beurre doux
150 ml (⅔ tasse)	Vin blanc
60 ml (¼ tasse)	Vinaigre de vin blanc
25 g (⅓ tasse)	Sucre à fruits
400 ml (1 ⅔ tasse)	Fond brun de gibier, lié
	Sel et poivre au goût
40 ml (2 ½ c. à soupe)	Armagnac ou cognac

- Faire griller les pignons dans le beurre chaud et les réserver.
- Chauffer le vin blanc, le vinaigre et le sucre. Réduire des 9/10. Ajouter le fond de gibier. Rectifier l'assaisonnement.
- Au moment de servir, ajouter les pignons ainsi que l'armagnac ou le cognac.

SAUCE SALMIS

50 g (2 oz)	Carottes en petits dés
50 g (2 oz)	Céleri en petits dés
50 g (2 oz)	Échalotes hachées
60 g (⅓ tasse)	Beurre doux
600 g (1 ¼ lb)	Parures de gibier
150 ml (½ tasse)	Vin blanc
300 ml (1 ¼ tasse)	Fond de gibier corsé, lié
1	Bouquet garni
3	Gousses d'ail
	Sel et poivre au goût
60 ml (¼ tasse)	Sang de canard ou autre
40 ml (2 ½ c. à soupe)	Armagnac ou cognac

- Faire suer les carottes, le céleri et les échalotes dans le beurre doux. Ajouter les parures de gibier et les raidir. Ajouter le vin blanc et réduire des 9/10. Ajouter le fond de gibier, le bouquet garni et l'ail. Cuire doucement pendant 30 min.
- Passer au chinois, rectifier l'assaisonnement et terminer la liaison avec le sang de canard et l'armagnac ou le cognac.

SAUCE AIGRE-DOUCE AU PIMBINA

200 g (1 ⅓ tasse)	Baies de pimbina fraîches ou congelées
160 g (⅔ tasse)	Sucre à fruit
300 ml (1 ¼ tasse)	Fond brun de gibier, lié
80 g (½ tasse)	Céleri coupé en petits dés
100 g (⅔ tasse)	Beurre doux
	Sel et poivre au goût

- Extraire le jus de 160 g (1 tasse) de baies de pimbina, ajouter le sucre et cuire jusqu'à caramélisation. Arrêter la cuisson en versant un peu d'eau froide sur le caramel (user de prudence pour ne pas éclabousser).
- Faire chauffer le fond de gibier, ajouter les dés de céleri et cuire pendant 15 min à feu doux.
- Ajouter le jus réduit, le restant des baies de pimbina et monter la sauce au beurre.
- Rectifier l'assaisonnement.

SAUCE À L'ORANGE

160 ml (⅔ tasse)	Jus d'orange frais
100 ml (3 ½ oz)	Vin blanc
60 ml (¼ tasse)	Vinaigre de cidre
125 g (½ tasse)	Sucre à fruit
320 ml (1 ⅓ tasse)	Fond brun de gibier à plume, lié
	Sel et poivre au goût
80 ml (⅓ tasse)	Grand Marnier

- Mélanger ensemble le jus d'orange, le vin, le vinaigre et le sucre. Cuire jusqu'à caramélisation. Arrêter la cuisson en versant un peu d'eau froide sur le caramel (user de prudence pour ne pas éclabousser).
- Chauffer le fond de gibier et y ajouter le mélange précédent.
- Rectifier l'assaisonnement et ajouter le Grand Marnier. On peut ajouter du zeste d'orange blanchi.

SAUCE GRIBICHE

25 g (4 c. à thé)	Moutarde de Dijon
6	Jaunes d'œufs
100 ml (3 ½ oz)	Vinaigre de vin rouge
400 ml (1 ⅔ tasse)	Huile d'olive
5 g (1 c. à thé)	Persil haché
50 g (2 oz)	Cornichons surs hachés
5 g (1 c. à thé)	Cerfeuil ciselé
2 g (½ c. à thé)	Estragon haché
50 g (2 oz)	Câpres hachées
3	Blancs d'œufs durs hachés
	Sel et poivre au goût

- Émulsionner la moutarde de Dijon avec les jaunes d'œufs, incorporer le vinaigre puis l'huile d'olive. Ajouter ensuite le persil, les cornichons, le cerfeuil ciselé, l'estragon, les câpres et les blancs d'œufs. Saler et poivrer au goût.

SAUCE À LA MOUTARDE

80 g (2 ¾ oz)	Oignons ou échalotes hachés finement
75 g (?)	Beurre
100 g (3 oz)	Moutarde de Dijon
250 ml (1 tasse)	Fond brun de veau, lié
150 ml (⅔ tasse)	Crème 35 %
	Sel et poivre au goût

- Faire revenir doucement les oignons ou les échalotes dans le beurre.
- Ajouter la moutarde et faire cuire doucement pour enlever l'acidité.
- Ajouter le fond de veau.
- Laisser cuire doucement pendant 5 min et terminer la sauce avec la crème. Assaisonner au goût.

HERBES SALÉES

Temps de préparation : 25 min
Portion : 1 litre (4 tasses)

3	Poireaux
6	Carottes
5	Bouquets de persil
125 ml (½ tasse)	Échalotes (partie verte)
125 ml (½ tasse)	Feuilles de céleri
50 ml (3 c. à soupe)	Sarriette fraîche
125 ml (½ tasse)	Ciboulette
125 ml (½ tasse)	Gros sel

- Hacher finement les légumes et les herbes. Mélanger avec le gros sel et mettre en pots.

APPAREIL À CRÊPES

Temps de préparation : 10 min
Repos : minimum 1 h
Portion : 1 litre (4 tasses)

500 ml (2 tasses)	Farine tout usage
30 ml (2 c. à soupe)	Levure chimique
5 ml (1 c. à thé)	Sel
60 ml (¼ tasse)	Sucre
3	Œufs
500 ml (2 tasses)	Lait
60 ml (¼ tasse)	Huile

- Tamiser ensemble tous les ingrédients secs. Battre les œufs avec le lait et l'huile. Ajouter les ingrédients secs. Battre pendant 1 ½ min à petite vitesse, jusqu'à ce que la pâte soit lisse.
- À l'aide d'une louche, verser 60 ml (¼ tasse) de l'appareil sur une plaque légèrement graissée et cuire 1 ½ min de chaque côté. Tourner la crêpe lorsque des petites bulles se forment à la surface et que le bord est légèrement doré.

PÂTE FEUILLETÉE RAPIDE

Temps de préparation : 2 h 30
Portion : 500 g (env. 1 lb)

400 ml (14 oz)	Farine
200 ml (7 oz)	Beurre ferme
125 ml (½ tasse)	Eau à 19 °C (66 °F)
3 ml (½ c. à thé)	Sel

- Faire une couronne avec la farine et y déposer la moitié du beurre en morceaux de la grosseur d'une noisette. Ajouter graduellement l'eau salée au centre avec le beurre et mélanger délicatement avec la farine. Ne pas trop travailler la pâte, car les noisettes de beurre doivent rester dans la pâte, qui ne doit pas devenir homogène. Former une boule, couvrir et réserver au réfrigérateur pendant environ I h.

TOURAGE
- Abaisser la pâte en un rectangle trois fois plus long que large. Répartir le reste du beurre au centre de l'abaisse. Plier de façon à bien emprisonner le beurre. Donner un quart de tour au pâton, de sorte que la longueur devienne la largeur. Abaisser de nouveau la pâte en rectangle et le plier en quatre. Laisser reposer au réfrigérateur pendant environ 30 min. Répéter l'opération du tourage. Plier en quatre. Bien envelopper et remettre dans le réfrigérateur pendant environ 30 min. Abaisser et découper selon le besoin.

PÂTE BRISÉE

Temps de préparation : 20 min
Repos : minimum 1 h
Portion : 500 g (env. 1 lb)

400 ml (14 oz)	Farine tout usage
250 ml (1 tasse)	Graisse végétale
85 ml (⅓ tasse)	Eau glacée
5 ml (1 c. à thé)	Sel

- Sabler la farine et la graisse végétale. Mettre en fontaine. Ajouter au centre l'eau et le sel. Former la pâte, sans trop pétrir. Fraiser la pâte par petites quantités. La réunir ensuite en une seule boule lisse, sans la travailler. Laisser reposer pendant quelques heures au réfrigérateur avant utilisation.

SAUCE AUX ŒUFS

Temps de préparation : 10 min
Cuisson : 30 min
Portion : 6

500 ml (2 tasses)	Sauce crème
	(voir recette dans ce chapitre)
2	Œufs durs
45 ml (3 c. à soupe)	Poivron rouge émincé

- Préparer la sauce crème. Ajouter les œufs émincés et le poivron rouge préalablement cuit au beurre.

SAUCE CRÈME

Temps de préparation : 10 min
Cuisson : 30 min
Portion : 500 ml (2 tasses)

30 ml (2 c. à soupe)	Beurre fondu
45 ml (3 c. à soupe)	Farine
500 ml (2 tasses)	Lait
	Sel et muscade au goût
¼	Oignon
	Clou de girofle au goût

- Faire un roux avec le beurre et la farine. Chauffer le lait au point d'ébullition et l'incorporer peu à peu au roux. Saler. Ajouter la muscade et l'oignon piqué de clou de girofle. Faire mijoter 30 min. Passer la sauce.

SAUCE CARAMEL

Temps de préparation : 15 min
Portion : 6

300 ml (1 ¼ tasse)	Cassonade
45 ml (3 c. à soupe)	Beurre
85 ml (⅓ tasse)	Sirop de maïs
10 ml (2 c. à thé)	Farine
60 ml (¼ tasse)	Eau
125 ml (½ tasse)	Crème 35 %

- Faire fondre la cassonade avec le beurre jusqu'à ce que le mélange soit légèrement doré. Ajouter le sirop de maïs. Incorporer la farine. Ajouter l'eau. Bien mélanger et faire cuire à feu doux pendant 3 à 4 min.
- Retirer du feu et ajouter la crème. Bien mélanger. Servir cette sauce tiède sur le gâteau aux épices.

GÂTEAU DES ANGES

Temps de préparation : 20 min
Cuisson : 50 min
Portion : 1 gâteau

1 pincée	Sel
250 ml (1 tasse)	Blancs d'œufs
5 ml (1 c. à thé)	Crème de tartre
375 ml (1 ½ tasse)	Sucre
250 ml (1 tasse)	Farine à pâtisserie
8 ml (1 ½ c. à thé)	Vanille
2 ml (½ c. à thé)	Essence d'amandes

- Ajouter le sel aux blancs d'œufs ayant atteint la température de la pièce; battre en neige. Ajouter la crème de tartre et battre en neige ferme. Incorporer le sucre peu à peu. Incorporer peu à peu la farine, par petites quantités, en la tamisant au-dessus du mélange. Ajouter la vanille et l'essence d'amandes.
- Verser cette préparation dans un moule tubulaire non graissé. Cuire au four à 150 ºC (300 ºF) pendant 50 min. Renverser sur une grille et laisser refroidir avant de démouler.

BEURRE DE CHEZ NOUS

Temps de préparation : 25 min
Portion : 500 g (env. 1 lb)

1,1 litre (4 ½ tasses)	Crème 35 %
5 ml (1 c. à thé)	Sel

- Mixer la crème au batteur à main pendant 20 min. La verser dans un chinois et laisser égoutter pendant environ 10 min. Saler et bien mélanger. Verser dans des moules et conserver au réfrigérateur.

TECHNIQUES DE BASE

ÉQUIPEMENT COURANT UTILISÉ EN CUISINE POUR LA PRÉPARATION DU GIBIER

Russes de différentes grosseurs (casseroles)

Russe, sautoir, sauteuse

Russe (casserole) avec cuisson vapeur

Rondeau (marmite)

Poêle

En haut : rondeau (marmite)
En bas : plat à sauter

Culs-de-poule – Fouets

Poêles en fonte

Gril allant sur une flamme – Poêles pour grillades

Plaques de cuisson (lèchefrites, rôtissoire)

Braisière

Passoires (tamis chinois, passoire à maille, chinois étamine)

MODES DE CUISSON

BRAISER

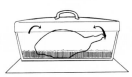

Faire revenir la viande pour lui donner une coloration.

Enlever l'excédent de graisse.

Déglacer avec le vin et cuire pour extraire l'alcool.

Mouiller à mi-hauteur de la viande avec le fond choisi.

Ajouter les éléments aromatiques.

Couvrir hermétiquement.

Cuire à température constante et régulière.

GRILLER

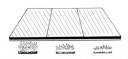

Bien essuyer la pièce à griller.

Badigeonner légèrement d'huile.

Saler et poivrer.

Placer la pièce à griller (côté peau pour le gibier à plume) sur le gril bien chaud.

Quadriller en faisant faire un quart de tour à la pièce à griller.

Quadriller l'autre côté.

Terminer la cuisson à feu très doux.

POÊLER

Placer la pièce de viande sur le feu, à découvert.

Faire colorer la première surface.

Retourner la pièce pour faire dorer les parties non colorées.

Ajouter une petite garniture : carottes, oignon et petit bouquet garni.

Lorsque la pièce est bien dorée et presque au terme de sa cuisson, ajouter (selon la recette) du vin et du fond.

Aussitôt cuite, retirer du feu.

POCHER

Mettre le gibier à dégorger à l'eau courante (pour enlever les impuretés).

Mettre à bouillir à l'eau froide.

Écumer.

Ajouter une garniture aromatique : carottes, oignons, clou de girofle, vert de poireaux, céleri, bouquet garni, ail et poivre en grains.

Assaisonner de gros sel.

Faire bouillir et écumer fréquemment en cours de cuisson.

Laisser cuire à feu très doux.

Aussitôt cuite, retirer la pièce du bouillon.

RÔTIR

Démarrer à four chaud.

Retourner la pièce pour la faire colorer.

Baisser la chaleur du four.

Arroser fréquemment au cours de la cuisson.

Au terme de la cuisson, retirer la pièce de sa plaque de cuisson.

Déposer la plaque sur le feu pour faire caraméliser les sucs de la viande.

Dégraisser.

Mouiller et déglacer avec un peu de fond brun de volaille.

Laisser réduire pendant quelques minutes. Passer ce jus au chinois.

SAUTER

Mettre la matière grasse à chauffer dans un sautoir.

Placer les morceaux, côté peau, dans la graisse chaude.

Faire colorer (selon la recette).

Retourner les morceaux dès qu'ils sont colorés.

Couvrir et laisser cuire à feu doux.

Retirer les morceaux cuits.

Terminer la cuisson des plus gros morceaux.

Retirer tous les morceaux.

Bien dégraisser.

Déglacer avec le vin (selon la recette).

Laisser réduire tout doucement.

Ajouter le fond (selon la recette).

Laisser réduire pendant quelques minutes.

Vérifier l'assaisonnement.

Passer la sauce au chinois.

POURQUOI UTILISER LE THERMOMÈTRE POUR CUISINER ?

Lorsque j'ai commencé dans le métier, il y a cinquante ans, mon chef nous apprenait les degrés de cuisson d'une viande ou d'un poisson «au toucher». La précision ne pouvait pas être «juste», car, suivant la qualité de la viande, de son vieillissement, il pouvait y avoir de grands écarts de cuisson. Aujourd'hui, le thermomètre est indispensable pour contrôler la température d'une viande ou d'un poisson ou pour connaître la température réelle de votre four. Pour ma part, j'indique rarement des temps de cuisson.

Pour mieux comprendre l'utilité d'un thermomètre, il suffit de savoir que la peur de la salmonellose tourmentait nos parents et nos grands-parents; aussi cuisaient-ils exagérément le poulet pour tuer les bactéries nocives. Ils agissaient pareillement avec le porc et le bœuf, pour détruire les œufs de ténia, ou ver solitaire.

Avaient-ils raison? Dans une certaine mesure, oui! L'hygiène des poulaillers, des porcheries et des étables n'était pas la principale préoccupation des éleveurs au siècle dernier, mais de nos jours nous savons contrôler les parasites et les bactéries.

Le Dr Pierre Gélinas, dans son *Répertoire des microorganismes pathogènes transmis par les aliments,* nous indique les étapes à suivre pour que l'art culinaire soit à la fois festif et sécuritaire. Vous constaterez que nous n'avons plus besoin de cuire à outrance un rôti de porc, une volaille ou une pièce de bœuf. De ce fait, les aliments sont plus savoureux.

CUISSON À JUSTE TEMPÉRATURE

Aliment	Température de cuisson	Température à cœur de l'aliment	Effets
Bœuf	Haute température : 70 à 120 °C (160 à 250 °F)	50 °C (122 °F) 52 °C (125 °F)	Contraction des collagènes Destruction des formes végétatives de bactéries
Veau	Basse température : 55 à 70 °C (130 à 155 °F)	54 °C (129 °F)	Cuisson saignante des viandes rouges
Porc	Suivant le choix de la cuisson, la température sera plus ou moins élevée	55 °C (131 °F) 56 °C (133 °F) 58 °C (136 °F) 62 °C (144 °F) 66 °C (151 °F) 68 °C (154 °F) 79 °C (174 °F)	Hydrolyse des collagènes Cuisson rosée des viandes blanches et rouges Cuisson à point Passage du saignant au cuit (dénaturation de l'albumine) Couleur irréversible, dénaturation de la myoglobine, coagulation des collagènes Perte du pouvoir de rétention d'eau Coagulation de l'essentiel des protéines
Volaille à chair blanche	75 °C (165 °F)	66 °C (151 °F)	
Agneau	80 °C (175 °F)	48 °C (118 °F)	
Poisson	80 °C (175 °F)	52 °C (126 °F)	

LEXIQUE

Abaisse : Terme de pâtisserie généralement employé pour désigner une partie de pâte aplatie au rouleau, à une épaisseur déterminée selon l'usage auquel elle est destinée.

Abaisser : Étendre la pâte avec le rouleau à pâtisserie pour lui donner l'épaisseur voulue.

À cœur (cuisson) : Degré de cuisson au centre d'une pièce de viande, de poisson ou de volaille.

Aiguillette : Tranche de chair mince et longue, découpée dans le blanc de la poitrine d'une volaille ou d'un gibier à plume. Par extension, ce terme s'emploie pour désigner des tranches minces de pièces de viande de boucherie.

Allonger : Additionner d'un liquide. Ex. : allonger une sauce.

Appareil : Mélange de produits de différentes natures devant servir à une préparation culinaire.

Badigeonner : Enduire de beurre fondu ou d'œuf battu, au moyen d'un pinceau.

Bain-marie (cuire au) : Cuire un mets en plaçant le récipient qui le contient dans une marmite ou sur une plaque contenant de l'eau que l'on porte à ébullition.

Barde : Mince tranche de lard gras dont on entoure les viandes ou les volailles avant de les faire cuire ou dont on se sert pour garnir le fond des casseroles, terrines, etc.

Barder : Entourer une viande à rôtir de minces tranches de lard gras.

Beurre à la meunière : Faire chauffer du beurre à la poêle jusqu'à ce qu'il soit de couleur noisette. Additionner ce beurre, au dernier moment, d'un filet de jus de citron, de sel et de poivre.

Beurre manié : Une certaine quantité de farine bien mélangée à du beurre ou à de la graisse, et employée pour la liaison rapide des sauces, coulis et ragoûts.

Beurre noisette : Beurre chauffé à la poêle jusqu'à ce qu'il soit de couleur noisette.

Blanchir : Opération qui consiste à faire bouillir dans une certaine quantité de liquide, et plus ou moins longtemps, différentes substances alimentaires.

Bouquet garni : Élément aromatique composé de céleri (branche), thym (branche), persil (branche) et laurier (feuille).

Braiser : Faire cuire divers aliments «à court mouillement» dans une braisière ou une casserole couverte, au four.

Brider : Opération qui consiste à attacher les ailes et les pattes d'une volaille avec une ficelle de cuisine afin qu'elle ne se déforme pas pendant la cuisson.

Brunoise : Légumes coupés en petits dés de 1 à 3 mm (¹⁄₁₆ à ⅛ po) de côté.

Canneler : Opération qui consiste à inciser de cannelures peu profondes les légumes, les fruits et certains entremets.

Chapelure : Croûte de pain rassis passée au tamis et séchée. On peut utiliser aussi du pain frais tranché sans croûte.

Chemiser : Masquer et garnir les parois et le fond d'un moule d'un mélange quelconque (ex. : pâte, biscuits, crème glacée, gelée, etc.).

Ciseler : Couper en julienne de la ciboulette, de la laitue ou de l'oseille.

Clarifier : Fondre le beurre dans une casserole, puis le transvaser dans un récipient en prenant soin que le babeurre ou petit lait reste au fond de la casserole.

Cocotte : Ustensile de forme ronde ou ovale, dans lequel on fait cuire les aliments, les viandes, les volailles et les gibiers. Peut être en terre cuite, en porcelaine à feu, en métal (cuivre étamé, nickel, aluminium, acier inoxydable, fonte, argent ou bimétallique), et enfin, en verre trempé.

Colorer : Donner une couleur uniforme à une viande de gibier à poil ou à plume, en la saisissant dans un corps gras.

Couenne : Peau épaisse et dure du porc. S'emploie en charcuterie pour préparer des fromages de tête ; en cuisine, pour foncer les braisières.

Crépine : Membrane graisseuse et transparente qui enveloppe les viscères d'animaux.

Décanter : Retirer les aliments solides d'un liquide.

Décortiquer : Séparer un fruit ou une graine de son enveloppe ; dépouiller un crustacé de sa carapace ou un mollusque de sa coquille.

Déglacer : Dissoudre avec un peu de liquide les sucs de viande qui se sont caramélisés au fond du plat de cuisson.

Dégorger : Faire tremper plus ou moins longtemps une substance dans l'eau courante afin de la débarrasser de ses impuretés : ainsi, on dégorge la tête de veau et les ris de veau pour les rendre plus blancs. Éliminer de certains légumes et herbes (concombre, chou, sarriette, échalote) une partie de leur eau de végétation en les saupoudrant de sel.

Dégraisser : Enlever l'excès de graisse qui s'est formé en nappe à la surface d'un liquide, consommé, sauce ou autre. On dit aussi dégraisser un morceau de viande, c'est-à-dire supprimer une partie de la graisse de couverture d'une viande de boucherie.

Dénerver : Action d'enlever les parties nerveuses ou tendineuses d'une pièce de boucherie.

Détailler : Couper en morceaux.

Détrempe : Désigne expressément le mélange de farine, de graisse et d'eau servant à préparer une pâte.

Détremper : Amollir ou dissoudre une substance dans un liquide.

Ébarber : Enlever, à l'aide de ciseaux ou d'un couteau, les barbes ou les nageoires latérales d'un poisson.

Ébarber des huîtres : Leur enlever le muscle et la barbe (cartilages servant de nageoire).

Écumer : Enlever, à l'aide d'une cuillère ou de l'écumoire, la mousse qui se forme sur les liquides soumis à l'action du feu.

Émincer : Couper en tranches minces un aliment ou des légumes larges (oignons, poireaux, etc.).

Émonder : Enlever la peau de certains fruits ou légumes après un trempage rapide dans l'eau bouillante.

Emporte-pièce : Instrument servant à découper la pâte (biscuits, beignes, etc.).

Émulsionner : Battre vivement au fouet à main ou électrique.

En les soutenant : Coller les blancs d'œufs avec du sucre pour éviter qu'ils retombent.

Épépiner : Enlever les pépins d'un fruit ou d'un légume.

Étuver : Cuire à couvert. Ce mode de cuisson s'applique à toutes sortes de viandes, volailles et poissons, aux légumes et aux fruits. Les articles mis à étuver sont additionnés d'une quantité déterminée de beurre, de graisse ou d'huile.

Faire colorer : Donner de la couleur à une viande ou à un fond de cuisson en le faisant cuire à feu vif pendant quelques minutes.

Faire pincer : Faire colorer légèrement dans un corps gras ou au four, viande, os et légumes avant de les mouiller. Opération culinaire qui consiste à colorer légèrement, au four ou sur le feu, les sucs de viande qui se sont caramélisés au fond de la casserole, avant de les mouiller.

Faire revenir (avec ou sans coloration) : Faire prendre couleur ou non à la viande ou aux légumes en les faisant cuire dans un gras à feu plus ou moins vif.

Faire revenir à brun : Faire revenir à feu vif, dans un corps gras, une substance quelconque (viande, légumes, etc.) jusqu'à ce qu'elle soit d'un brun doré.

Faire suer : Cuire un légume ou une viande dans un corps gras, à couvert, jusqu'à ce que perlent à la surface de l'aliment quelques gouttes de jus.

Faire tomber : Se dit d'une substance, principalement de l'oignon, de l'échalote ou d'autres aromates, mouillée d'un liquide que l'on fait réduire complètement.

Foncer : Couvrir le fond d'un moule de pâte ou de bandes de lard.

Fontaine : Terme de pâtisserie par lequel on désigne la farine mise en cercle au milieu duquel sont placés les divers ingrédients qui entrent dans la composition de la pâte.

Fraiser : Mélanger la pâte en la pressant avec la paume de la main.

Gastrique : Réduction de vinaigre ou de jus de fruits et de sucre auxquels on a ajouté des aromates, jusqu'à caramélisation.

Jardinière : Ensemble de plusieurs légumes coupés en bâtonnets de 3 cm x 6 mm (1 ¼ x ¼ po).

Julienne : Nom donné à des viandes ou à des légumes coupés en fines lanières.

Lardon : Morceau de lard en dés, blanchis, que l'on ajoute à certaines préparations comme les ragoûts.

Lier : Épaissir une sauce ou un liquide en y ajoutant un roux, de la fécule, de la farine et de la veloutine.

Luter : À l'aide d'un repère (pâte de farine et d'eau), fermer hermétiquement par cuisson le couvercle d'une casserole.

Macérer : Faire tremper des légumes, des viandes ou des fruits dans un liquide, du vinaigre, du vin ou de l'alcool.

Masquer : Couvrir de sauce ou d'un appareil un mets dressé. Couvrir un gâteau de crème.

Mettre sous presse : Déposer sur une terrine (ou autre) une planche de diamètre inférieur à celle-ci et déposer sur la planche un poids de façon à presser la chair pour la rendre plus compacte.

Mijoter : Faire cuire lentement à feu doux.

Mirepoix : Légumes coupés grossièrement pour la préparation d'une sauce ou d'un composé (carotte, céleri, oignon et poireau).

Monter (à l'huile) : Ajouter une quantité d'huile à la sauce en fouettant jusqu'à l'obtention d'un mélange homogène.

Mouiller : Ajouter de l'eau, du bouillon ou un autre liquide à un mets pendant la cuisson, pour en augmenter le volume.

Moule tubulaire : Récipient creux de forme circulaire ayant au centre un trou de la forme d'un tube. On l'utilise pour la préparation de certains gâteaux.

Moulinette : Petit moulin à légumes servant à réduire en purée les légumes cuits.

Mousseline : Toile de coton claire, fine, légère et transparente.

Napper : Couvrir un mets quelconque, une fois qu'il est dressé sur un plat de service, de la sauce d'accompagnement.

Oignon piqué : Oignon piqué d'un ou de plusieurs clous de girofle.

Parer : Supprimer les parties (abats, os, arêtes, peau ou graisse) non utilisables ou qui nuisent à la présentation des aliments.

Parures : On désigne sous ce nom toutes les parties, nerfs, peaux, etc., que l'on supprime des pièces de boucherie devant être cuites d'une façon quelconque. Les parures des viandes fraîches, celles de veau, de bœuf et de porc, sont utilisées pour préparer des fonds qui servent à la confection des sauces.

Passer (au tamis) : Couler un consommé, une sauce ou tout autre liquide au tamis ou à l'étamine pour le rendre propre et lisse.

Pâton : Morceau de pâte.

Pavé : Nouveau terme désignant une tranche épaisse ou une galette de viande formée en rond.

Pédoncule : Queue, tige d'un fruit ou d'un légume.

Peluche : Cerfeuil effeuillé.

Pocher : Cuire dans un récipient à découvert, sans faire bouillir.

Pulpe : Substance molle, charnue et riche en sucs qui constitue la plus grande partie des fruits et des légumes charnus.

Quatre-épices : Plante herbacée dont les fruits, réduits en poudre, ont le parfum composé de la girofle, du gingembre, du poivre et de la muscade.

Râble : Partie charnue qui s'étend du bas des épaules à la queue des petits animaux domestiques ou sauvages (lapin, lièvre).

Raidir : Contracter les chairs d'un aliment à la chaleur, sans coloration.

Réduire : Faire bouillir une sauce ou un fond, pour provoquer de l'évaporation et rendre ainsi la préparation plus corsée et plus colorée. Par cette opération, on obtient, en outre, des sauces plus brillantes.

Rissoler : Faire sauter une viande ou un autre aliment dans une matière grasse très chaude pour lui donner une couleur dorée.

Roux : Mélange de beurre (ou autre corps gras) et de farine cuit plus ou moins longtemps, selon l'emploi et la couleur désirés (roux blanc, roux brun).

Sabler : Mélanger la farine et le corps gras jusqu'à ce que le mélange ait l'apparence de la chapelure.

Salpêtre : Sel cristallin, blanc, inodore, d'une saveur fraîche, piquante et légèrement amère, très soluble dans l'eau chaude, moins dans l'eau froide.

Saumure : Solution de sel et d'eau, souvent additionnée de sucre, de salpêtre et d'aromates, dans laquelle on immerge des aliments destinés à être conservés par salaison.

Sauter : Faire cuire à feu vif, dans un corps gras, en remuant la casserole ou le sautoir, pour empêcher les aliments d'attacher.

Singer : Saupoudrer de farine un ragoût ou tout autre plat, afin d'obtenir la liaison de la sauce.

Siphonner : Transvaser un liquide d'un contenant placé à un niveau donné dans un contenant situé à un niveau inférieur, à l'aide d'un tube courbé (siphon).

Tour : Opération qui consiste à abaisser la pâte à environ I cm (½ po) d'épaisseur en lui donnant la forme d'un rectangle plus long que large.

Tourage : Opération qui consiste à donner des tours à la pâte avec un rouleau à pâtisserie.

BIBLIOGRAPHIE

Jean-Paul Grappe, *Poissons, mollusques et crustacés : les connaître, les choisir, les apprêter, les déguster,* Montréal, Les Éditions de l'Homme, 1997.

Jean-Paul Grappe, *Gibier à poil et à plume : découper, apprêter et cuisiner,* Montréal, Les Éditions de l'Homme, 2002.

Jean-Paul Grappe, *Basilic, thym, coriandre et autres herbes,* Montréal, Les Éditions de l'Homme, 2003.

Jean-Paul Grappe, *Petits fruits,* Montréal, Les Éditions de l'Homme, 2005.

Groupe Fleurbec, *Plantes sauvages comestibles,* sous la direction de Gisèle Lamoureux ; équipe de rédaction : Lucette Durand, France Morissette, Gisèle Lamoureux, Saint-Cuthbert, Le groupe Fleurbec, 1981.

REMERCIEMENTS

Monsieur Richard St-Pierre, de la Poissonnerie La Mer, pour la fourniture des poissons ;

La Maison Hector Larivée, pour les légumes et les fruits ;

La Maison d'Émilie pour les accessoires ;

Tango photographie ;

Trois femmes & un coussin, pour le prêt de la vaisselle ;

Zone, pour les accessoires ;

Wilfrid & Adrienne, pour les accessoires ;

les professeurs de l'ITHQ pour la révision des textes ;

l'équipe des Éditions de l'Homme.

L'équipe, de gauche à droite : Myriam Pelletier, styliste culinaire ; Luce Meunier, styliste accessoiriste ; Jean-Paul Grappe, chef de cuisine et professeur, ITHQ ; Pierre Beauchemin, photographe culinaire.

SIGNIFICATION DES PICTOGRAMMES

 Nombre de portions.

 Coût approximatif des ingrédients.

 Temps approximatif pour la préparation.

 Temps approximatif pour la cuisson. Dans certaines recettes, le thermomètre sera utile.

INDEX

Achevé d'imprimer au Canada
sur les presses de Quebecor World